毕宝魁 著

隋唐社会日常生活

插图本

中国工人出版社

目录

社会管理与风俗

女性生活

前 言

“人事有代谢，往来成古今。”日落月升，冬去春来，人们就在这一天复一天，一年复一年的时光流逝中生老病死，一代复一代而至今天，再从今天流向未来，流向永远。这是一条无始无终的河，每个人便是这条河流中一个小小的转瞬即逝的水滴。

人类的发展延续，主要表现为两条线索，一是人自身的进化，是在对于大自然适应和改造的过程中自己本身的不断完善和不断提高；二是人与人之间的关系，种族与种族之间的关系，人们在相互依存与斗争中不断提高和完善自己。每一个民族，每一个国家，都要在前代留下的既有的精神和物质的基础上建设和发展，这是不以人的意志为转移的。无论后人愿意不愿意，都不得不以此为起点。

任何一个民族的发展和进步，都离不开历史智慧的指引。如何总结前代的教训，如何继承和发展就成为每一个民族、每一个国家统治者都很关注的问题。

正因如此，我国古代的学者及政治家们，都非常重视史学建设，中国古代书籍历来分经、史、子、集四部，史仅次于经而居第二位。古代学者也以修史即编撰史书为学术的最高荣誉，初唐宰相薛元超在死前说自己虽位极人臣，但尚有三大憾事，其中之一便是未参与修国史，足见人们对其重视的程度。古代帝王也都知道以史为鉴的道理，唐太宗便说过“以史为鉴，可以知得失”的明言。司马光编撰《资治通鉴》的主要目的便是为统治者提供借鉴。可以说，以前史学的第一功用是“史鉴”，但这是统治者的事，与百姓似乎关系不大。

随着时代的发展，历史的进步，历史学的功能开始悄悄转换。最近几年，人们对于历史似乎更感兴趣，那么多历史题材电视剧的播放便可说明这一点。然而，不必讳言，如果从认识历史、解读历史的角度来说，历史题材电视剧的误导作用简直到了难以容忍的程度。“戏说”类不必说，因为观众都知道那不是真事，是借某一二历史名人来演绎故事，主要目的是娱乐、赚钱、搞笑。相对接近史实的电视剧危害最大，表面看好像是历史真实，而实际上却与历史大相径庭，有的谬之千里。从中央台播放且许多地方台转播的《大明宫词》便可看出这一问题。

既然是历史题材，对历史事件的表现和历史人物的塑造就应当以历史真实为基础，在不违背历史真实的前提下再进行合理的想象和虚构。虚构的情节和内容应当是历史事实短缺的部分，但不能出格，不能离谱。最起码要做到这一点：即应当如此，虽不敢说必定如此，但谁也不能说、谁也不敢说必定不如此。而在《大明宫词》中，我敢说“必定不如此”的地方实在是太多了。

中宗绝不是安乐公主一人毒死的；睿宗也绝不是在崔缇的威

逼下饮鸩而亡；上官仪是上官婉儿的爷爷而非父亲；张易之是张昌宗的五哥而非大哥；张易之死在五王之手而绝不是太平公主所杀；中宗死时，王维不满十岁，不可能与太平公主有什么刻骨铭心之长谈和赠什么“红豆”诗；李隆基绝对没有被韦皇后绑在刑架上；平定韦皇后之乱也绝不像剧情那样；崔缇绝没有刺杀李隆基之举；薛绍绝不是那么死的；安乐公主绝对没有疯。这样的绝对太多，不再赘言。这种情况便给史学界和文学界提出一个课题：如何提高和普及历史知识，进行正确的历史知识导向，如何利用电视剧这一最先进的媒体，在娱乐的同时潜移默化地传授正确的历史知识。

历史是靠文字记录的，文史不分家。其实，历史题材的小说或戏剧本身便是历史与文学的有机结合。目前中文学科尤其是古典文学学术界也有如何将学术成果转化为人们喜闻乐见之形式的问题，也有如何被现实所接受的问题，与历史学科所遇到的情况极其相似，这就要求两个学科学术的简明化和通俗化。

最近几年，笔者在这方面进行了一些尝试，力求将严肃的学术研究成果和心得用最活泼的文学语言表述出来，在写作一些严谨的学术论文和学术专著的同时，先后创作《朱温传》《王维传》《李商隐传》《王安石传》等书，使古人从历史的尘埃中站立起来，拉近了古人和我们的距离，使其走进我们的生活。这便要求处理好学术研究和文学表现的关系问题，处理好历史真实与艺术真实的问题。

譬如我在写《李商隐传》时，遇到一个很棘手的问题，便是关于其参加进士考试的时间和经过。以前的学术界对其或语焉不详，或所说不确，我在对其全部诗文进行仔细研究的基础上，得出一个与前人不同的全新的认识，对这一过程甚为清晰，因其中还涉及诗人两次恋爱的经历，故对诗人生平显得更加重要。我便按照这种理解来写，其后将这一观点先后写成两篇论文，在《文献》上发表，并得到李商隐研究专家刘学锴、余恕诚、董乃斌、张明非、黄世中等先生的认可。说明这一研究成果具有相当的学术价值，而在书中的表现上却是形象生动、逼真感人的。

只有深入到前人生活的具体情境中，才可理解他们的行为和思想。现实需要既有品位又有可读性的历史知识普及读物，使人们在轻松的阅读中便可得到生动丰富的历史知识，这对于提高全民族的历史知识和文化素质无疑是非常重要的。这是笔者一直在思考的一个问题。

在开始写作时，我只想将其写成一本学术性和可读性都很强的普及性知识读物。但在写作的过程中，想法渐渐有所改变，我发现这种写作对本人知识的系统提高大有裨益，促使我搞清楚许多以前模糊不清或似是而非的东西，如以前对进士团根本不懂，看到一些相关资料中的“团司”更不知为何许人，在写作此书时，才将这一问题搞清楚。这对学术研究和教学均大有帮助，于是笔者逐渐产生一个想法和愿望，即要提高本书的层次和品位，使其可以成为中文本科生及硕士研究生的重要参考书，这也是十几年来本科教学和研究生教学经验给我的一种想法。我们的学生往往是就诗文论诗文，对其历史背景或生活情境所知甚少或一无所知，极大地阻碍了对文学作品内容的理解和把握，也降低了学习和阅读的兴趣。

本书旨在揭开隋唐时代古人日常生活的神秘面纱，窥测古人生动的生活风情和精神面貌，最大限度地接近古人日常生活的原本状态，以期给读者一个生动逼真的印象。故本书既可作为普通读者了解隋唐时代古人日常生活情况的读物，也可成为本科生或研究生的参考教材，这是本书的写作目的，但愿能基本实现这一初衷。

全书以正史和一些笔记小说为主要资料来源，在占有大量资料的基础上对其进行取舍选择，以其为主料，再以多年教学及科研所掌握的成果和大量诗文作品为佐料，增加滋味，以便尽量描绘出隋唐时代古人日常生活的真实状态。这样，使历史资料有诗文的印证和解析显得灵动而不枯燥，也使诗文内容有历史史料为依托显得扎实而不浮泛。可以说，不懂樗蒲的基础知识，便不明白杜甫的《今夕行》；不理解唐代人的茶道，便读不懂许多咏茶诗；不懂马球的基本常识，便无法阅读韩愈的《汴泗交流赠张仆射》。而杜甫的《今夕行》又使我们对樗蒲有更形象的认识，使我们看到老杜当年在旅店里光着膀子，光着脚大吼大叫进行赌博的神态，那是诗人本色的另一面。这样解读历史、解读人生，才会受到更多的启发，增长更多的知识。

“柴米油盐酱醋茶，琴棋书画诗酒花”，大俗和大雅，雅中有俗，俗中有雅，这便是生活，古人和今人都不能须臾离开。那么，隋唐时代的人是怎样生活的？他们是怎样吃喝的？是怎样出门怎样赶路的？是怎样读书怎样赶考的？是怎样求仕怎样当官的？是怎样赌博怎样玩耍的？是怎样结婚怎样退休的？是怎样……这些五光十色的怎样，都是本书所要涉及的范围。

由于本书涉及知识面宽，征引材料丰富，本人学识有限，难免有不妥之处，恳请广大读者和学界同人批评指正。

饮食习俗

隋唐饮食文化中的主食及其他

中国的饮食文化太悠久、太丰富了。华夏民族是最讲究吃喝的民族，有极其悠久的吃喝历史。孔子之后儒家学派的代表人物孟夫子就非常明确地说："食色，性也。"（"食色，性也"出自《孟子·告子上》，但原文是出自告子之口。孟子没有反驳，故后世便都说是孟子云，本文沿用之）把吃排在人本性需要的第一位，先是"吃"，然后才是"色"。细一思来，这真是一个古今中外颠扑不破的真理，因为只有吃饱了才能去考虑其他需要。不论那些宣扬"爱情至上"的人如何信誓旦旦，若饿上几天，恐怕就不会顾及什么"色"了。"低标准"那二年，不用搞什么计划生育，人口的出生率也极低，便是先有食后有色的最有力的证明。圣人就是圣人，说的话就是对。不过，说研究探讨"吃喝"又太俗气，于是人们便美其名曰"饮食"，如果再加上"文化"二字，就显得更高雅，所以笔者也附庸风雅一把，称为“饮食文化”。中央电视台曾经推出一个名为“舌尖上的中国”的专题节目，大受欢迎，便是对中国饮食文化的挖掘。

各类面食

唐人所吃主食与今天没有太大的区别，如果从原料上分，也是面食和米食两类。从史料出现的频率来看，饼最多，馒头未见，饭、粥、糕也有一些。

“饼”是会意字，“并”在一起而可吃之物，即指用水和面后做成的食品。开始时指所有的经过加工后的面食。在唐代依然是一个类概念，包括许多样式的面食，其中还包括我们现代的馒头、面条之类。单就“饼”来说，就有胡饼、蒸饼、煎饼、环饼、汤饼、薄饼、齑饼、烧饼、笼饼等。

“胡饼”当是从少数民族传入的，个大，每个用面半升，是隋唐时期最流行的食品之一。据日本僧人圆仁的《入唐求法巡行礼记》载，会昌元年（841）“立春节，赐胡饼和寺粥。时行胡饼，俗家亦然”。（转引自李斌城等著《隋唐五代社会生活史》，中国社会科学出版社 1998 年版 45 页）

在立春时，朝廷向文武百官中够品级的大臣和皇亲国戚赐胡饼，而普通百姓家亦喜欢吃这种玩意儿。时至今日依旧流行“立春”吃春饼的习俗，很可能即发源于此。

胡饼中有一种胡麻饼，类似今天的芝麻烧饼。白居易《寄胡麻饼与杨万州》诗道：“胡麻饼样学京都，面脆油香新出炉。

寄于饥谗杨大使，尝看得似辅兴无？”（《全唐诗》上海古籍版下册1098页下）此诗为我们了解当时胡麻饼的常识提供了文字资料。可知这种饼是用炉火烤出来的，表面一定很脆，京师中最有名的胡麻饼是辅兴坊烤的。辅兴坊在宫城和皇城中间的安福门到西面的开远门大街的北面，是贵族居住区，也是非常繁华的地区。可以想象这种胡麻饼一定是名满京师的风味小吃。1969年新疆吐鲁番阿斯塔那唐代墓葬中出土一个直径19.5厘米的大饼，即唐代胡饼之实物，类似如今依然在新疆地区流行的素馕。

胡饼还可做成一种叫作“古楼子”的食物。据《唐语林》卷六说：“时豪家食次，起羊肉一斤。层布于巨胡饼，隔中以椒豉，润以酥入炉。迫之，候肉半熟，食之，呼为‘古楼子’。”（《说库·上册》，浙江古籍出版社1986年影印版）根据这几句话，可知其做法当是这样的：先切一斤羊肉，均匀地分布在一张大胡饼中间，在饼和羊肉间加入调味品胡椒和豆豉。再用油酥滋润，然后用炉火烤，待羊肉半熟时，出炉食用。这种食品可能便是现代“夹肉大饼”的祖先。

蒸饼从字面看好像是蒸的饼，但据史料记载分析，当是今天的馒头之类。《朝野佥载》卷五载，长安有个专门经营蒸饼的专业户叫邹骆驼，经常推小车在街市上卖蒸饼。一个卖蒸饼的人能够被人们记下名字，一定是当时的名牌风味小吃制造家。也可以想象当时在街头巷尾都有出摊卖食品的，也有推车到处流动的。

武则天时，四品官张衡正将要被提拔，在吏部对其进行考核时，却因为一件不能再小的小事而受到阻碍。他上街时，“路旁见蒸饼新熟，遂市其一，马上食之，被御史弹劾”。（段成式《酉阳杂俎》前集卷4）一个官员公然在路边买吃的，又骑着马边走边吃，确实有点不文明。但因这点事就不提拔，也有些过分。

唐代还有一种叫“饽饠”的食品，也属于饼类，是唐代新引进的。有人考证说是一种带馅的面点，可能类似今天的馅饼。李匡义在《资暇录》中说：“毕罗者，蕃中毕氏、罗氏好食此味。今字从食，非也。”指出这一食品的发明人是姓毕的和姓罗的两个人，从“毕罗店”的名称看，很可能这是一对夫妻。饽饠在长安很流行，有许多专卖饽饠的铺子和专门经营此物的饽饠店，也算是当时的特色风味店，生意一定很火。我忽然感觉，这种店铺有点现代连锁店的意思，否则怎么会有那么多“饽饠”名称的食品店？

据段成式《支诺皋》载，柳璟知贡举那一年（魁按：柳璟知贡举在武宗会昌元年和二年，公元841和842），一位国子监明经大白天做了个梦，梦到有人访问他，问他姓名。他以实相告。那人笑着说：“君来春及第。”此人一高兴，便邀邻屋的几个举子共同到长兴里饽饠店，那是他经常去的地方，几个人美美地吃了一顿。忽然梦醒，见长兴里饽饠店的一个伙计背着钱褡子进门道：“郎君与客食饽饠，计二斤，何不计直而去也？”此人非常惊讶，连忙解开衣襟掏钱付账。他将此事告诉几位朋友，共同去长兴里饽饠店看，里面的摆设与梦中完全一样。来年春，他果然明经及第。（《说库·上册》）

这个小故事告诉我们，当时长兴里的饽饠店是个有名的风味饭店，举子们经常光顾，有时请客也去那里。这个举子不知是什么原因，请完客没买单就走了，让人追到住处来要钱。而且，当时，这种饽饠也是按斤来卖。不仅有专门的饽饠店，许多士大夫家里也爱好这种东西，当时以美食家著称的韩约自家所做的“樱桃饽饠”竟能在饽饠熟后，馅里的樱桃“其色不变”（段成式《酉阳杂俎》前集卷7），水平确实非同寻常。也可想见饽饠在当时普遍食用的情况。

汤饼顾名思义是下在汤里煮的，形一拉长便成了条状，其实就是我们今天的面条。夏天吃的叫“冷淘”，大约相当于今天的冷面。杜甫在夔州时写《槐叶冷淘》诗道：“青青高槐叶，采掇付中厨。新面来近世，汁滓宛相俱。入鼎资过熟，加餐愁欲无。碧鲜俱照箸，香饭兼苞芦。经齿冷于雪，劝人投此珠。”（《杜诗镜铨》卷16，上海古籍出版社1980年新1版766页）诗从原料写起，从高高槐树上采下的嫩叶，新买来的面粉，是主料。张溍注曰：“槐叶味凉苦，冷淘，已熟面名，以槐叶汁和面为之。”可知这种冷面是用嫩槐树叶挤压出的汁和面而成，一定别有风味。擀成面条后用鼎煮熟，再过水使之凉透，放入调好作料的器皿中，便可吃了。从“碧鲜俱照箸”一句来看，这种冷面很有光泽，玲珑剔透。一看就会增加食欲。

《唐六典》卷一五载，光禄寺供应百官膳食中云：“冬月则加造汤饼及黍臛，夏月加冷淘、粉粥。”从两个加字体会，这种玩意儿似乎不是主要充饥的食品，而是一种添加的小吃。上述杜甫诗中，在吃冷淘时，还要吃“香饭”，也说明这个问题。

与现代一样，有的旅店也靠吃的特色盈利。如在潼关之西便有一个著名的冷面店。《南部新书》戊卷载："野狐泉店，在潼关之西。泉在道南店后坡下。旧传云：'野狐掊而泉涌，店人改为冷淘。过者行旅止焉。'今法馔中有野狐泉者，以菉粉为之，亦像此也。"(《说库·上册》)潼关路是当时最主要的东西大动脉，这家旅店又如此知名，经济效益一定非常好。

与现代一样，在大城市的许多街道和一些交通要道的路边几乎都有卖小吃的。给顾客带来很大方便，同时，这种行业也养活了一批人。《南部新书》庚卷载：

> 房光庭尝送亲故葬，出定鼎门，际晚且饥，会鬻蒸饼者与同行，数人食之。素不持钱，无以酬直。鬻者逼之。房命就我取直，鬻者不从。房曰："与尔头衔，我右台御史也。可随取直。"时人赏其放逸。(《说库·上册》)

定鼎门是东都洛阳外郭城三个南门的中门，出此门便已出城，卖食品的当然少了。天晚而且又饿，幸亏有一个卖蒸饼的与他们同道。此人很可能是看他们人多，或者还有其他送葬者，所以一路随行。果然有效益，卖出一些蒸饼。但这位裴大人平常口袋里没有带钱的习惯，而同行人中他最有地位，当然应当他掏腰包。可腰包里却空空如也，便要赊账。卖饼者不答应，他便把"头衔"给了那人。"头衔"可能是现代"工作证"之类的东西。这么贵重的东西随便给一个卖饼的，是够随便的。故时人"赏其放逸"。

各种饭食

“饭”包括的概念也很宽泛，如果从原料分，主要有粟米饭、稻米饭和麦饭。粟米饭就是黄米饭，北方多食之。稻米则是糯米，带黏性的大米，南方人多食之。其实这与当时粮食作物生产的分布情况有关，北方盛产谷子，旱谷子即是小米，黏谷子则是黄米。南方多水田，盛产水稻。故南北人各喜欢吃当地的产品。此外，还有一种用菰米的果实，俗称茭白的东西做的“雕胡饭”，为文士和诗人所喜欢。如李白《宿五松山下荀媪家》诗便说：“跪进雕胡饭，月光明素盘。”那位姓荀的老妈妈给李白做的便是雕胡饭。

饭中加进一些别的作料便可做成名目繁多的饭。如将肉丝蛋黄等做成的美味浇在黄米饭上，便叫“御黄王母饭”，（宋·陶穀《清异录》卷下）这是韦巨源“烧尾宴”中的一道主食。把饭做稀了便是粥，其做法和今天大致相同，也有很多名目，如后唐宰相上朝前厨房给准备的小吃中，即有“粟粥、乳粥、豆沙加糖粥”。（宋·陶穀《清异录》卷下）

“糕”在主食中属于点心类的深加工食品，其原料米面都有，但当时不叫点心而叫“果子”。如来中国进行文化交流的日本僧人圆仁在长安过新年时，“众僧上堂，吃粥、馄饨、杂果子”。（日本·圆仁《入唐求法巡行礼记》卷3）馄饨即今天的馄饨，“杂果子”三字说明当时的点心样式还不少。1966—1972年在新疆吐鲁番阿斯塔那唐代墓葬中曾发现许多精美的花式点心，证明那时制作点心的工艺水平已相当高，且有相当的审美价值。另外，“包子”一词最早见于《清异录》，但饺子在唐代已普遍食用。考古工作者在新疆吐鲁番唐代墓葬中发现饺子的实物，其形状与今天完全一样。

饮食习俗种种

饮食作为一种文化，也形成许多风俗。如流传至今的端午节吃粽子，中秋节吃月饼，除夕吃饺子等，都有很悠久的历史。下面，将唐代有关于此的一些风俗作一简单介绍。

“长安市里风俗，每至元日以后，递相饮食相邀，号为传座。”（《南部新书》乙卷，《说库》上册）这种风俗，至今也有余习。正月过年后，亲戚朋友轮流坐庄请客。只要不过分，对于融洽感情还是有好处的。

到寒食节时，则讲究吃粥。《南部新书》乙卷载：“每岁寒食，荐饧粥鸡球等。又荐雷子车。至清明，尚食内园，官小儿于殿前钻火。先得火者进，上赐绢三匹，碗一口。都人并在延恩门看人出城洒扫。车马喧阗。新进士则于月灯阁置打球之宴。或赐宰臣以下酴醾酒。”（《说库》上册）“长安四月以后，自堂厨至百司，通谓之樱笋厨。公悚之盛，常日不同。”（《南部新书》乙卷，《说库》上册）这很明显是在四月初一宫中赐樱桃宴的影响下而形成的风俗。总之，每到一种节日，便有吃的名目。但这是贵族圈子里的事，而一般贫苦百姓是没份的。

开元天宝盛世，贵族的饮食也很丰盛。《开元天宝遗事》载："杨国忠子弟，以奸媚结识朝士。每至伏日，取坚冰令工人镂为凤兽之形，或饰以金环彩带，置之雕盘中。送与王公大臣。惟张九龄不受此惠。"（《说库》上册）夏天用冰雕刻成的带有工艺性质的玩意儿，是用来防暑降温的，虽算不上什么主食，但可看出杨国忠挺会笼络人心。

当时以吃著称的要数韦陟，"其于馔羞，犹为精洁，仍以鸟羽择米。每食毕，视厨中所委弃，不啻万钱之直。若宴于公卿，虽水陆具陈，曾不下箸"。（《酉阳杂俎》续集卷3，《说库·上册》）唐人冯贽《云仙杂记》卷三说得更明白："韦陟厨中，饮食之香错杂，人入其中，多多饱饫而归。语曰：'人欲不饭筋骨舒，夤缘须入郇公厨'。"（《说库》上册）韦陟被封为郇（xún）国公，从此便留下"郇厨""郇公厨"这一名词。他在当时肯定是知名度非常高的美食家，否则不会有此殊荣。

唐人普遍爱吃羊肉，有时吃得还非常讲究。"熊翻每会客至酒半，阶前旋杀羊，令众客自割，随所好者。彩绵系之。记号毕，蒸之各自认取。以刚竹刀切食。一时盛行，号'过厅羊'。"（《云仙杂记》，《说库》上册）客人们可以根据自己的爱好随意割新鲜肉，系上彩绳做记号，然后马上蒸熟便吃，味道一定非常鲜美。李令问的吃法则有点残忍："李令问开元中为殿中监，馔尤酷，罂鹅、笼驴皆有之。"（《南部新书》丙卷，《说库》上册）从"酷"字看，鹅和驴可能是整个活烤。

另外，还有一种“烧尾宴”，在初唐盛唐之交也流行了一段时间。“景龙以来，初拜官者例许献食，谓之烧尾宴。开元后亦有不烧尾者，渐而还止。”（《南部新书》丁卷，《说库》上册）

唐代大城市置办酒筵的能力是相当强的，请看这条材料：

> 德宗非时召拜吴凑为京兆尹，便令赴上，凑疾驱，诸客至府，已列筵矣。或问曰：“何速？”吏对曰：“两市日有礼席，举铛金釜取之。故三五百人之馔，常可立办也。”（李肇《唐国史补》卷中，《唐语林》卷6也有此条，字句稍有不同）

几百人的高级筵席，随时可办，表明人们在这方面下了很大的力气，吃的水平和能力相当高。

当然，不是所有的贵族或官僚都奢侈，也有个别清廉俭朴的。曾两任宰相的郑余庆“廉俭。一旦，书请两省家膳。至则脱粟蒸胡芦而已”（《南部新书》丙卷，《说库》上册）。两省指中书省和门下省。把自己的下属请到家中做客，结果吃的就是小米饭和蒸胡芦条。作为高官，能如此清廉俭朴，确实难能可贵。也正因如此，他的这种美德才被记录下来。

一般百姓的饮食则不能如此讲究了，只要能填饱肚皮就算可以了。最下层的奴仆则连这点也达不到。唐人张鷟在《朝野佥载》中记载了这两件小事，于此可见一斑。

> 广州录事参军柳庆独居一室，器用事物并致卧内。奴有私取盐一撮者，庆鞭之见血。

夏侯彪夏月食饮，生虫在下，未曾沥口。尝送客出门，奴盗食脔肉。彪还觉之大怒，乃捉蝇与食，令呕出之。（《说库》上册）

两个故事中的主人都有点不正常，但两个奴仆的遭遇也太惨了。一个因为私下里取了一撮盐，便被打得出血；另一个因为主人出门送客偷吃了一小块肉，便被硬逼着吃苍蝇将其吐出来。试想，如果不是实在太缺咸味，谁能去拿一撮盐；如果不是实在太馋，怎能趁主人送客的一点时间偷块肉吃。于此可见奴仆们饮食生活境遇之一斑。

千里送荔枝与樱桃宴

唐代人所吃的水果和今天没有什么大的不同，但在享用水果方面却有值得一说的地方。因为杨贵妃爱吃荔枝，唐玄宗宠爱杨贵妃，便不惜花费大量财力、民力而用快马千里送荔枝，成为千古口实。后人以此为题材创作诗文者不胜枚举，于是荔枝的身价也就高了许多，成为许多人都愿意品尝一下的著名水果。杜牧《华清宫绝句》中的“一骑红尘妃子笑，无人知是荔枝来”是妇孺皆知的名句，苏东坡的《荔枝叹》也是人人爱读的名篇。此事人们太熟悉，故不浪费笔墨。

樱桃在今天并不受重视，而在唐代则是每年皇帝都要向够级别的大臣赐的水果，名曰“樱桃宴”，在《全唐诗》中如果统计水果名称出现频率的话，樱桃大概可以坐第一把交椅。关于皇帝赐樱桃宴的情况，王维《敕赐百官樱桃》一诗为我们提供了文字资料：

芙蓉阙下会千官，紫禁朱樱出上阑。才是寝园春荐后，非关御苑鸟衔残。归鞍竞带青丝笼，中使频倾赤玉盘。饱食不须愁内热，大官还有蔗浆寒。（陈铁民：《王维集校注》卷4，中华书局1997年版303页）

王维之诗是在天宝十一年写的，据该诗注解和其他资料可知，樱桃宴是在四月初一举行，因为此时当年的水果均未成熟，皇帝先用樱桃给祖先上供，即所谓的荐祖庙和陵寝，然后就遍赐群臣，规模很大，九品以上的朝官都享受这种待遇，故诗中的“千官”非夸大之词，即使没有一千，也在几百人以上。樱桃是从禁苑即皇家园林中采摘来的。那些采摘樱桃的宦官或宫女骑马把刚刚摘下的新鲜樱桃用竹笼送来，负责服侍宴会的宦官把樱桃装到紫色的玉盘中奉送到官员们的座前。没有限量，可以尽情吃，吃完后还有甘蔗浆供应。这就是樱桃宴的大致情况。这里提到“蔗浆”一词，我们有必要说一下甘蔗糖技术的引进。

甘蔗糖的制作方法是从印度引进的。唐太宗贞观年间曾派人到印度去学习这种技术，后来高宗再派人前去，学会了从甘蔗中提炼制作红糖和白砂糖的技术。这两种糖的制作成功，促进了各式甜食食品的发展。王维诗中写的蔗浆，可能是制作甘蔗糖的原浆，当是极其爽口的饮料。

唐人酿酒技术及饮酒习俗

中国的酒文化由来已久，商纣王便是一个嗜酒如命的昏君，他的失败虽然不能说是酒的罪过，但与酗酒也有点关系。世间一切事都有正反两面，关键在于掌握度，过度则为害。儿童时听邻居一位老头念一首顺口溜，笔者一直记在心里，觉得虽然不雅，但却很有道理。顺口溜是关于“酒、色、财、气”四个方面的，内容是这样的：“酒是穿肠毒药，色是刮骨钢刀，财是下山猛虎，气是惹祸根苗。无酒不成礼仪，无色世间人稀，无财不成事体，无气反被人欺。看来四般有用，劝君量体裁衣。”

笔者猜测，这种顺口溜恐怕不是那位老邻居的创作，因为他没有念过多少书。很像以前说评书的开场白，也像宋元白话小说中的开头语。但笔者孤陋寡闻，不能确定准确的出处。“无酒不成礼仪”，现在的俗语叫“无酒不成席”，都是一个意思，看来，酒是不能不喝点，只要把握住度即可。下面，我们看一看唐代人是怎样喝酒的。

唐代酒的种类

隋唐时期酒的种类大体可分成三类，就数量来说，与今天差不多。小品中所说的“三盅全会”是指白酒、果酒和啤酒。但隋唐时期没有啤酒，其三类是指黄酒、果酒和洋酒。

唐李肇在《唐国史补》中谈到当时名酒说过：

> 酒则有郢州之富水，乌程之若下，荥阳之土窑春，富平之石冻春，剑南之烧春，河东之乾和蒲萄，岭南之灵溪、博罗，宜城之九酝，浔阳之湓水，京城之西市腔，蛤蟆陵郎官清、阿婆清。又有三勒浆类酒，法出波斯。三勒者谓庵摩勒、毗梨勒、诃梨勒。

这段话中包括了这三类酒中的一些名牌。“河东之乾和蒲萄”很明显是果酒，“三勒浆”是外国酒，即所谓的“洋酒”，其余当都是黄酒。“烧春”及这时其他典籍中还出现过的“白酒”和“烧酒”的字样，好像是今天烧酒之类，即所谓的蒸馏酒，但那时是否有蒸馏酒生产，学术界意见并不统一。

黄酒又可分为“清酒”和“浊酒”两类。区别是制造工艺不同，清酒比浊酒麻烦，故价格也贵。用今天的话来说，清酒是高档酒，而浊酒就是低档酒。浊酒带一定的渣滓，或酒糟未过滤净，有时在饮酒前临时挤压过滤。过滤后的酒便是清酒。李白喝的酒几乎都是清酒，如“金樽清酒斗十千”(《行路难》)，这是价格昂贵的名酒；“风吹柳花满店香，吴姬压酒唤客尝”(《金陵酒肆留别》)。这是当面压制的清酒。

新酿制的浊酒当有一层微微的绿色，大家都熟悉的白居易《问刘十九》一诗说“绿蚁新醅酒”，可知在酒的上面漂着一层微绿色的像蚂蚁大小的酒渣。黄酒中也有红色的。李贺《将进酒》诗：“琉璃钟，琥珀浓，小槽酒滴真珠红。”当时也有人习惯将酒烫热了喝。在严寒的冬天有时甚至把酒烫得要沸腾了才喝，讲究的还要加进点东西。

据《清异录》记载，中唐名相裴度便“盛冬常以鱼儿酒饮客。其法：用龙脑凝结，刻成小鱼形状，每用沸酒一盏，投一鱼其中”。这种饮酒方法类似现代的喝啤酒加冰糖，但实质内容上却不一样，因为龙脑是一种非常高级的滋补品。

葡萄酒的酿制方法，很可能是唐太宗引进的。“太宗破高昌，收马乳蒲桃，种于苑。并得酒法，仍自损益之。造酒成绿色，芳香枯烈，味兼醍醐。长安始识其味也。”(《南部新书》丙卷，《说库》上册)从这条材料来看，唐太宗对葡萄酒的加工酿造有相当贡献。

唐代饮酒习俗

一个人喝闷酒当然也就没有什么规矩了，像李白“举杯邀明月，对影成三人”，是把月亮和自己的影子都算在一起才“三人”，其实还是他老哥一个。但如果是几个人聚饮，或是宴会饮酒，则有一定的规矩，古今一理。唐人在宴会上饮酒，一般都有一个“酒纠”——这是俗的称呼，高雅一点的叫“觥录事”来主持监视饮酒秩序。如果是高级宴会还会有听歌、观舞、吟诗、击鼓等节目，还有专门的陪酒小姐，那时叫“侑觞”。一般宴会也少不了行酒令之类。

唐代的酒令名目繁多，最初有“平、索、看、精”四个字和“律令”等，但因为烦琐且缺乏趣味而逐渐不用，代之而起的是简单明了的酒令，比较流行的有骰盘、卷白波、莫走、鞍马、旗幡令、闪压令、抛打令、手打令等。多数是借助骰子或筹码进行，其方式大概就相当于现代的掷色子或抽签。

据皇甫松《醉乡日月》说，骰盘令的玩法是“聚十只骰子齐掷，自出手六人，依采饮焉”。笔者推测，“六人”的“六”字当是“之”字之讹，这样，这句话才能明白，即拿十个色子一齐掷到盆里，然后数色子采色的数量，按照数字从投色子那人算起，轮到哪人该人就要饮酒。用筹码的酒令当是准备好一个签筒，里边装上书写各种不同内容的签，由饮酒者轮流抽出，然后按照签上书写的内容饮酒。

1982 年江苏省丹阳丁卯桥曾出土一副酒令筹具，其中有五十枚令筹，每根上都刻有《论语》中的词句，并在下面注上“劝主人五分”“自饮七分”“在座劝十分”等规定。一边喝酒一边还能温习功课，可见唐人很会抓紧时间和利用机会学习。从所注文字来看，是以抽签人的立场来说的，“劝主人五分”就是请买单的人喝半杯，“自饮七分”就是自己喝大半杯，而“在座劝十分”，就是参加宴会的所有人都喝一杯的意思。五十根筹码当是五十种不同的内容，真是五花八门，丰富多彩，一定很有趣。这种酒令方法简便易玩，高雅有趣，还可同时增加知识，值得提倡。

手打令据说与现代的划拳差不多，是最低级俗气的一种方式，多用于娼楼妓院或乡野农村，一般上层人士或文士不用。

还有一种比较高雅的酒令是诗词类的。花蕊夫人《宫词》说：“新翻酒令著词章，侍宴初闻忆却忙。宣使近臣传赐本，书家院里遍抄将。”（《全唐诗》，上海古籍版1958页中）“新翻”即“翻新”，就是新创作或改作的意思，刘禹锡诗中说：“劝君莫奏前朝曲，听我新翻杨柳枝”的“新翻”也是这个意思。花蕊夫人说的这本《酒令》已经失传。《全唐诗》中虽有“酒令”一类（《全唐诗》，上海古籍版下册2144页），但只有十几条，或带隐喻，多近文字游戏。但有一点是肯定的，即唐代的酒令中有许多诗的成分。

唐代因为生活富庶，整个社会各个阶层的人都爱饮酒。皇亲国戚、王公大臣、文人墨客自然不必说了，就是普通百姓和妇女，饮酒的人也随处可见。因喝酒人多，酒自然成为畅销品，酒店业也就随之兴旺起来。不但京师长安如此，外地也不差。请看如下两条资料，以起窥一斑而知全豹之效。

据《开元天宝遗事》记载：“长安自昭应县至都门官道，左右村店之门，当大路市酒。量钱多少饮之。亦有施者，与行人解乏，故路人号为‘歇马杯’。”（《说库》上册）昭应是京兆府的属县，县治在今临潼附近，在长安城东，离长安市区大约一百里，从这个小县城一直到长安城东城门的大街，左右都是酒店，人们在大路边上卖酒，客人根据自己的钱多少来饮酒，有的还白送。可知赶路的人几乎都喝酒，大有今天卖饮料的意味。

另一则是写广州的。据《岭表录异》载："广州人多好酒，晚市散，男儿女人倒载者，日有二三十辈。生酒行郎，两面罗列皆是女人，招呼鄙夫，先令尝酒。盎上白瓷瓯谓之瓿，一瓿三文。不持一钱，来去尝酒致醉者，当垆妪但笑弄而已。"（转引自李斌城等著《隋唐五代社会生活史》，中国社会科学出版社 1998 年版 78—79 页）

广州不是现在才天热，古来就热，这是不用研究的。天热，人们就喜欢在晚上逛街，逛街逛累了，就喝一碗酒解一解渴，每一碗才三个大钱，不贵。有的人身上分文没有，就去尝一尝，居然还能尝醉了，尝的酒真不少，真有点喝"便宜酒"，喝"蹭酒"的意味，但站柜台的老板娘也不生气，只是调侃几句开开心而已。每天夜晚都能有二三十个人大头朝下被马驮回去，而且还有女人。这倒可以说是城市繁华街市区里不太协调的风景。通过这两条资料，我们可以想象唐代人生活的浪漫情景。

唐代诗人与酒

唐代诗人与酒更有不解之缘，当我们翻开《全唐诗》进行浏览欣赏的时候，就会感到阵阵酒香扑鼻而来。几乎所有的诗人都喝酒，在诗歌中都讴歌酒。会喝酒而不会作诗的人有，会作诗而不会喝酒的人却没有。不仅唐代，历代皆是如此。宋代的苏东坡虽然不善于饮酒，却总喝，而且还常醉，有时醉了睡，醒了接茬还喝，即所谓的“醉饮东坡醒复醉”。唐代诗人就更甚了。

一提到唐代诗人与酒，所有人想到的恐怕都是李白，因他有“酒仙”的雅号。但初唐的王绩比李白的酒瘾还大。王绩是隋代大儒王通的弟弟，“初唐四杰”之一王勃的叔祖，酒量很大，曾自作《五斗先生传》云：“有五斗先生者，以酒德游于人间。人有以酒请者，无贵贱皆往。往必醉，醉则不择地斯寝矣；醒，则复起饮矣。尝一饮五斗，因以为号。先生绝思虑，寡言语，不知天下有仁义厚薄也。”

诗人的话常常有夸张，但王绩嗜酒如命倒是可信的，有别人的说法为证。王绩的好朋友吕才在《东皋子后序》中说过这样一段话：

> 贞观初，以足疾罢归，欲定长往之计，而困于贫。贞观中，以家贫赴举。时太乐有府史焦革，家善酿酒，冠绝当时。君苦求为太乐丞。选司以非士职，不授。君再三请曰：“此中有深意，且士庶清浊，天下所安。不闻庄周避漆园，老聃耻柱下？”卒授焉。数月而焦革死，妻袁氏时送美酒。岁余，袁又死。君叹曰：“天乃不令吾饱美酒。”遂挂冠归田。

因为馋酒才出仕，哪儿有美酒便请求到那个职位上。没有美酒喝就辞职，这纯粹是魏晋文人干的事，也就是所谓的魏晋风度。王绩是唐代诗人中踵武魏晋名士生活风范最坚决、最彻底的人。

文人喝酒，在形式上与其他人没有什么不同，不同的是能喝出诗来，能喝出趣味来，而且还能找出喝的理由来。李白《月下独酌》云：“天若不爱酒，酒星不在天。地若不爱酒，地应无酒泉。天地既爱酒，爱酒不愧天。已闻清比圣，复道浊如贤。圣贤既已饮，何必求神仙。三杯通大道，一斗合自然。但得酒中趣，勿为醒者传。”其实，“酒星”“酒泉”都是人命的名字，但什么事都不必深究，才有情味。既然天地爱酒，圣贤爱酒，我们文人又何乐而不为呢！于是文人好饮酒就是天经地义的了。而饮酒的妙处就在于“一樽齐生死，万物固难审。醉后失天地，兀然就孤枕。不知有此身，此乐最为甚”。大醉之后“失天地”，连天地都不知道了，还会有什么烦恼吗？可知古代诗人之嗜酒如命者多是怀才不遇的缘故，这是莫大的悲哀。

如果考察唐代人喝酒的情况，杜甫的《饮中八仙歌》为我们提供了一幅极其珍贵的历史画卷。

> 知章骑马似乘船，眼花落井水底眠。汝阳三斗始朝天，道逢麴车口流涎，恨不移封向酒泉。左相日兴费万钱，饮如长鲸吸百川，衔杯乐圣称避贤。宗之潇洒美少年，举觞白眼望青天，皎如玉树临风前。苏晋长斋绣佛前，醉中往往爱逃禅。李白斗酒诗百篇，长安市上酒家眠，天子来呼不上船，自称臣是酒中仙。张旭三杯草圣传，脱帽露顶王公前，挥毫

落笔如云烟。焦遂五斗方卓然，高谈雄辩惊四筵。（杨伦《杜诗镜铨》卷1，上海古籍出版社1980年新1版16页）

这八个豪饮之士身份不同，各呈异态。其中一个王爷，三个官员，三个文化名人，一个布衣。可知各个阶层都有酒徒。有人认为，杜甫的这首诗是一个醒的看八个醉的，就这首诗来说，是有道理的，但千万不能以为杜甫是个醒人，其实杜甫的酒瘾并不比李白小。据郭沫若《李白与杜甫》书中的统计，杜甫诗中写到喝酒的占总数的百分之二十强，而李白诗中写到喝酒的是百分之十六强，没有杜甫的比例大。再看杜甫本人是怎么说的。《曲江二首》其二云："朝回日日典春衣，每日江头尽醉归。酒债寻常行处有，人生七十古来稀。"（杨伦《杜诗镜铨》卷4，上海古籍出版社1980年新1版181页）上朝回来天天典当衣服换酒喝，每天都要喝醉。其理由是人生苦短，"七十古来稀"，何不痛痛快快畅饮一番，哪怕到处都是酒债也在所不辞，这种劲头确实不在李白之下。

王维在唐代诗人中似乎淡泊一点，但酒瘾也不小，盛唐著名画马大师韩干，在儿童时就因为到王维家中去讨要拖欠的酒债，在等王维取钱的时候在地上画马玩而被王维发现，王维免费教他画画，才成就一代大画家，可算是文坛佳话。白居易、刘禹锡、元稹、韩愈、李贺等诗人都留下许多饮酒的诗篇和典故。关于酒筵上的酒，送别时的酒，我们另辟专章，非本文所能包容。

唐人茶道技巧与饮茶趣话

唐代不愧是一个伟大的时代，人们的生活情趣特别丰富，就连饮茶也饮出许多名堂来，上升到一个新的水平，出现了中国历史乃至世界历史上第一部茶文化专著——《茶经》。

饮茶习俗漫谈

隋朝到初唐时期，饮茶的习惯在北方还没有形成。随着南北文化的交流，南北方人民在生活习俗等方面也在不断相互融合，南方人饮茶的习惯逐渐影响到北方。唐玄宗开元年间，随着生活水平的普遍提高，人们生活的情趣更加丰富。同时也由于佛教地位的提高，僧人坐禅需要饮茶，于是饮茶便逐渐向全国范围普及开来。正是在这样的氛围下，才会出现茶叶专家和专著。也正是因为有了此书，我们才可以对唐时中国茶叶生产的分布情况有个大致的了解。

饮茶习俗走进千家万户，与佛教的流传亦有一定的关系。唐人封演《封氏闻见记》卷六载：

开元中，泰山灵岩寺有降魔大师大兴禅教，学禅务于不寐，又不夕食，皆许其饮茶。人自怀挟，到处煮饮，从此转相仿效，遂成风俗。自邹、齐、沧、棣，渐至京邑，城市多开店铺，煎茶卖之，不问道俗，投钱取饮。其茶自江、淮而来，舟车相继，所在山积，色额甚多。

可知当时饮茶风气的兴起确实与禅宗的兴盛有一定关系，这也促进了茶叶的商品化生产。

据《茶经》记载，当时茶叶的生产已有相当的规模，人工栽培的茶叶树已遍及今四川、陕西、河南、安徽、湖北、湖南、江西、浙江、贵州、福建、广东、广西等省。在列出茶叶产区后，陆羽还按照地区把茶叶分为“上”“次”“下”“又下”几个等级。该书把峡州茶、光州茶、湖州茶、彭州茶、越州茶列为“上”等。或因有局限，或当时福建等地的茶叶质量确实不高，故陆羽还没有对福建等岭南地区的茶叶给予重视。

其后几十年，到穆宗时期，人们似乎更注重茶的品牌了，因此出现了一些名茶。李肇在《唐国史补》中说：

风俗贵茶，茶之名品益众。剑南有蒙顶石花，或小方，或散芽，号为第一。湖州有顾渚之紫笋，东川有神泉、小团、昌明、兽目，峡州有碧涧、明月、芳蕊、茱萸簝，福州有方山之露牙，夔州有香山，江陵有南木，湖南有衡山，岳州有灉湖之含膏，常州有义兴之紫笋，婺州有东白，睦州有鸠坑，洪州有西山之白露，寿州有霍山之黄牙，蕲州有蕲门团黄。

饮茶的习俗在唐时已传到吐蕃，据说常鲁公到吐蕃去，“烹茶帐中，赞普问曰：‘此何物也？’鲁公曰：‘涤烦疗渴，所谓茶也。’赞普曰：‘我此亦有。’遂命出之，以指曰：‘此寿州者，此舒州者，此顾渚者，此蕲门者，此昌明者，此灉湖者’”。赞普说的这些名称都是当时的名茶，由此亦可推测出唐代饮茶习俗的普及已经影响到了吐蕃。

到中唐，茶叶生产已被统治者高度重视，具体表现就是茶叶生产与盐铁一样纳入国家统一管理、统一收税的范畴。穆宗时的右拾遗李珏在奏章中说得很清楚：

长庆元年，盐铁使王播增茶税。初税一百，增之五十，珏上书论之曰：“榷率救弊，起自干戈。天下无事，即宜蠲省。况茶税之事，尤出近年。在贞元元年中，不得不尔。今四海镜清，八方砥平。厚敛于人，殊伤国体，其不可一也；茶为食物，无异米盐，为人所资，远近同俗，既祛竭乏，难舍斯须。田闾之间，嗜好尤切。今增税既重，时估必增，流弊于民，先及贫弱，其不可二也；且山泽之饶，出无定数，量斤论税，所冀售多。价高则市者稀，价贱则市者广。岁终

上计，其利几何？未见阜财，徒闻敛怨。其不可三也。（《旧唐书·李珏传》卷173，上海古籍本4019页）

这段文字告诉我们有关茶叶的几个信息：第一，茶叶在中国历史上开始纳税的最早时间是德宗贞元元年（785），每斤上税为一百钱；第二，之所以增加这个税种，是因为战争费用太高，不得不如此；第三，茶叶已成为所有社会成员都喜欢饮用的主要饮料，普通百姓尤其爱好，像米盐一样不可缺少，不能离开；第四，饮茶的作用是"既祛竭乏"，"竭"当是"渴"字之讹，即认识到饮茶的作用主要是解乏止渴。

中唐后，茶叶已正式纳入贡品。宋人钱希白在《南部新书》戊卷中说："唐制，湖州造茶最多，谓之'顾渚贡焙'，岁造一万八千四百八十斤。焙在长城县西北。大历五年后始有进奉。"（《说库》上册）年产量达到一万八千多斤，确实是个大型的茶叶生产基地。

在大历五年（770）开始向朝廷进奉茶叶，茶叶成为贡品，当以此年为始，十五年后开始征收茶叶税。

陆羽与《茶经》

提到茶，就不能不说一说被后人奉为"茶圣"或"茶神"的陆羽和他的《茶经》。陆羽字鸿渐，复州竟陵（今湖北天门）人。传说其幼年时为僧人收养，后来曾做过优伶，可知其出身很苦。

天宝十三年（754）开始，陆羽为考察茶叶生产和分布情况，出游巴山峡州。

一路上，他逢山采茶，遇泉品水。肃宗乾元元年（758），到达升州（今江苏南京），寄居栖霞寺，一边采茶，一边研究，一边整理资料。皇甫冉《送陆鸿渐栖霞寺采茶》诗道："采茶非采菉，远远上层崖。布叶春风暖，盈筐白日斜。旧知山寺路，时宿野人家。借问王孙草，何时泛椀花。"（《全唐诗》，上海古籍出版社1986年版上册631页）为考察茶叶而攀登山崖，有时要借宿到山间百姓之家，是很辛苦的。

上元元年（760），陆羽来到苕溪（今浙江吴兴）隐居，自号桑苎翁，与女诗人李季兰、僧人皎然友好。坚决拒绝政府的征召，专心致志撰写《茶经》。《茶经》共分三篇，对茶的源流与分布、饮法及茶具都进行了极其详细的论述，为我们留下了宝贵的茶文化遗产。

陆羽的好友僧人皎然有一首《寻陆鸿渐不遇》诗："移家虽带郭，野径入桑麻。近种篱边菊，秋来未著花。扣门无犬吠，欲去问西家。报道山中去，归时每日斜。"以前读此诗只感觉陆羽是个淡漠高雅之人，以为其每天去游山玩水，现在看起来理解的不对，原来他每天到山中去，就是去采山茶或取泉水作为研究的标本。要攀登山崖，要深入溪谷，挺艰辛的。

陆羽也能诗，传世诗只有二首，都是写茶的，其中一首云："不羡黄金罍，不羡白玉杯。不羡朝入省，不羡暮登台，千羡万羡西江水，曾向竟陵城下来。"不羡慕金钱，不羡慕宝玉。

不羡慕地位，不羡慕功名，只羡慕最适合煎茶的好水，这种品格就够茶圣。

唐人饮茶方式与习俗

唐人饮茶，如果从方式上区分，主要有两种。一种是将茶末放在壶缶等器物中，用开水冲泡后就可以饮用了，大体与现代人饮茶的方式相近，不同的是唐人放置的是茶末，而我们今人使用的是茶叶，是叶状的。这种方式叫“痷茶”，今天叫“沏茶”；另一种是所谓的“煎茶”。关于煎茶，《茶经》中有较详细的描述。《隋唐五代社会生活史》中也对煎茶法做了较详细的解说，很通俗明白，今录下：

> 所谓煎茶法，大致可分为这样几个步骤：首先是把饼茶炙干、碾碎、罗好，使之成为极细的粉末。所谓“碾成黄金粉，轻嫩如松花”（李群玉《龙山人惠石廪方及团茶》，见陈贻焮主编《增订注释全唐诗》，文化艺术出版社 2001 年版第 4 册 84 页），说的就是这种茶末。第二步是煎水。煎水首先是要找好水。据张又新《煎茶水记》，当时南方煎茶用的七种水，按等级高下依次为“扬子江南零水，第一；无锡惠山泉水，第二；苏州虎丘寺泉水，第三；丹阳县观音寺水，第四；扬州大明寺水，第五；吴淞江水，第六；淮水最下，第七”。找到好水后把它放在茶釜中煎，这时要注意煎的“汤候”。陆羽认为

煎水过程中有三沸："其沸如鱼目微有声，为一沸；缘边如涌泉连珠，为二沸；腾波鼓浪为三沸"，到第三沸就是"水老"而"不可食"了。前述李群玉诗中又有"滩声起鱼眼，满鼎漂轻霞"，说的就是第一沸即"鱼目沸"。第三步，当水出现一沸时，适量加入食盐以调味，到第二沸时，先留出一瓢汤来，随即用竹夹搅动釜中水，使水的沸度均匀，然后用小勺取一定量的茶末放入，同时再搅动。第四步，在搅动的过程中水继续沸腾并浮出泡沫，这种泡沫一般称为"汤花"，这时把水初沸时舀出的一瓢水投入釜中，以缓和水的沸腾并培育出更多的汤花，然后将釜从火炉上拿下。第五步，向茶盏中分茶。分茶的妙处在于分汤花。汤花有三种：细而轻的叫"花"，薄而密的叫"沫"，厚而绵的叫"饽"。一般说来，一壶水一升为一釜，一釜茶汤可分为五碗，不能再多，多就没有味道了。至此，煎茶分茶全部结束。（李斌城等著《隋唐五代社会生活史》，中国社会科学出版社 1998 年版 70—71 页）

这段文字对煎茶的技术要求及制作全过程描述得非常具体，令人喉舌生津。看来我们现代饮茶基本都是"痷茶"而不是煎茶。

掌握这些知识，对我们理解古代文学作品中一些有关饮茶的描写大有益处。譬如刘禹锡有一首《西山兰若试茶歌》，其中写道：

山僧后檐茶数丛，春来映竹抽新茸。宛然为客振衣起，自傍芳丛摘鹰嘴。斯须炒成满室香，便酌砌下金沙水。骤雨松声入鼎来，白云满碗花徘徊。悠扬喷鼻宿酲散，清峭彻骨烦襟开。（卞孝萱校订《刘禹锡集》，中华书局版下册329页）

这里引的只是半首，便把从新采茶叶到煎茶分茶的全过程都写出来了。可知是先把茶的嫩叶采来，炒干，再去舀台阶下的清水，注入茶壶中加热。“骤雨松声入鼎来，白云满碗花徘徊”前句是写一沸时的声音，后句是写茶分到各杯中后的情景。看来，这次的汤花是“饽”。

饮茶也有用冰的，据《开元天宝遗事》载：“逸人王休，居太白山下。日与僧道异人往还。每至冬时，取溪冰敲其晶莹者，煮建茗供宾客饮之。”（见《说库》上册）用晶莹的冰块化成的水煎茶，可能别有滋味。唐人实在会生活，我们不得不佩服。

唐人饮茶的一般情况及煎茶技术我们大体上可以知道了，下面再以几个个案来聊一聊文人饮茶的故事。

文人饮茶趣话

什么事一到诗人那里，马上就增加几分雅趣，饮茶也是一样，一般的体力劳动者饮茶是端起碗来一饮而尽，那叫牛饮。文人则一定要一点一点品尝，要品出滋味来，还要写成诗，那叫“品茗”。给一般人送点好茶叶作为礼品，得到的回报可能是别的礼物，而诗人则要写上一首诗，并可以千古流传。我想，如果没有诗歌，我们的生活一定单调许多。

唐诗人中较早写到茶的是李白，请看《答族侄僧中孚赠玉泉仙人掌茶》（并序）：

常闻玉泉山，山洞多乳窟。仙鼠如白鸦，倒悬清溪月。茗生此中石，玉泉流不歇。根柯洒芳津，采服润肌骨。丛老卷绿叶，枝枝相接连。曝成仙人掌，似拍洪崖肩。举世未见之，其名定谁传？宗英乃禅伯，投赠有佳篇。清镜烛无盐，顾惭西子妍。

朝坐有馀兴，长吟播诸天。（安旗主编《李白全集编年注释》，巴蜀书社 1900 年版 815 页）

这是最早记录名茶仙人掌的诗篇，李白在《序》中也说，他写此诗的一个重要目的就是为仙人掌传名，看来这个目的是达到了。

卢仝的饮茶诗

中唐时，诗歌中出现大量有关茶叶的内容。首先要提到的就是韩孟诗派中的著名怪诗人卢仝。他因为有两首特别怪异的诗篇而著称于诗坛，而《走笔谢孟谏议寄新茶》一诗也使他提高了许多知名度。笔者在给日本留学生授课时，与他们座谈，他们所知道的唐诗人极其有限，却有很多的人知道卢仝，而几乎无一例外都是通过这首诗知道的，可见此诗在海内外流传都很广，因为它把饮茶的独特感受表达得淋漓尽致。我们看一下这首诗：

日高丈五睡正浓，军将打门惊周公。口云谏议送书信，白绢斜封三道印。开缄宛见谏议面，手阅月团三百片。闻道新年入山里，蛰虫惊动春风起。天子须尝阳羡茶，百草不敢先开花。仁风暗结珠琲瓃，先春抽出黄金芽。摘鲜焙芳旋封裹，至精至好且不奢。至尊之馀合王公，何事更到山人家。柴门反关无俗客，纱帽笼头自煎吃。碧云引风吹不断，白花浮光凝碗面。一碗喉吻润，两碗破孤闷，三碗搜枯肠，唯有文字五千卷。四碗发轻汗，平生不平事，尽向毛孔散。五碗肌骨清，六碗通仙灵。七碗吃不得也，唯觉两腋习习清风生。蓬莱山，在何处？玉川子，乘此清风欲归去。山上群仙司下土，地位清高隔风雨。安得知百万亿苍生命，堕在巅崖受辛苦！便为谏议问苍生，到头还得苏息否？（《全唐诗》第12册，卷388，中华书局版4379页）

诗写得痛快淋漓，笔墨酣畅，一气呵成，我们似乎可以想象出诗人写作时笔走龙蛇、神采飞扬的精神状态。从送茶开篇，写得有声有色，给人以如见其面、如闻其声之感，这就是好文字。然后写茶之名贵和朋友对自己的深情厚谊。接着写自己喝茶的感受，这几句最精彩，真令人击掌拍案，可谓喝茶诗的绝唱。从“碧云引风吹不断，白花浮光凝碗面”两句来看，卢仝煎茶的水平也不错。喝茶居然喝到飘飘欲仙的境界，真是不可思议。

品茶专家李德裕

要说品茶专家，当数中晚唐之际的著名政治家李德裕。皮日休《题惠山二首》其一：“丞相长思煮茗时，郡侯催发只忧迟。吴关去国三千里，莫笑杨妃爱荔枝。”此处的丞相就是指李德裕，为用惠山的水煎茶，命令地方官从三千里以外的无锡惠山把水送去。皮日休诗中说的是事实。据《唐语林》卷七载：

李卫公性简俭，不好声妓，往往经旬不饮酒，但好奇功名。在中书不饮京城水，茶汤悉用常州惠山泉，时谓之水递。有相知僧允躬，白公曰："公迹在伊皋，但有末节，尚损盛德。万里汲水，无乃劳乎？"公曰："大凡末世浅俗，安有不嗜不欲者。舍此，即物外世网，岂可常系？然弟子于世，无常人嗜欲。不求货殖，不迩声色，无长夜之欢，未尝大醉。和尚又不许饮水，无乃虐乎？若敬从上人之命，即止水，后诛求聚敛，广畜姬侍，坐于钟鼓之间，使家败而身疾，又如之何？"……公遂罢取惠山水。（《唐语林》卷7，《说库》上册）

李德裕确实有千里送水之事，虽然未像杨贵妃那样劳民伤财，可也够破费的。后来在僧人允躬的劝说下停止了这一做法。过而能改，善莫大焉，李德裕不愧是一个了不起的政治家。

《中朝故事》中还记载了这样一件事：李德裕在当宰相时，有一名亲信出差到京口（今江苏镇江），他嘱咐那人道："回来的时候，取一壶金山下扬子江心的水带回来。"那人答应了。但在返回的时候，因喝醉酒把这事给忘了。等船行驶到石头城下时才忽然想起，便从江水中灌了一瓶，回到京师后献给李德裕。李德裕用此水煎茶，饮后感到很惊讶，说道："江南的水味与以前大不一样了。这水很像建业石头城下的江水。"那人一听，不敢隐瞒，只好如实道来。仅此一事，便可看出李德裕对于品茶的精到，就连哪里的水都能品尝出来，绝非一般水平，在专业水平中也是上乘。

皎然与郎士元

与陆羽交往密切的皎然对于饮茶也情有独钟，甚至到了着迷的程度，而且饮茶的品位也很高。他居住在湖州杼山妙喜寺时，常结伴游览顾渚山，对山中茶叶的生长状况了如指掌。《对陆迅饮天目山茶，因寄元居士晟》诗道：

喜见幽人会，初开野客茶。日成东井叶，露采北山芽。文火香偏胜，寒泉味转嘉。投铛涌作沫，著碗聚生花。稍与禅经近，聊将睡网赊。知君在天目，此意日无涯。（陈贻焮主编《增订注释全唐诗》，文化艺术出版社 2001 年版第 5 册 493 页）

在日出时到北山采带露水的茶叶的嫩芽，用文火炒焙，用清凉的泉水来煎，当将茶叶末投进一沸的水中时，涌起一层沫，加温到适度时，满碗是花。读过此文可知这是当时煎茶的最佳境界，可知皎然是煎茶的行家里手。

《饮茶歌诮崔石使君》——诗是抒写品茶感受的。诗道：

越人遗我剡溪茗，采得金牙爨金鼎。素瓷雪色漂沫香，何似诸仙琼蕊浆。一饮涤昏寐，情思朗爽满天地。再饮清我神，忽如飞雨洒清尘。三饮便得道，何须苦心破烦恼。此物清高世莫知，世人饮酒多自欺。（陈贻焮主编《增订注释全唐诗》，文化艺术出版社 2001 年版第 5 册 518 页）

皎然是卢仝的老前辈，饮过三杯茶便可以忘却人生的一切烦恼，如果没有卢仝的那首诗后来居上，在抒写饮茶感受上，此诗当名列前茅了。卢仝比皎然晚出生半个世纪左右，他的那首传诵古今中外的饮茶绝唱或许是受了皎然本诗的启发。

中唐时与钱起齐名的诗人郎士元却因为饮茶遭了不少罪，或许以此为起因而丧命。可见饮茶也不全是延年益寿，不过这是一个绝对的特例，因为可能不会有第二个人像郎士元那样饮茶。《唐语林》卷六载：

> 郎士元诗句清绝，轻薄好为剧语。每云：郭令公不入琴，马镇西不入茶，田承嗣不入朝。马知此，语之曰："郎中言燧不入茶，请左顾为设也。"即依期而往。时豪家食次，起羊肉一斤。层布于巨胡饼，隔中以椒豉，润以酥入炉。迫之，候肉半熟，食之，呼为"古楼子"。马晨起啖古楼子，以伫士元至。马喉干如窑，即命急烹茶，各啜二十余瓯。士元已老，虚冷腹胀，屡辞，马辄曰："马镇西不入茶，何遽辞也？"如此又七瓯。士元固辞而起，及马，气液俱下。因病数旬。马乃遗绢二百匹。(《说库》上册)

这则小故事涉及许多饮食知识，故多说几句。郎士元好说笑谈，因在军队中，便常说三个大帅不擅长的方面，即郭子仪不弹琴，马燧不饮茶，田承嗣不入朝。马燧听说，很生气，便派人去请他来共同饮茶，有点下战书的性质。

这天早晨，马燧做好了准备，专门吃的"古楼子"。所谓的

“古楼子”是一种非常油腻的食品。根据文中描写，其做法应当是这样的：先切一斤羊肉，均匀地分布在一张大的胡饼中间，在饼和羊肉中间隔上胡椒和豆豉。豆豉是一种用黄豆或黑豆经过蒸熟发酵后的调味品，有咸淡两种，此处用的肯定是咸的。再用油酥滋润一遍，然后用炉火烤，待羊肉半熟时，出炉食用。这种食品可能便是现代“夹肉大饼”的祖先。

可以想象，吃完这种东西一定会嗓子眼冒烟，口渴异常。壮年的将军马燧起早吃了半肚子“古楼子”，等待年老的空腹的诗人郎士元。郎士元一到，马上命令上茶，于是两人开喝。一口气连喝了二十多杯，郎士元空腹年老，几次提出不喝了。马燧则赌气道：“你说我马镇西不入茶，可我还在喝，你为什么这么快就推辞？”又喝七杯，郎士元实在不行，才告辞出来。上马时，便“气液俱下”了。郎士元因说笑话而惹恼节度使马燧，上演了这么一出闹剧。

皮日休与陆龟蒙

提到饮茶诗，中唐后的许多诗人都写过，除前文说过的皎然和卢仝，还必须说一下晚唐两个重要文学家皮日休和陆龟蒙。二人可谓是诗友兼茶友。皮日休写了《茶中杂咏》十首，分别吟咏茶坞、茶人、茶笋、茶籯、茶舍、茶灶、茶焙、茶鼎、茶瓯、煮茶十事，寄给陆龟蒙。这组诗前，有一篇二百余字的序，可以看作是作者心目中的茶文化史。最后认为陆羽虽有《茶歌》却没有茶诗，“余缺然有怀者，谓有其具而不形于诗，亦季痴之余恨也。遂为十咏寄天随子。”（《全唐诗》，上海古籍出版社 1986 年版下册 1548 页）天随子便是陆龟蒙。十首诗分别吟咏茶的一个方面，下面以《茶瓯》和《煮茶》二首为例，来看一下这组诗对茶文化的贡献。

邢客与越人，皆能造兹器。圆是月魂随，轻如云魄起。枣花势旋眼，蘋沫香沾齿。松下时一看，支公亦如此。（《茶瓯》）

香泉一合乳，煎作连珠沸。时看蟹目溅，乍见鱼鳞起。声疑松带雨，饽恐生烟翠。尚把沥中山，必无千日醉。（《煮茶》）

通过诗句可知，当时制造茶杯以邢州（今属山西）和越地（今浙江）最著名，茶杯的形制圆而薄，煮茶的情形参照前文便可明白。

陆龟蒙在张抟出任苏州、湖州刺史时曾为属官，后隐居甫里，在顾渚山下经营一茶园，出租以取茶，并作《品第书》，专论茶叶品级第次，是《茶经》后的第二本茶叶专著，可惜已失传。仅从此事来看，可知陆龟蒙也是一位茶专家。见到皮日休的诗，他也诗兴大发，写作《奉和袭美茶具十咏》。其《煮茶》诗中说：“闲来松间坐，看煮松上雪。时于浪花里，并下蓝英末。”（《全唐诗》，上海古籍出版社 1986 年版下册 1569 页）用松树枝叶上扫下的雪来煮茶，定是别有风味。两组诗综合起来，可以说是用诗歌形式写成的茶经。唐人的诗歌才能真令人佩服。

在众多咏茶诗中，元稹写的《一字至七字茶诗》别具一格，因其形状是个金字塔形，很好玩，录下以供观赏：

茶。

香叶，嫩芽。

慕诗客，爱僧家。

碾雕白玉，罗织红纱。

铫煎黄蕊色，碗转曲尘花。

夜后邀陪明月，晨前独对朝霞。

洗尽古今人不醉，将知醉后岂堪夸。

（杨军笺注《元稹集编年笺注》，三秦出版社 2002 年版 996 页）

金字塔的顶端是“茶”，在揭示主题的同时，也表现了诗人对茶的热爱。

服饰与化妆

唐代官服

官服历来是穿戴者地位的象征，古代与今天不同，只要是体制内的人员在工作时间，或者说在上朝或者在衙门里的时候，都必须穿戴国家规定的服装，衣帽冠带都要整齐。那个时代也有专门纠察这方面的官员。

这个话题内容太丰富，我们不能讲述其全面的内容，因为可以写成专书。我们只结合在唐诗中比较常见的内容，来介绍一些最基本的常识。

唐代官服的颜色

李白在著名长篇抒情诗《答王十二寒夜独酌有怀》中曾发牢骚说："君不能狸膏金距学斗鸡，坐令鼻息吹虹霓。君不能学哥舒横行青海夜带刀，西屠石堡取紫袍。吟诗作赋北窗里，万言不直一杯水。”前两句讽刺斗鸡小儿得宠享受荣华富贵，后两句讽刺朝廷重武轻文的不合理政策倾向。“君不能学哥舒横行青海夜带刀，西屠石堡取紫袍”，说的是哥舒翰凭借攻取吐蕃占领的石堡城而取得富贵，这里便涉及“紫袍”一词。

唐代中叶以后官服的颜色便做了统一规定。《旧唐书·舆服志》载：“文武三品以上服紫，金玉带。四品服深绯，五品服浅绯，并金带。六品服深绿，七品服浅绿，并银带。八品服深青，九品服浅青，并鍮石带。庶人并铜铁带。”（《旧唐书·舆服志》卷45）

这样，我们对于唐代官员服装的颜色便可以有一个最初的认识。无论文武官员，三品以上的都穿紫色袍子，四品是深红色，五品是浅红色，五品以上官员都是金玉带。六品是深绿色，七品是浅绿色，都是银带。八品是深青色，九品是浅青色，并佩戴鍮石腰带。而普通百姓只能佩戴铜铁的腰带。这里的金、银、鍮石、铜铁都是腰带上的装饰物，或者带钩。鍮石是一种天然含铜成分比较多的矿石，本身便呈现黄色。

因此唐代上朝或者开会，只要在公众场所，官员们是什么级别一眼就可以看出来，只从衣服的颜色便知道官大小。哥舒翰亲自去指挥那场非常惨烈的攻取石堡的战役，恐怕未必就是为了那件紫袍，但客观上他获取了高官，穿上了三品以上官员的紫袍。

这样，我们就可以理解李商隐诗《春日寄怀》中“纵使有花兼有月，可堪无酒又无人。青袍似草年年定，白发如丝日日新”（刘学锴，余恕诚《李商隐诗歌集解》，中华书局1988年版503页）所抒发的意蕴了。那身青袍年年不变，就如同被定住一样，实际是说自己的九品小官始终难以改变。唐诗中类似的诗句还有一些，印象比较深刻的是中唐诗人刘长卿《别严士元》一诗："春风倚棹阖闾城，水国春寒阴复晴。细雨湿衣看不见，闲花落地听无声。日斜江上孤帆影，草绿湖南万里情。东道若逢相识问，青袍今已误儒生。"（陈贻焮主编《增订注释全唐诗》，文化艺术出版社 2001 年版第 1 册 1172 页）与李商隐诗所表达的意蕴近似，都是抒发自己多年都是八九品小官的郁闷情绪。

金鱼袋与金龟

唐代官员还有很重要的配饰，即金鱼袋，武则天执政后改为金龟。金鱼袋很像当年官员的特殊身份证，是非常重要的佩饰。《旧唐书·舆服志》载："垂拱二年正月，诸州都督刺史，并准京官带鱼袋。天授元年九月，改内外所佩鱼并作龟。久视元年十月，职事三品以上龟袋，宜用金饰，四品用银饰，五品用铜饰。上守下行，皆从官给。神龙元年二月，内外官五品以上依旧佩鱼袋。六月，郡王、嗣王特许佩金鱼袋。景龙三年八月，令特进佩鱼。散职佩鱼，自此始也。"

"垂拱""天授"都是武则天执政时的年号。我们只是进行大意的解说，而不做具体阐释。垂拱二年（686）正月，准许天下各州都督刺史，即地方上的军政大员，依照京官，即中央官员佩戴鱼袋，鱼袋分级别有金鱼袋和银鱼袋两种。四年后，到天授元年

（690）九月，内外佩戴鱼袋的官员都改作佩戴龟袋。据说武则天认为龟属于玄武，有武字，故把金鱼袋、银鱼袋改为金龟袋、银龟袋。武则天是位非常有魄力、有主见、有想法的女性，故武则天执政期间有许多新政，甚至把许多官府衙门的名称都改了。

到了久视元年（700）十月，职事官三品以上都是金龟袋，四品银龟袋，五品铜龟袋。神龙元年（705）二月，大臣张柬之等五人辅佐太子李显成功政变，李显登基当上皇帝。社稷重新回归李氏手中。于是中宗下诏，把许多武则天时期改的政策和条文又改回去了。“金龟袋”重新改为“金鱼袋”。再过几年，一些亲王、郡王和散职官员也可以佩戴金鱼袋了，可以佩戴金鱼袋的官员越来越多。

其实，这种佩饰的主要作用是显示身份地位的，但也有一定的装需要随身携带的贵重物件的作用，佩戴在主人腰带前面左下方，是一个精美的小袋，有点类似现代女性的小挎包，虽然主要是显示身份，但也有一定的实用性。最关键是小袋里的金鱼或金龟是一种符，上面有佩戴者的姓名、籍贯、职务等关键内容，实际相当于今天的身份证兼工作证。因此，能够佩戴金鱼袋的人高贵而且受尊重。我们在唐诗中偶尔看到“金龟婿”的提法，便是这种佩饰的诗化表达。

唐代诗人李商隐的《为有》诗：“为有云屏无限娇，凤城寒尽怕春宵。无端嫁得金龟婿，辜负香衾事早朝。”（刘学锴，余恕诚《李商隐诗歌集解》，中华书局 1988 年版 1838 页）

李商隐的“金龟婿”一词知名度可能不够高，但贺知章“金龟换酒”的故事在文学爱好者中则简直太有名了。孟棨的《本事诗》和李白自己诗中的小序都提及此事，而关于贺知章“金龟换酒”的事则应该是真实的了。但关于这个金龟是否就是“金龟袋”里的象征身份的金龟，还是贺知章随身带的爱物则有不同说法。

《本事诗·高逸》：“李太白初自蜀至京师。舍于逆旅。贺监知章闻其名，首访之，既奇其姿，复请所为文，出《蜀道难》以示之。读未竟，称叹者数四，号为‘谪仙’。解金龟换酒，与倾尽醉，期不间日，由是声益光赫。”后面附有王注：“金龟盖是所佩杂玩之类，非武后朝内外官所佩之金龟也。”（转引自安琪主编《李白全集编年注释》，巴蜀书社 1990 年版 827 页）

我们再看李白的原诗：“对酒忆贺监二首（并序）太子宾客贺公，于长安紫极宫一见余，呼余为‘谪仙人’，因解金龟换酒为乐。殁后对酒，怅然有怀，而作是诗。”

我们此处只引第一首诗就可以说明问题了：“四明有狂客，风流贺季真。长安一相见，呼我谪仙人。昔好杯中物，翻为松下尘。金龟换酒处，却忆泪沾巾。”（安琪主编《李白全集编年注释》，巴蜀书社 1990 年版 826 页）

我们梳理一下“金龟换酒”这一词语出现的次序便可以理出大体的头绪来，也可以有自己的体会。这一提法的顺序是：首先是李白诗序和正文中两次提到“金龟换酒”这个词，明明白白，没有含糊。然后才是孟棨《本事诗》，并没有说金龟是怎么回事，其实默认就是金龟袋中的象征身份的金龟。但王琦的注解则明确说不是。王琦是清代人，在这个问题上当然是最晚的了。他为什么要说明“金龟盖是所佩杂玩之类，非武后朝内外官所佩之金龟也”，原来在这中间，还有一个人也提及“金龟换酒”，即明代大才子、大学者杨慎，他曾经根据“金龟换酒”一词说李白见贺知章是在武则天时期，因为只有在武则天执政的一段时间里把“金鱼袋”换成“金龟袋”了，到中宗朝又改回来了。那么，李白见贺知章便一定是在武则天时期了。

但是武则天在公元705年就离开皇帝的宝座了，李白才六七岁，怎么可以到长安见贺知章？因此王琦特意说明这里的金龟不是佩戴的金龟，而是贺知章随身带的小玩意。其实这样解释便索然寡味了。只有是象征身份地位的金龟，才最能表现贺知章的旷达、放诞和高逸，也才值得李白感动和反复记载。我认为，这个金龟就是只有三品高官才可以佩戴的具有特别身份证作用的金龟。至于在这个时代，不是金龟而是金鱼了，无关紧要，延续前代的说法，这种词汇在唐诗中可以车载斗量。杨慎一时未深思而出现的小失误，王琦的注解有点画蛇添足了。根本不必那么拘谨，诗歌本身就是灵活通透的。

唐代女性服饰与发型

历史可以告诉我们许多现实之所以然的道理，现实也可以使我们更深刻地理解历史。近日广泛阅读唐代书籍，忽然感到唐代距离我们似乎并不太遥远。从女子的服饰和化妆就可以看出这一点。

千万不要以为古代人是多么愚蠢和落后，古代生活是多么的贫乏和单调。其实，古代人的生活情趣及生活状态与我们今天并没有什么大的区别，尤其是唐代，人们追求时尚、追求时髦、追求新潮的热情绝不比我们现在低。女人们在服饰和化妆方面的表现尤其突出。

唐代女性服饰变化的迅疾

女人的服饰和化妆可谓是社会生活的晴雨表。大唐帝国建立之后，几百年的分裂局面真正结束了，南北文化大交流大融合，西域及北方少数民族的文化也进入中原，整个社会蒸蒸日上，日新月异。人们对于新生活的热爱以及追求更高层次生活的欲望更加强烈。妇女在服饰和化妆方面变化迅疾，不断出现新的式样，人们在拼命追求时髦、追求新潮。中唐散文大师李华在给他两个外孙女的信中便抒发了一段感慨。他说：

> 吾小时南市帽行，见貂帽多，帷帽少。当时旧人，已叹风俗。中年至西京市，帽行乃无帷帽，貂帽亦无。男子衫袖蒙鼻，妇人领巾覆头。向有帷帽幂离，必为瓦石所及。此乃妇人为丈夫之象，丈夫为妇人之饰。颠之倒之，莫甚于此。触类而长，不可胜言。（李华《与外孙崔氏二孩书》载《全唐文》卷315）

外公给外孙女写信，当然要说普通话，要说得非常明白，可现在读起来则不那么明白了。这里有几个关键词，即“貂帽”“帷帽”“幂（mì）离”。把这几个词弄明白，其他的就迎刃而解了。

“貂帽”是少数民族妇女的帽子，用“貂皮”精制而成，下宽上窄，一般的带卷檐，戴上后整个脸面都露出来，楚楚大方。“帷帽”是中原地区女子最普遍的帽子，因帽子本身带有一圈薄薄的纱，像帷幕一样，其作用是遮挡女子的芳容，不让外人轻易看到庐山真面目，这便是古人所说的女子不能抛头露面。戴着这样的帷帽，别人看不清戴帽人，而她本人却可透过薄薄的纱看见外面的一切。

“羃离”是更保守的女子服饰，其形状有点像后世的斗篷，但连头部也一起遮上，只露出脸来。其作用也是将女子的体肤全部遮掩住，不能露出。不要说粉臂酥胸，就连脖子也全部遮挡起来。在增加女性神秘感的同时，女性自身的青春活力和形体美也被遮挡起来。

这样，李华的这几句话我们就全明白了。其大义是说：我小的时候，到东京洛阳南市的帽子专卖店去，所见到的貂帽多，帷帽少，当时的人已叹息风俗变坏了。中年时到西京长安的市场，看到帽子商行中不但没有帷帽，就连貂帽都没有了。妇女像男人一样用领巾包裹头发，而男人则往女人方面打扮。二三十年间，妇女的服饰便发生如此大的变化。从变化趋向来看，一是开放性，妇女身体裸露得越来越多，在向社会展示自己的形体之美；二是男性化，不断往男性装束上发展。因此李华才感叹世风日下，男不男，女不女。

李华是文人，对于这种现象尚不理解，其他人也可想而知。一些保守的礼法之人曾对这种社会风尚进行抵制，如中唐名将，平西王李晟就曾下令本家的所有女人严格禁止“时世梳妆”。（《唐语林》卷1“德行”）

争奇斗艳的发型

发型是女性妆梳时特别注重的部分。唐代妇女的发型变化最早，样式多而新奇。太宗时，大臣皇甫德参上的奏疏中便有“俗尚高髻，是宫中所化也”的话，这是上给皇帝的奏章，说话要非常慎重。可知是皇宫中首先流行起高髻的发型，以后逐渐影响到京城里，再辐射到四面八方。

太宗时建国未久，高髻已由宫中化到了世俗，而且世俗已崇尚流行。那么，宫中流行这种发型就一定更早。看来，高髻是唐代宫人最普遍的发型，而且几乎持续了整个唐代的历史。

中唐的刘禹锡经过“二十三年弃置身”的贬谪之后，被召回京师出任主客郎中、集贤学士。有位罢镇在京的李司空，久慕刘禹锡大名，便把他请到家中，设酒筵盛情款待。

酒筵上，诗人好友李绅司空让自己最好的歌伎为刘禹锡唱上一曲。那歌伎貌美嗓润，风情楚楚，刘禹锡被深深感染了，即席赋诗一首曰：“高髻云鬟宫样妆，春风一曲杜韦娘。司空见惯寻常事，断尽江南刺史肠。”（孟棨《本事诗》，又《唐诗纪事》卷39亦载此事，但不是李司空，而是杜鸿渐，尾句为“断尽苏州刺史肠”）李司空见诗，知道刘禹锡喜欢这位歌伎，便慷慨相赠。刘禹锡即兴的一首诗不但得到一个色艺双佳的美人，而且还留下一个“司空见惯”的成语。

元稹的《李娃行》诗中也有“髻鬟峨峨高一尺”的句子，可知中唐在京师中依旧流行高髻，而且宫中也是这个妆梳。晚唐的陆龟蒙《古态》诗以女子口吻说：“古态日渐薄，新妆心更劳。城中皆一尺，非妾髻鬟高。”高髻的流行贯穿了整个李唐王朝，这些诗便证明了这一点。

高髻之外，还有名目繁多的发型，如低髻、小髻、侧髻、花髻、椎髻、风髻、螺髻、同心髻、反绾髻、抛家髻、乌蛮髻、回鹘髻、归顺髻、闹扫妆髻、双鬟望仙髻、祥云髻、朝云近香髻、凌虚髻、百合髻、飞髻、归秦髻、交心髻、愁来髻、鸾凤髻、慵来髻、抛家髻、倭堕髻等。

在这些发髻中，我们在诗文中看到最多的莫过于高髻和倭堕髻，因此，笔者只将这两种发髻的形式作一大致的描绘。顾名思义，高髻就是高的发髻。那么究竟高到什么程度呢？一般的记载都是一尺高。一尺究竟是现在的多长？按照岑仲勉先生的考证，唐代的一尺大约是现在的 25 厘米，相当于今天的七寸半左右。在头上，梳起这么高的一个发髻来，也确实惹人注目。这么高的发髻，单靠头发是没有办法竖起来的，还要在中间加上固体的东西，将秀发包围其外，再进行扎束。至于固体所用何物，一般不外金属和木制两种。木制的一定很轻，金属的可能是金属丝围成的圈状物，也应当很轻。具体形状不一，但都是椭圆或高长形的。

倭堕髻的具体形状也不太清楚，但有两点是肯定的，一是这种发髻呈扁形，很低，一是不对称形状，而是偏向一边。新中国成立初期流行的所谓“大偏桃”发型当是由古代的倭堕髻演变而来。

有趣的是除上述名目繁多的发髻之外，还有一种假发髻。假发髻又叫义髻、特髻。历史上著名美人杨玉环就善于用义髻，而且好穿黄色裙衣。因为她的缘故，杨国忠奸佞误国，祸国殃民，百姓恨极了杨家，天宝末年有民谣说：“义髻抛河里，黄裙逐水流。”

其实，这种假髻即类似现代的假发或发套。可见发套并不是现代文明的产物。《旧唐书·薛季昶传》卷一八五记载这样一件事：藁城县尉吴泽，贪婪暴虐，在乡里横行霸道，曾经射死驿使，硬剪下百姓女子的头发做假发，没有人敢管。看来这是一个恶霸。不知道他做假发是自己用还是给情妇用，或许自己用，那么，唐代就有男人戴假发的情况了。

女人头型除发髻外，出现在诗文作品中最多的莫过于鬟。鬟与髻的区别就在于实心与空心。实心者叫髻，空心者就叫鬟。鬟者，环也，就是用一硬物煨成环状，夹在头发的中间，使头发呈现环状。鬟一般以双鬟为多，而且多为未婚女子的发式。相对来说，往往也是地位低的女子所梳的发型。因为是相对的两鬟，成“丫”状，并为贵族府中奴婢或下人女性普遍采用的发式，故称梳这种发型的女子为“丫鬟”。

唐代女性的养颜与化妆术

社会时尚一旦发生变化，就像洪水猛兽一样无法阻挡，尽管李晟这样的礼法之士不是个别的，尽管一些人不断发出叹息声，但女人们的服饰、发型还在不停地变化。女人的化妆术也不断有新招。在化妆方面，著名女皇帝武则天就是个了不起的人。六十多岁的她可以打扮得像个三十岁左右的少妇，比实际年龄小了一半。当初我曾怀疑过这一点，以为是史家的美化或夸张，最近读到一则材料，方信这是真的。在《教坊记》补录中记载这样一件事：

庞三娘善歌舞，其舞颇脚重，然特工装束。又有年，面多皱，帖以轻纱，杂用云母和粉蜜涂之，若少容。尝大酺汴州，以名字求雇，使者造门，既见，呼为恶婆，问庞三娘子何在？庞绐之曰："庞三是我外甥，今暂不在，明日来，书奉留之。"使者如言而至。庞乃盛饰，顾客不之识也，因曰："昨日已参见娘子阿姨。"其变状如此。故坊中呼为"卖假脸贼"。

这个庞三娘子善于歌舞，在汴州大名鼎鼎，是星级人物，每有大型歌舞宴会，都少不了她的歌声和舞姿。可她的岁数有些大，年龄不饶人，跳舞时就不那么体轻似燕，脚步有些重。但她特别善于化妆，所以人们还没有发觉。又过了一些年，年龄更大了，估计应当在五十岁上下，脸上已布满皱纹，于是她便在脸上贴薄薄的轻纱，再杂用云母和粉蜜涂上，经过一番仔细化妆后，看上去就非常年轻，简直像个二十岁左右的少女。

一次，汴州城有一个规模大的歌舞宴会，因她名气太大，主办者便派人前去雇她出场。来人到她家时，她正在屋里，可没有化妆，那人见了，便问她："老太婆，庞三娘子在哪里？"她哄骗那人说："庞三娘子是我外甥女，现在暂时不在家。你明天来吧，不会有问题，请柬我就留下了。"第二天，那人如约而至，庞三娘子已化好妆，光彩照人，来人根本不认识，就说："我昨天已经见过娘子的阿姨，她答应娘子今天出场。"同一个人，前一天来看到的是本模样，第二天看到的是妆后，居然认不出来，可见化妆技术是多么高明，真可叹为观止。这样的技术，即使是现代也是先进高明的。

交通与住宿

唐代的水陆交通与桥梁

人要在纷纭复杂的社会中生活、发展，就避免不了要到外面去。而且，只要想出息，就必须到最广阔的世界中去。古人常说“读万卷书，行万里路”，认为这是增长见识和才干的两条重要途径。唐代诗人几乎都有漫游的经历，道理就在于此。这样，人们便一定要出门，要出很远的门，要走很远的路。那么，隋唐时的人出门是一种怎样的情况呢？道路怎么样？食宿方便吗？都有些什么规矩？

四通八达的陆路

隋唐时代的道路只能是在平面上，即我们现代所说的平面交通，因为飞机是近代的事，那时只有在神话中人才可以飞，在现实生活中是想都不敢想的。如果从自然状态来分，当时的道路可分为陆路和水路两种；如果从社会性质来分，则可分为官路和私路两种。

关于唐代道路情况，李吉甫《元和郡县志》中记载得相当清楚，这是我们研究唐代道路不可或缺的宝贵资料。该书在每州之下记有“八到”，即以该地为中心而延伸到四面八方的道路情况及里程。如京师长安的“八到”是：东至东都835里；东南至商州265里；西南至洋州630里；东至华州180里；南取库谷路至金州680里；正西微北至凤翔310里；西北至邠州300里；东北至坊州350里；正东微北至同州250里。

其他州郡都有类似的记载。可见唐代的交通非常发达，有人根据“驿”的数量计算出官路干线即有五万里。（白寿彝《中国交通史》）也有人通过计算认为在六七万里左右。（刘希白《隋唐交通》）可以说，唐代的官路总里程只能超过这两个数字。当然，这里包括陆路和水路两个方面。

陆路在古代名称很多，如有驰道、御道、御路、官道、官路、天街、官街、国路、驿路、县道、村路、饷道、饷路、贡道、马道、便道、私路、盘道、栈道、甬道、夹道、复道、阁道、山道等。其中有的是以性质命名的，如御路、官路、驿路；有的是以用途命名的，如贡道、饷道；有的是以形态命名的，如栈道、复道等。

驰道、御路、御道是供皇帝专用的，但只有宫中的御道常设，其他都是临时性的。如隋炀帝要从榆林出塞，炫耀武力，先通知突厥染干，染干便命令本国人民“就役而开御道”，从“榆林北境至于其牙，又东达于蓟，长三千里”。（《隋书》卷51）很明显，这里的“御道”是供隋炀帝往返行驶的路，是临时性的。皇帝走过之后，自然要开放。

隋炀帝要去视察，便促使该地区修建一条三千里的高级官路。可以说，隋炀帝对发展古代交通事业是有一定贡献的。他发动全民开凿的大运河虽然是供他大规模游览观光用的，客观上却沟通了南北水路，极大地发展了水路交通事业。难怪二百多年后的诗人皮日休在《汴河怀古二首》其二中做出这样的评论：“尽道隋亡在此河，至今千里赖通波。若无水殿龙宫事，共禹论功差不多。”（《全唐诗》，上海古籍版下册 1558 页下）

“官街”“官路”“驿路”都是由官府修建和管理的交通干线，是当时的交通命脉。官街是指城市市区内的大街，官路是指连接全国大城市及各州县之间的干线道路，驿路则指设有驿站的道路。很明显，驿路的等级比一般官路要高。唐代很重视对官路的维护和管理，官路两旁都栽植树木，并禁止滥砍盗伐。

栈道和盘道指险要的山路，栈道最险，是凿石搭木支撑建成。从关中入蜀，在剑阁一带就有相当长的一段栈道，李白《蜀道难》诗说：“剑阁峥嵘而崔嵬，一夫当关，万夫莫开”，指的就是这段路程。“青泥何盘盘，百步九折萦岩峦”，说的是青泥岭一带曲折盘旋的山路，即盘道。

半封闭式的市内高架路

“复道”和“阁道”的意义相同，都指城市中建设的高架路，其作用类似现代的高架桥，带有立体交通的性质。因其与地面上的路同时都可以通行，故曰“复道”；因其是架起来的，有点像楼阁，故又曰“阁道”。这种路一般上面都修成封闭形的，在两旁开有小窗，在路上可以看到外面的景色，而外面的人却看不见里面的情况，即使知道有人，也不知是什么人。

盛唐王维在诗中说：“复道通长乐，青门临上路。遥闻凤吹喧，暗识龙舆度。褰旒明四目，伏槛纡三顾。小苑接侯家，飞甍映宫树。商山原上碧，浐水林端素。”（《奉和圣制御春明楼临右相园亭赋乐贤诗应制》）这是诗人陪伴唐玄宗从大明宫到兴庆宫途中的景象。“遥闻”两句是设想外人的猜测之词，意谓人们听到皇帝专用的音乐，便能暗自知道这是皇帝在阁道上经过。从这句诗可知当时的复道是封闭的。“褰旒明四目”以下六句是写玄宗撩开冕旒，手扶栏杆向外面眺望，视野还挺开阔。

在另一首诗中，王维写道：“渭水自萦秦塞曲，黄山旧绕汉宫斜。銮舆迥出千门柳，阁道回看上苑花。云里帝城双凤阙，雨中春树万人家。”（《奉和圣制从蓬莱向兴庆阁道中留春雨中春望之作应制》）如果从“留春雨”中的情景来推测，或许复道不都是全封闭的，可能有露天的地方，否则，春雨是不会耽误人走路的。

据资料和唐诗可知，唐代长安城中的复道线路很长，从坐落在城最东北的大明宫到皇城东南的兴庆宫，再从兴庆宫到最南端的曲江池，都有复道。也就是说，皇帝从大明宫到曲江池游玩，完全可以在复道中行走。这不但方便了皇帝，也极大地便利了百姓。

还有一点亦应提及，就是在当时的情况下修建如此规模的复道也给城市增添了一道美丽的风景，一定很壮观。从大明宫到曲江池南北跨过整个城市，从大明宫通向兴庆宫的一段还有一定的曲线。而长安外城墙的南北直线距离是“十五里一百七十五步”，(《唐两京城坊考》卷2）这样，这条复道的长度当在二十里左右，确实很亮丽壮观。

“便道”“便路”“私路”是相对于官路和驿路而言的，顾名思义，便知这是民间之路，其特点是没有驿馆，也不设关卡，随便通行。有时，在特殊情况下，有的官员赴任时明令不准走官路和驿路，便只好走这种路了。

唐代的道路，除了宫内的御路是砖铺的外，都是土路。如果铺沙子还好一点，没有铺沙子或虽然铺了沙子但铺得薄的话，雨水一大就成了泥路，有时简直无法行走。在连雨天时，道路泥泞，连官员上朝都有困难，朝廷不得不放假。韩愈集中《雨中寄张博士籍侯主簿喜》诗道：“放朝还不报，半路踏泥归。”（钱仲联《韩昌黎诗系年集释》卷12）韩愈没有接到“放朝”的通知，起早顶雨辛辛苦苦地走到半路，才有人告知免去早朝，不免有些牢骚，便写信给好朋友。张籍和白居易都写了和诗。张籍诗曰：“屋湿惟添漏，泥深未放朝。”白居易诗曰：“仍闻放朝夜，误出到街头。”一个是说，泥深而没有听到放朝的通知，一个是说本来是放朝的早晨，可韩愈不知道，夜色未退便出门到了街头。这样因雨大道路泥泞而放假的例子还很多。从张籍诗中的“泥深”二字体会，当时长安城中的街道上泥水就不浅。

关于隋唐时代道路的宽度，当时最宽的大街是长安城中的朱雀门大街，大约150米宽，前文提到的突厥专门为隋炀帝修建的御路宽与此大致相仿。其他街道和道路大约在20米到60米之间。

水路、桥梁与渡口

水路与陆路不同，几乎完全取决于自然，人工的因素所占比重较小，而陆路则是人工的因素大，当然与地形地貌也有极大的关系。水路主要是利用江河湖海的自然条件，但隋朝所修的大运河则必须说一说，因为这无论是在中国水利史还是交通史上都有重要意义。

大运河南起余杭，中经江都（扬州）、洛阳，北到涿郡，连通长江、淮河和黄河，成为贯通南北的水路大动脉。据《大业杂记》载，大运河宽60多米，两岸还有御道，道旁栽植柳树，当时被称为御河，气魄极其宏伟。

到唐代以后，在大运河的基础上又增添一些支线工程，使水路交通更加便利。水路名称主要有水路、水道、海路、海道、御河、官河、漕渠等。其中，官河出现的频率最高，因为官河是官府组织人工开凿的，故官府便有维护的义务，如果淤塞而不及时清理，当地的地方官还要受到处分。

桥梁是架设在河流之上，连接陆路的重要设施，说是水路也可，说是陆路也可。但因与陆路的关系更密切，故应算在陆路之内。但因其在水面上建设，故当时归水利部门管辖。那时候建桥很费力气，朝廷有专门负责此项工作的官员，叫“桥道使”，归属于尚书省工部水部寺。各地方也有人分管，一般是由士曹主持。建桥的资金或由政府拨款，或由地方征收专门费用，专款专用，叫“桥道钱”，一般都是按照土地面积征收。

地方修桥还有一些方式，有集资的，有地方乡绅赞助的，也有人靠四处乞讨修建的。后一种桥称“义桥”。因修桥是有利于所有社会成员的受益最普遍的公益事业，故倍受人称道。自古以来以“修桥补路”为善举，道理就在这里。

在陆路交通中，如果遇到河流而没有桥，就必须借助船来解决这一问题，这就是“津”，即常说的渡口。许多大江大河在交通要路上都设有渡口。大的渡口政府有专人管理，也收相当的费用。不交钱则无法过江，交通就要受阻。

有这样一件事，可见过渡口的费用很昂贵。福建人周匡物，元和十一年进士及第。当初他很贫穷，没有盘缠，连档次最低也最贱的驴都骑不起，只好凭两条腿一步一步地往京师走。从福建到长安，几千里的路，全靠徒步，其苦可知。

当他走到钱塘江时，没有乘船的钱，船主便不肯让他上。等了好久，没有一个船夫肯免费渡他过江。于是他在公馆题诗曰：“万里茫茫天堑遥，秦皇低事不安桥。钱塘江口无钱过，又阻西陵两信潮。”（徐松《登科记考》卷18，中华书局版665页）

地方官见到此诗，便狠狠教训了负责渡口的官吏，并将其免费送过钱塘江。其后，许多船夫都能背诵此诗，天下所有渡口，都不敢再向举子要钱，这一规矩就是从这时开始的。

这条规定后来可能是广泛实行了。“李绅在维扬日，有举子诉扬子江舟子不渡，恐失试期。绅判云：昔在风尘，曾遭此辈。今之多幸，得以相逢。各抛付扬子江。其苛急也。”（《南部新书》丁卷，《说库》上册）李绅在扬州任刺史时，有举子告扬子江渡口的船夫不肯免费渡其过江，李绅居然判决将船夫抛进江中。这样做显然过分，但李绅肯定是有一定根据的。即使没有明确的法律条文，也是约定俗成。

唐代的驿馆与乘驿

中唐名诗人元稹在从东都洛阳回京师长安的途中，住在敷水驿的雅间里。他已躺下，可偏偏又来一个人，非要他住的雅间不可，这明明是在和他叫板，看谁的身价高。此人并不比元稹品级大，而只是一名宦官，元稹如何肯让？那人非要住不可，元稹坚决不让，于是便武力解决。那人的随从居然用皮鞭子打了元稹。

元稹一口气咽不下去，驿馆也不住了，连夜赶回长安告御状。结果是完全有理的元稹被贬为江陵府士曹参军。那是宪宗元和五年（810）二月发生的事，引起朝野舆论的大哗。就因为这么一打架，这么一告状，才使很平常的敷水驿成为千古名驿。几乎在所有史书中都有这件事的笔墨，元稹是名诗人，而另一个人的名字并不比他差，此人就是宦官中的大奸——臭名昭著的仇士良。

与元稹打架的这个人，说法不一，《旧唐

书·元稹传》说是刘士元，但《宪宗实录》却说是仇士良，相对而言，仇士良更有名气，在皇帝那里更受宠，派头更大，故仇士良的可能性更大。

驿馆的功用与等级

出门不能当天赶回来就要住在外面，或投亲，或住店。俗语云："投亲不如下店"，相对而言，住店更自在更方便，因为是花了钱。隋唐时期的驿馆和旅店设施很齐全完备，公私均有，大小皆备，下面便先介绍一下驿馆。

驿馆是由官方开办的，在驿路两旁设置，供应来往官员及公差食宿并为其提供交通工具。驿馆还有一些别名，如"邮亭""邮舍""亭侯""传舍"等。从"邮亭""邮舍"的名称可知当时的驿站还有邮政的功能。

一般来说，三十里一个驿馆。《唐六典》卷五"尚书兵部"条说："凡三十里一驿，天下凡一千六百三十有九所。"在这些驿中，陆路驿是1297所，水路驿是260所，其他是水陆相兼的驿。其实，以功能来说，陆路驿相当于现代公路干线上的县级客运站兼政府招待所的性质，而水路驿则相当于码头兼招待所。但驿馆比客运站和招待所的级别高多了，而能享受其待遇的人则也少得多。

"三十里"只是大概的距离，内地或繁华地区可能密集一些，而边远地区可能就稀疏一些，与现代相似。如在唐代的长安和洛阳之间可能不到三十里就有驿馆，而在通往西域（今甘肃新疆一带）的路途中很可能一百多里地也没有驿馆。

唐代的驿馆规模都很大，设备有楼房、马圈、客厅、仓库等。仓库有好几个，有酒库、茶库、咸菜库等。大的驿馆还有池沼。客厅也有几个，设备条件不一样，有的高级客房中还带有客厅，标准和等级不同，与现代的大酒店类似，其中的高级房间都不会很多，因此才会发生元稹和仇士良争夺“上厅”而打架的事。

驿馆还备有一定数量的交通工具，陆路驿馆的交通工具主要是马和驴。根据忙闲不同和客流量，各个驿馆配备的马和驴的数量也有差别。最繁忙的都亭驿等特级的驿馆配备75匹马，一级驿馆配备60匹，二级配45匹，三级配30匹，四级配18匹，五级配12匹，六级配8匹，共七个等级。马由政府主管部门统一供给。水陆驿馆则供应船只，大的四只，最小的两只。驿馆里的交通工具都是免费向过往官员或差役提供的。至于什么样级别的官员享受几匹马的待遇，在下文中说。

驿馆的功能如此齐备，管理人员也不少。因为当初设置驿站的主要目的是传送军事情报，故驿站归属兵部，由兵部的驾部郎中直接领导。其他官员是由上而下的系统管理。

地方上由各地州郡长官直接领导，每驿设驿长或馆驿使一人，下面还有一名或几名驿吏，相当于副驿长吧。另外还有一些负责具体工作或劳役的人员，称“驿丁”“驿子”或“水夫”等。驿马在左前大腿上面印有驿名，在脖子上印有州名。如汴州上源驿的马匹，在左前大腿上便印有“上源”二字，在左面大脖子上印有“汴”或“汴州”字样。这样的马算官马，纳入国家编制，所吃的草料当然由国家统一供应，也算是吃皇粮吧！以此理相推，驿馆中的驴就是官驴，当然也吃皇粮。

驿馆的使用与管理

通过前文可知，驿馆的设置与道路建设及运输都联系在一起，因此，有使用驿馆之资格者便可以享受吃、住、行一条龙服务，很舒服。但能够享受这种待遇的人并不多。唐朝初年，享受驿站服务叫“给驿”，权力直接掌握在皇帝手里，只有朝廷派到地方去的使臣才能享受。唐太宗命太子李治处理庶务时，“给驿”的权力却没有交给他，要求他“依常式奏闻”，可见其管理很严格。

既然如此，就要有一整套相应严格的管理程序。唐初，给驿要给凭证——传符，凭传符住店、吃饭、骑马。最开始的传符是铜做的，依出行方向分为青龙（东方）、白虎（西方）、朱雀（南方）、玄武（北方）四种。每一个符分左右两半，左半收藏在中央门下省，右半付给各州、府掌管。需要发符时，按照使者出行的方向发给，将符装在一个骨制的筒里，另用文书标明经过的驿站数目和名称、行程、程粮（指享受什么等级）等全部内容。符上加盖门下省的官印，很像古代的兵符。

但这种方式太麻烦，于是到唐玄宗时便进行了改革，将铜制的符改为纸符，这就方便多了。唐玄宗曾明确规定：“凡乘驿者，在京于门下给券，在外于留守及诸军、州给券。”（《唐六典》卷5）。这里有一个重要变化，即可以使用传驿的范围扩大了，地方官员也有权享受这种完全“供给制”的待遇，而且还有权批准他人享受。

当时，享受这种待遇的范围虽然有所扩大，由原来的只有中央下行改为可以上下双行，但管理还是非常严格的。什么品级，在何等情况下可以使用驿站都规定得极其清楚，而且监督、管理、纠察的力度也很大。凡使用传驿之人，在办完事后要立即到领券处交回凭证，过期作废。如果不按期交回，按律论罪。

在正常时期，乘驿者必须遵照符券上写定的时间、速度和里程行进，不许延误。延误者也要受到惩罚。一般的公事耽误一天笞三十。如果是驿馆方面的责任，处罚更重。

《唐律疏议》卷十“职制”中共十九条法律，其中有十条是针对驿馆管理及乘驿制度的。其中一条说：“诸驿使稽程者，一日杖八十，二日加一等，罪止徒二年。”（《唐律疏议》卷10，中华书局版208页）处罚确实不轻，最高量刑可判二年监禁。如果不按照规定的道路而有意绕道或故意过站者，也要受到严重处罚。“诸乘驿马辄枉道者，一里杖一百，五里加一等，罪止徒二年。越至他所者，各加一等。经驿不换马者，杖八十。”（《唐律疏议》卷10，中华书局版211页）不按规定路程多出一里地就要打一百大板，刑罚相当重。谁也不会因为多骑一里地马而把屁股豁出去让人家打一百下，别说是用板子打，就是用巴掌拍也不划算，因丢不起那个脸。可见当时对驿馆及乘驿的规定很细致。

关于驿使乘驿时的速度，根据任务情况及道路设施、交通工具等有所不同而各自有明文规定。《唐六典》卷三户部度支郎中条说：“凡路行之程，马日七十里，步及驴五十里，车三十里。水行之程：舟之重者，溯河日三十里，江四十里，余水四十五里；空舟溯河四十里，江五十里，余水六十里；沿流之舟则轻重同制，河日一百五十里，江一百里，余水七十里。”

这是一般规定，其他还有一些补充和特例。如有些需要紧急传送的加急公文，便在文书上注明“驰驿”，这样的文件每天速度要达到十驿，即三百里。驰驿也叫“飞驿”，紧急军事情报或加急圣旨才能用。速度要求最快的是赦书，日行要五百里，因为这种文件是关系人之性命的。

在唐玄宗平定韦皇后之乱时，韦皇后政权的吏部尚书张嘉福以河北道存抚使身份出使，至怀州武陟（今属河南）驿时，有圣旨到，将其斩首。刚刚把脑袋砍下来，赦免他的圣旨就到了。本来，张嘉福的命是可以保住的，可因为“使人马上昏睡，迟行一驿。比至，斩讫”。（《朝野佥载》卷1，《说库》上册）传达圣旨的人因骑马打个盹，耽误一驿的速度便要了一个大官的命，这个盹的责任就太大了。受唐朝的影响，吐蕃也有驿馆及传驿制度，但名称不同。“蕃中飞鸟使，中国之驿骑也”。（《南部新书》乙卷，《说库》上册）

驿的最主要功用是传递公文，如由朝廷发出的诏书、赦书及地方上给朝廷的奏、表、状等。当然，这些往返公文都靠人送，于是，招待这批人便成为驿馆的主要职责。朝廷到地方去的使者大多趾高气扬，挑肥拣瘦，有时居然打人。“高尚书少逸为陕州观察使，有中使于石硖驿（今属河南），怒饼饵黑，鞭驿吏见血”。（《唐语林》卷2，载《说库》上册）因饼的颜色有点黑便把驿吏鞭打出血，即可看出中使的蛮横，也可看出驿吏身份的卑微。

《唐国史补》卷上载，肃宗曾派遣女巫分别到各地祷告山川，并派太监跟随，这些女巫“少年盛服，乘传而行，中使随之。所至之地，诛求金帛，积载于后。与恶少年十数辈，横行州县间”。这些人是奉圣旨而行，又有太监跟随，更加肆无忌惮。但也有不听邪的，当她们这帮人到黄州，在驿馆中关上大门胡作非为时，刺史左震到驿馆，叫门不开，便命令下人破门而入，“曳巫者斩之阶下。”

除使臣、御史之外，其他官员也可以住驿馆，只是待遇不同。有的官员还可以带家属，但一切费用均由自己承担。大城市的驿馆都在郊区，这样，驿馆往往又成为送往迎来，设宴欢娱的场所。如在长安外城东面三个城门中，最北的叫通化门，“门东七里长乐坡上有长乐驿，下临浐水”，（徐松《唐两京城坊考》，中华书局版33页）这个驿馆便具有这种职能。

通化门是皇城和宫城中间大街东面的城门，从此门进城，可直接到达皇城和宫城，因此，从东面回长安，尤其是外放官员调回京师者多走此门，当然要经过长乐驿。这样，一般的接风洗尘的筵席经常在此处摆设，规格最高的当然是皇帝亲自赐的了。刘禹锡、柳宗元都曾代人写过有关感谢皇帝在长乐驿赐设酒席的表状。刘禹锡所写《为杜相公自淮南追入长安至长乐驿谢赐酒食状》曰：

> 具官臣某，右臣今日至长乐驿，高品某奉宣圣旨，赐臣酒食者。伏以恩降王人，荣分御膳。未展仪于双阙，先受赐于八珍。品越脤膰味兼醪醴。顿惊凡口，倍益欢心。无任欣跃。（卞孝萱校订本《刘禹锡集》卷17，中华书局版201页）

长乐驿的地理位置决定了它的重要性，天宝三载，老诗人贺知章告老还乡，玄宗便下圣旨在此处欢送其离开长安。

唐僖宗中和四年（884），朱温在汴梁城外的上源驿宴请晋王李克用，酒后派兵包围驿馆并纵火，要害死李克用。李拼命杀出重围，从此，朱李尖锐对立，成为晚唐五代之交政治舞台和军事舞台上两个表演最充分的主角。上源驿也成为千古名驿。

安史乱中，匆匆忙忙向西逃跑的千古名帝唐玄宗带领乱糟糟的一行人在马嵬驿休息时，发生兵变，愤怒的士兵乱刀杀死千古罪人杨国忠，生吃其肉，逼迫李隆基下令勒死绝世美人杨玉环，留下了千古话柄，给当时及后世的文人墨客提供了一个内蕴丰富的创作素材。马嵬驿也成了又一所千古名驿。

驿馆与乘驿制度的破坏

中唐以后，随着藩镇割据局面的形成，各藩镇大帅权力极重，是一方诸侯，朝廷基本失去控制藩帅的能力，因此藩镇大帅便可随意批准一些没有资格使用传驿的人也来享受一把。由中央政府门下省发的传驿券叫“正券”“公券”，节度使批的传驿证件叫“转牒”，类似我们现代所说的条子。“转牒”就是可以到处“转悠”的“文牒”，拿着这个玩意儿便可吃遍天下，住遍天下，行遍天下，全是公费。这从曾任山南东道节度使的于頔很自负的几句道白便可看出：

> 于襄阳云：今之方面，权胜于列国诸侯远矣。且頔押一字，转牒天下，皆供给承禀。列国，止于我疆而已。不亦胜乎！（《唐语林》卷6，《说库》上册）

只要他在转牒上签一个字，便可以吃、住、走遍天下，确实比春秋战国时期的诸侯厉害多了。这样的转牒一多，驿馆可就受不了啦，负担特别重。有的节度使也知道驿馆的容量有限，床铺有一定数量，因此还专门批一种叫“食牒”或“馆牒”的文书，只管吃饭不管住宿。这种只管吃饭的转牒多得泛滥成灾，也出过一些笑话。《卢氏杂说》中记载了这样一个令人啼笑皆非的故事。

在广州交州，即今两广云贵一带，有一些游客“各求馆帖，所至迎接甚厚，赆路每处十千。广帅卢钧深知其弊，凡求馆帖者，皆云：累路馆驿，供饭菜而已”。“赆”是临别赠送的意思，可见这种馆帖更厉害，不但要白吃饭，而且还要送给十千钱，这可不是一个小数目。如果所过馆驿都给这个数目，一个馆帖的价值相当高，可见权力就是金钱。卢钧知道这种弊端，于是在他批的条子上特意写上“供饭菜而已”一句，意思很明确，即只管嘴，不管别的，不必给钱。可有的游客欺负个别的驿吏文化水平太低，便连蒙带骗，吃完饭还要东西。驿吏发蒙，就询问是怎么回事。游客便道："这不写着吗，'累路馆驿，供饭菜而已'，就是说，路中所有的驿馆，都要供应'饭菜'和'而已'吗！"驿吏没听说过"而已"这种东西，便问而已为何物。那人答曰："'而已'大于驴，小于骡，若无可供，还我价值，给我钱，每一'而已'三千五千之间。"驿吏无奈，因为确实没有"而已"可提供，便付了钱。可见当时驿馆管理的混乱程度和一些无赖之徒巧取豪夺的丑恶嘴脸。

平时尚且如此，一进入战争状态，驿馆的管理就更成问题了。朝廷派往各藩镇和藩镇派往朝廷的使者都要由驿馆来负责吃、住、行，而且一些摆阔气、讲排场的人，狮子大开口，随便要马匹，使驿馆制度受到严重破坏。如长庆元年时，河北诸镇叛乱，朝廷用兵，政出多门，朝令夕改，使者相望于道。柳公绰上奏曰：

> 自幽镇用兵，使命繁并，馆递匮乏。鞍马多阙。又敕使行李人数都无限约，其衣绯紫乘马者二十三十匹，衣黄绿者不下十匹五匹。驿吏不得视券牒，随口即供。驿马既尽，遂夺路人鞍马。衣冠士庶，惊扰怨嗟，远近喧腾，行李将绝。伏望圣慈，聊为定限。（《旧唐书·柳公绰传》卷165，上海古籍缩印本3994页下）

那么，使者究竟应当用几匹马呢？如果随意多用应当受什么处罚呢？《唐律疏议》卷十“职制”中说：“诸增乘驿马者，一匹徒一年，一匹加一等。主司知情与同罪，不知情者勿论。”以上是法律正文，下面疏曰：“议曰：依《公式令》：‘给驿’：职事三品以上若王，四匹；四品及国公以上，三匹；五品及爵三品以上，二匹；散官、前官各递减，职事官一匹。”可知法律条文很明确，什么级别享受什么样的待遇，多要一匹马就要坐一年牢。那些人动辄要二三十匹马，就算他是最大官，最高待遇可以用四匹马，也超过二十多匹，按照律条，应当判处无期徒刑了。如果要这样，恐怕请他用这么多马匹他也不干。中国古代的问题，不是法律不健全，而最主要的是有法不依，权大于法。

还应该指出，这时被派往各地去的使者基本上是宦官。当时，社会的两大毒瘤就是藩镇割据和宦官专权，这两个毒瘤都在驿馆制度上发作，其毒害可想而知。前文交代过，最高级别的大臣在使用传驿时，也只能供给四匹马。这里已超出规定几倍，而且连牒文的内容都不让驿吏看一眼，其专横跋扈的气焰可想而知。

使者专横跋扈的情况，在晚唐五代时期愈演愈烈。边归谠曾专门为此上《请禁使臣骚扰馆驿奏》道：“切见使臣，于券料外，别要供侍，以紊纪纲。乱索人驴，自递行李，挟命为势，凌下作威。或付应稍迟，即便恣行打棒。”（《全唐文》卷861）

在这种情况下，驿馆制度随着大唐王朝的衰落而渐渐式微，走向没落。驿馆是供官员们出公差时使用的，如果是私事出门或一般百姓出门则没有驿馆可住，那么，他们的住宿问题怎样解决呢？下文，我们便谈一谈普通旅店的情况。

遍布城乡的各种旅店

能够住驿馆和有乘驿资格的毕竟是少数官员，其他因私出门的小官和普通百姓则不能住进去，但他们也不能蹲露天地，也要住店。这部分便专门来看一看驿馆之外的形形色色的旅店。

官办的旅店

驿馆之外，还有各种形式的旅店。从经营方式来说，大体有三种，一种是官办的，一种是私营的，一种是官办私营，类似现在的公有资产承包给个人经营的。

除驿中的客馆外，在州县所在地一般都有专门招待宾客的宾馆，类似现代的市宾馆或县宾馆，称州馆或县馆。这些馆舍基本是招待官员的，属于政府行为。这类馆舍当然以招待官人为主。还有一种是以营利为主要目的的官办旅馆，城乡都有。这些客馆有以地名命名的，如柳中馆、楚州馆、广陵馆等；有以接待对象命名的，如新罗馆、渤海馆等。隋朝时有一个破落户子弟杜子春，在走投无路时遇到一个老头，与他约定“明日午时，候子于西市波斯馆，慎无后期”（《太平广记》卷16，中华书局版109页）。可能这个老头是波斯人，故约杜子春到波斯馆去。

普通馆舍与驿馆的区别主要有二：一是馆舍服务的对象很宽，只要是官员即可住，不需要其他手续。当然，那时的官员都有身份证可随身携带，类似现代的工作证。二是普通的馆舍只提供住宿条件，一般的也可提供简单的就餐条件，但不提供交通工具。这种官办馆舍对于住宿之人还是有一定限制的，即只接待官客，招待对象有使者，赴任、卸任或调动职务的官员，进京赶考的举子等。总之，凡是与官方有关而又没有资格享受传驿的人均可住这样的馆舍。可见这类馆舍是中间等级的，必须有一定身份的人才能住进去，一般庶民还不行。那么，庶民也得出门住店，但只能住在私人开设的普通旅店了。

私营的普通旅店

与整个社会的经济生活相适应，唐代的旅店业也是在开元天宝年间最繁荣。杜佑在《通典》卷七中说：唐玄宗开元十三年，从长安“东至宋、汴，西至陕州，夹路列店肆待客，酒馔丰溢。每店皆有驴赁客乘，倏忽数十里，谓之驿驴。南诣荆襄，北至范阳、太原，西至蜀川、凉府，皆有店肆，以供商旅”。（《通典》卷

7，中华书局1988年版152页）整个天下的主要道路两旁，有许多旅店和饭店，酒食菜肴供应丰盛。

旅店在当时有很多名称，如逆旅、客舍、邸舍、旅舍、馆舍、旅馆、旅邸、旅店、邸店、村店等。可知当时没有固定的称呼，但在古书中出现频率较高的是逆旅、客舍、旅舍和村店，我们在本章中使用现在的习惯用语“旅店”而不再使用其他名称。

旅店除设在大城市中外，当然以设在大路旁边者为多，这是由其营业性质决定的，因为这两个地方的流动人口多。城市里的旅店在繁华的闹市区比较多，这是迎合旅客需求的必然选择。大路边的旅店有的设在驿馆的附近，起补充的作用。凡是与驿馆同名的店都属于这种性质，如马嵬店便是马嵬驿旁边的旅店，敷水店则是敷水驿附近的旅店。

这样设置的旅店可以起到配合驿馆的作用。有时，住驿馆的官员带的家属或其他人员没有住驿的资格，便住在这里。有时，则是因为人多且等级不同，级别或辈分高的住驿馆，级别或辈分低的就要住在旅店了。如史思明在降而复叛后，带兵进攻陕州，在永宁驻扎时，“思明居驿，朝义在店中”。（《旧唐书》卷200，上海古籍出版社缩印本4124页）

当时天下大乱，传驿制度已被破坏，史朝义住店是因为辈分低的缘故，再就是人多，驿馆住不下。但这种情况恰恰说明在驿馆附近设旅店的作用。《唐会要》卷六一载：德宗贞元二年（768）三月奏“使人如有家口相随，自须于村店安置”。这说明当时馆驿管理还是相当严格的。有时，有的官员为了方便，宁可去住旅店。如《太平广记》卷一六〇载，李行修为东台御史，出使到徐州，“行修缓辔出关，程次稠桑驿。已闻敕使数人先至，遂取稠桑店宿”。（《太平广记》卷160，见中华书局版1150页）

普通旅店的设施与服务

旅店一多，必然产生竞争，旅店的位置、设施和服务便是决定其生意能否兴隆的几个要素。首先，与现代相同，旅店的位置很关键，如果能在黄金地段开设，生意肯定红火。京师尤其这样。如长安城中的崇仁坊，因其“北街当皇城之景风门，与尚书省选院最相近，又与东市相连，选人京城无第宅者多停憩此。因是一街辐辏，遂倾两市，昼夜喧呼，灯火不灭。京中诸坊莫之与比”。（见徐松《唐两京城坊考》卷3，中华书局版53页）

所谓的尚书省选院即礼部南院，进士考试和发榜都在这里。崇仁坊东面是考场所在地，斜对过隔一条大街便是东市，地理位置最优越。还有一条此处没说，即此坊的正南面便是当时长安妓院最集中的平康里，这也是吸引举子的一个重要方面。

为了招揽顾客，许多旅店还提供一些其他服务。如有的旅店中还设有一定规模的饭店，住宿的客人不出店便可吃饭，有的还养驴供客人使用，但这些都是收费的，与传驿不同。有的客房中设备齐全，不但有梳妆台，而且还有餐具，旅客可以自己做饭吃。如唐传奇《虬髯客传》中写到这样一个情节：李靖携情人张氏回太原，“行次灵石旅舍。既设床，炉中烹肉。张氏以发长委地，立梳床前”。后来因为虬髯客到来，李靖嫌饭菜不好，又出去买了胡饼，并打了酒来。李靖住的是单间，里面有梳妆台，还有炉子，可以自己煮肉吃。

有的旅店则以特色招揽顾客。如当时还有一些旅店名叫什么“温汤旅舍”，实际就是温泉宾馆。住旅店还可以洗温泉，当然比一般的旅店有吸引力。有的旅店中还备有各种赌具，可能是出租给客人玩，或也是招揽顾客的一种手段。如杜甫在《今夕行》诗中说：“今夕何夕岁云徂，更长烛明不可孤。咸阳客舍一事无，相与博塞为欢娱。”（杨伦《杜诗镜铨》卷1）写他住在咸阳旅店时，寂寞无聊而参与樗蒲赌博的情景。这种樗蒲用具显然是旅店提供的。

住旅店不需要什么证件，只要有钱便可以，而且花大钱还可以包单间、套间或小院。下面的故事便可见一斑：

> 宁王常猎猎于鄠县（今陕西户县）界，搜林，忽见草中一柜，扃锁甚固。王命发视之，乃一少女也。问其所自。女言姓莫氏，叔伯庄居，昨夜遇火光贼，贼中二人是僧，因劫至此。动婉含颦，冶态横生。王惊悦之，乃载以后乘。时慕荦者方获一熊，置柜中，如旧锁之。时上方求极色，王以莫氏，衣冠子女，即日表上之。具其所由。上令充才人。经三日，京兆尹奏鄠县食店，有僧二人，以钱一万独赁店一日一夜，言作法事，唯舁一柜入店中。夜久，腷膊有声。店主人怪日出不启门撤户视之，有熊冲人走出。二僧已死，骸骨悉

露。上知之大笑，书报宁王：“宁哥大能处置此僧也。”莫才人能为秦声，当时号“莫才人啭”焉。(《酉阳杂俎》上卷，《说库》上册。魁按：《太平广记》卷238“宁王”所记亦此事，字句稍有不同，中华书局版1832页)

宁王出去打猎，在密林中发现一个捆着并上锁的大柜，命属下打开，里面却是一个美人。一问，才知道美人姓莫，被一伙强盗打劫，其中有两个和尚，把她弄到这里来。宁王见其美貌且温柔，颇有风情，便决定带回京师。此时，刚巧有人活捉一头熊，便将熊装进箱子照原样锁好捆上。这位女子姓莫，宁王将其献给当了皇帝的三弟李隆基，并写表说明得到的经过。

三天后，京兆尹报告一个奇异的案件：在鄠县食店中，两个僧人单独租赁一昼夜，给钱一万，抬进一个箱子，说是做什么法事，任何人不得打扰。店主人听到他们住的房间里有搏斗之声，以为是做什么法事。第二天也不见两个和尚出来，便开门去看，结果从房间里冲出一头熊，两个僧人都死了，尸骨狼藉。不知发生了什么事，更不知两个和尚做的是什么法事。玄宗一看，当然推测出是怎么回事，大笑，并将其告诉宁王大哥。从“食店”这一名称来看，这个旅店是带饭店的。两个和尚花一万钱独自包一个套房，店家并不问干什么。

私人开旅店以赚钱为目的，只要出钱多，便可住高级房间。而没有钱的人住店则要受到冷落。“马周西行长安，至新丰，宿于逆旅。主人唯供诸商贩而不顾周，遂命酒悠然独酌。”(《太平广记》卷164，中华书局版1192页）马周后来深受太宗重视，成为一代名臣。当初在新丰旅店住宿时遭到白眼，他根本不在乎，依然悠然独酌，表现出一种高傲的精神气质。其实，之所以能采取这种态度，是因为他对自己充满自信，根本没有把那些势利小人放在眼里。这件事成为后世文人常用的一个典故，因为他为那些在困境中受人冷落的士子撑了腰提了气。

唐代交通工具大观

出门必须依靠交通工具，交通工具的作用有两种，一是表明身份，二是实用。当然，在现实生活中，许多交通工具都同时兼有两种性质，既表明使用者的身份，也解决了旅行的问题。下面，我们按照交通工具的种类来分别介绍一下。

车

古今一理，乘坐什么车也是身份的一种象征。在官本位的中国社会，车之形制的重要性就更突出了。在朝廷和官府中，车的使用有礼仪用车和日常用车两种。按照规定，天子之车有“五辂”，即玉辂、金辂、象辂、革辂、木辂。这些车形制上基本差不多，只是装潢、颜色及图案上有所不同罢了。在不同的场合所乘的车也不同。这五种车都套六匹马，很气派。但主要是用在礼仪方面。此外，还有白鹭车、鸾旗车、辟恶车、轩车、豹尾车、黄钺车、指南车、记里鼓车等。这些车都是仪仗车，皇帝出行时根据目的不同而安排不同的车，太烦琐，我们姑且不论。

皇后的车有重翟、厌翟、翟车、安车、四望车、金根车六种。太子有车四种，其他大臣王爷按照级别各自给配车。

隋朝的官员一般都是犊车，即牛车。唐朝时则改乘马车，而牛车基本上为女性专用。因为牛车稳而安全。同样是牛车，装饰上却大有区别。唐玄宗时，杨贵妃受宠，无论哪方面都要压人一头。“贵妃姊妹，竞车服，为一犊车，饰以金翠，缀以珠玉。一车之费，不下数十万贯。”（《明皇杂录》卷下）装饰一辆牛车竟然花费数十万贯，那么，这辆车的造价绝不在现代的“奔驰”“宝马”之下。白居易《卖炭翁》中那个老头赶的牛车，恐怕只能勉强维持使用，一定是俗语所说的“老牛破车疙瘩套”了。

日常生活中，还有马车、驴车、驼车等。从所有制形式来看，有官车和私车两种。度支和司农部门购置配备的车属于官车。各州县衙门也有一定数量的官车。如果运输任务繁忙，官车不够用，也向民间雇佣私人车辆。每天大约要付给三尺绢或35文钱的费用。私人没有车而又非用不可时，则只有借或租了。中唐诗人孟郊就连牛车都没有，搬家时便向人借。《借车》诗中说：“借车载家具，家具少于车。”（《孟东野诗集》卷9）

此外，也有私人租车的。五代后周时期，“晋州女道士崔练师，忘其名，莫知所造何道。置辎车一乘，佣而自给。或立小小阴功，人亦不觉。一旦，车于路碾杀一小儿。其父母诉官，追摄驾车之夫，械之，欲以其牛车偿死儿之家。其人曰：此物是崔练师处租来。官司召练师，并系之。”（《太平广记》卷 314，中华书局版 2489 页）

所谓的“辎车”就是货车。这一时期最混乱，战争频繁，民不聊生。这位连名字都没留下来的崔练师可能不是一个真正意义上的道士，而是借此身份来逃避世俗纠缠和繁重的赋税，所以人们不知道她修炼的是哪个门派。她只准备一辆辎车，靠出租此车的租金来维持生计，恐怕也就勉强糊口吧。租用她车的车夫在路上轧死一个小孩，被官府抓去，因为是她的车，便把她也召去并上了绑绳。这是一个可怜的以车为资本谋生的女性。

由于车是陆地最主要的运输工具，需求量比较大，故还出现了专门造车的作坊。

> 上都通化门长店，多是车工之所居也。广备其材，募人集车。轮辕辐毂，皆有定价。每治片辋，通凿三窍，悬钱百文，虽敏手健力，器用利锐者，日止一二而已。（《集异记·奚乐山》，《说库》上册）

这个长店是专门组装车的地方。各种零件齐全。一片车辋凿三个透眼，就一百文工钱，有计件工资的性质。如此看来，车的造价是相当高的。难怪孟郊连一辆车也买不起。

人乘坐的车已经不少，陆地运输货物则全用车，因此车的用量非常大。车又很占面积，于是便出现了专门的车坊，存放临时停的车辆，类似现代的存车处或停车场。有人修建豪华的车坊租赁出去挣钱，这当然都是有一定势力的人了。

马和驴

唐代人出行最方便的还是骑马或骑驴。车太麻烦，而骑马就方便多了。到玄宗开元天宝年间，除特殊的仪式之外，人们基本上都是骑马而很少乘车。《旧唐书·舆服志》卷四五载："自高宗不喜乘辂，每有大典，则御辇以来往。爰洎则天以后，遂以为常。玄宗又以辇不中礼，废而不用。开元十一年冬，将有事于南郊乘辂而往，礼毕，骑而还。自此，行幸及郊祀等，事无远近，皆骑。"（《旧唐书·舆服志》卷45，上海古籍缩印本3710页上）唐玄宗是个有开创性格的人，不拘古礼，以实用方便为尚。在到南郊进行大典时，乘车而去，骑马而返。其后，便以骑马为常。而皇帝仪仗用车基本上都成了摆设。

皇帝如此，百官仿效，很快便影响到整个社会，于是"其士庶有衣冠亲迎者，亦时以服箱充驭。在于他事，无复乘车，贵贱所通，鞍马而已"。（《旧唐书·舆服志》卷45，上海古籍缩印本3712页上）

不但男人骑马，开元之后，女人也多有骑马者。这也是从宫中流传到社会上的。同是《旧唐书·舆服志》卷四五说：

> 开元初，从驾宫人骑马者皆著胡帽，靓妆露面，无复障蔽。士庶之家，又相仿效，帷帽之制，绝不行用。俄又露髻

驰骋，或有著丈夫衣服靴衫，而尊卑内外，斯一贯矣。(《旧唐书·舆服志》卷45，上海古籍缩印本3712页下)

先是宫人骑马，外面的士庶女性跟着仿效，最后，无论宫内宫外，无论尊卑，都一样了。

杨贵妃姊妹都爱骑马，传世画卷《虢国夫人游春图》便是最好的说明。但从总的趋势来说，唐代人如果夫妻同时出游，还是男人骑马，女人坐车的多。唐玄宗带杨贵妃去赏牡丹花时，玄宗骑名马“照夜白”，杨贵妃便是乘辇跟随。

马及鞍鞯辔头的好坏，往往是主人身份的象征，有点像现代坐什么品牌的车似的。唐代出了许多名马，最著名的是唐太宗的“六骏”。此外，代宗皇帝赐给郭子仪的九花虬，也是百年难遇的宝马。

因为马是最重要的出行工具，故多有爱马者。穆宗便很爱马，当太子时，曾暗示羽林将军李听将其宝马献给自己，可李听没有给。其后，当他即皇帝位以后，便发生了这样的故事：

李听为羽林将军，有名马。穆皇在东宫，讽听献之，听以总兵不从。及即位太原，拟帅皆不允，谓宰臣曰：“李听为羽林将军，不与朕马，是必可任。”遂降制。(《南部新书》甲卷，《说库》上册)

从这件事看，穆宗不失为一个明白人。

一般的马从特点品种等方面还有许多名目。最常见的有果下马、蜀马、草马、胡马、款段马、打球马等。果下马个头最小，与大羊差不多，用来拉羊车，多为女性所骑。电视剧《戏说乾隆》中春喜骑的马可能就是果下马。款段马也是低等马，但此马走路稳，多为文士所骑。如王维给孟浩然画的像中，孟浩然骑的就是款段马。

骑马很明显比骑驴高贵，因此人们都尽可能骑马而不愿意骑驴。就连进京考试的举子们也摆阔骑起马来，而且马的档次越来越高，相互攀比。不但造成交通紧张，而且也影响社会风气，致使主考官产生反感。“咸通末，执政病举人仆马大盛，奏请进士并乘驴。郑光业躯干伟大，或嘲曰：今年敕下尽骑驴，短辔长楸满九衢。清瘦儿郎犹自可，就中愁杀郑昌图。”（王定保《摭言》，《说库》上册）居然采取行政命令的手段，命令所有的举子全部骑驴。

驴比马等级低，直到现在也是如此，因其价格比马便宜得多，一般来说，骑驴就比骑马身份低一些。《太平广记》卷一六载，破落户杜子春“衣服车马，易贵从贱。去马而驴，去驴而徒”。（《太平广记》卷，16，中华书局版109页）由骑马变成骑驴，后来连驴也没有，居然徒步行走。这位杜子春也够惨的了。

前文提到，举子进京赶路需要脚力，三六九等分明。钱多的骑马，钱少的骑驴，再少的兄弟三人“共有一驴赴京”（《云溪友议》，《笔记小说大观》，江苏广陵古籍刻印社版第一册），实在没钱的便用两条腿量，元和十一年进士及第的福建人周匡物，从福建到长安，便徒步几千里，其苦可以想象。（徐松《登科记考》卷18，中华

书局版 665 页）

贫穷的诗人也骑驴，杜甫、贾岛、李贺都骑驴，杜甫活了不到六十岁竟“骑驴三十载，旅居京华春”，也挺凄苦的。

驿馆中也备有官驴，按照使者的级别配备，是供女眷骑或驮东西的。大致来说，一品官给十五头，二品十头。依次递减，最小的九品官给两头。驿馆中的驴不够用时，也可向地方上摊派，但给一定的报酬。《唐律》规定，官方用私驴每天的佣金是三尺绢。私人如果需要而自己没有驴，也可以花钱雇驴或租赁。据日本和尚圆仁《入唐求法巡行礼记》卷一说：“驴一头行二十里，工钱五十文。”那是唐文宗时，地区是在海州。可知当时有计算里程收费的，可算是“计程驴”或称作“出租驴”。

有人雇驴，于是便产生专门养驴出租的专业户，当时叫“赁驴小儿”。据《续玄怪录》载：马震在长安平康里住店。一天，听到有人敲门，开门一看，“见一赁驴小儿云：适有一夫人，自东市赁某驴，至此入宅，未还赁价。”可知这个小儿出租驴的地点是在东市。以此来推测，西市等一些闹市区可能也有这种业务。

除骑马、骑驴外，也有骑骆驼、骑大象的。但这些都是个别的，古代文献中所见不多，故不费辞。

最后顺便提一句，唐代的交通规则便是右侧通行了，《唐语林》卷八说：“人道尚右，以右为尊。”（《说库》上册）

读书与求仕

唐代文人的读书生活

一个时代的社会形态造成一个时代的精神面貌，形成一个时代的带有普遍性的社会心理，即社会绝大多数成员都具有的共同的理念和思维倾向，也就是通常所说的时代精神，或称为“集体无意识”。唐代人特别重视读书和科举，便与当世的政治制度和社会风俗有关。

读书是官场大门的敲门砖

中国古代以农业立国，政治制度建立在自然的小农经济基础上，故一直特别重视发展农业生产，而对商业进行限制，在漫长的历史阶段中，一直采取重农抑商的政策。这样，商人再富，在社会上也不受重视，社会地位很低。而对社会进行管理则需要知识阶级，官吏的主要来源也是知识分子，于是当时的社会序列便是士、农、工、商。可以看出，这个序列中，士的位置在最前边，地位最高，而工、商的位置最后，地位当然也最低。究竟低到什么程度，看一下这两条国家规定就一目了然了。

《新唐书·选举志下》卷四五说：

> 每岁五月，颁格于州县，选人应格……同流者五五为联，京官五人保之，一人识之。刑家之子、工、商异类及假名承伪隐冒升降者有罚。文书粟错隐幸者驳放之。

这里是指朝廷选拔任命文武官员，明确指出："刑家之子、工、商异类及假名承伪隐冒升降者有罚。"把工、商之人及其子女与"刑家之子"并列，如果是这些人用假名或冒名顶替混进来，对于主管者要有处罚。而文书（即报名材料）不清者一律驳回。可见工、商之人被政治歧视的程度。所以，我们看到在唐代的文学作品中，对工商之人很轻视，尽管他们中有一些大富翁，但在社会上依然不被尊重，便是这种社会意识的反映。

《大唐六典》卷二"吏部"明确规定："凡官人及同居大功以上亲，自执工商，家专其业，皆不得入仕。"此处所谓的"大功"，是指血缘亲属关系的远近。古代特别重视礼仪，在葬仪上，根据与死者辈分关系的亲疏，守孝人所穿的丧服也不同，共有"五服"，即五种丧服，分别是：斩衰、齐衰、大功、小功、缌麻。每一种丧服差一个辈分，比如，儿子要给父母穿斩衰，亲侄则穿齐衰，亲堂侄即同一祖父的兄弟之子则穿大功。可见不但本人，就连在一起居住的人，在三代以内有工商之人，都不准入士，连“士”的边都不准沾。当然更不准做官，同书卷三“户部”说：“辨天下之四人，使各专其业……工作贸易者为工，屠沽兴贩者为商……工商之家，不得预于士。”也是这个意思，工商家的子弟，不能参加科举，不能当官，不得进入士的行列。

那么，“士”的身份到底由什么来确定呢？主要是由知识多少决定的。狭义的士，是指通过学校读书或科举考试取得资格的人，《新唐书·选举志上》卷四四说：“唐制取士之科，多因隋旧，大要有三：由学馆者曰生徒，由州县者曰乡贡。皆升于有司而进退之……天子自诏者曰制举，所以待非常之才焉。”可知在学校里的“生徒”、各地方选拔出来的“乡贡”和天子亲自选拔的“非常之才”属于“士”的范畴。这是狭义的“士”。广义的“士”当指有资格参加各种选拔考试的预备人才，即朝廷和地方各类学校的学生及社会上自学成才的知识分子。这种知识分子主要指哲学社会科学方面的。

只有“士”才可以参加科举，科举又是通向官场的最宽的道路，因此，人们便都向往着“士”的身份，而“士”的身份又必须通过读书方可获得。这样，读书便成为当时社会的热门，“书香门第”也就成为人们最羡慕的家庭和出身。

“学问藏之身，身在则有余”

唐代人普遍重视读书，不但自己刻苦读书，还要教育子弟勤奋学习。在这方面，韩愈的一首诗虽然引起许多争议，但却全是他的心里话和切身体会。这些道理直到今天还有普遍的启发意义。其思想认识颇具普遍性和历史性，这首诗便是《符读书城南》：

木之就规矩，在梓匠轮舆。人之能为人，由腹有诗书。诗书勤乃有，不勤腹空虚。欲知学之力，贤愚同一初。由其不能学，所入遂异闾。两家各生子，提孩巧相如。少长聚嬉戏，不殊同队鱼。年至十二三，头角稍相疏。二十渐乖张，清沟映污渠。三十骨骼成，乃一龙一猪。飞黄腾踏去，不能顾蟾蜍。一为马前卒，鞭背生虫蛆。一为公与相，潭潭府中居。问之何因尔，学与不学欤。金璧虽重宝，费用难贮储。学问藏之身，身在则有余。君子与小人，不系父母且。不见公与相，起身自犁锄。不见三公后，寒饥出无驴。文章岂不贵，经训乃菑畬。潢潦无根源，朝满夕已除。人不通古今，马牛而襟裾。行身陷不义，况望多名誉。时秋积雨霁，新凉入郊墟。灯火稍可亲，简编可卷舒。岂不旦夕念，为尔惜居诸。恩义有相夺，作诗劝踌躇。（钱仲联《韩昌黎诗系年集释》卷9，上海古籍出版社1994年版1011页）

韩愈把读书提高到人能否成为人的高度，如果从文化人的角度来说，不是没有道理的。人之所以为人，就在于腹中有诗和书。而诗书只有勤奋才会有，如果不勤奋就会空空如也，满肚子食物，只能算饭桶。小时候，人的贤愚一样，后来的差别都是读书与否造成的。接着，韩愈用非常浅显易懂的事例来说明这一道理：两家各生一个孩子，从小时一样乖巧，儿童时玩耍起来像池塘里的一群鱼，实在没有什么区别。然而，随着年龄一天天增长，十二三岁渐渐有了区别，二十岁时差别更大，已十分明显，到三十岁，人的社会角色已基本确定，则“一龙一猪”，一个是备受欺凌的奴仆，另一个是高高在上的达官贵人。而这一切的根源，就在“学与不学欤”。不读书就受苦，读书就享福，这是最容易明白也最实际最有吸引力的地方。如果我们排除偏见，想一想周围之人的情况，再仔细分析他所说的这种现象的话，就应当承认，他这些观点基本上符合事实。而且，把人之成材与否归结到后天的努力与否上，既符合唯物主义的思想，也为一切正常儿童的努力指出了方向。

“符”是韩愈长子韩昶的乳名，韩愈送他到城南别墅去读书前写的这首诗。因为是开导儿子的，故全是大实话。唐代人重视读书，酷爱读书，许多诗文中记录了这方面的情形。如《南部新书》丁卷载：“柳子温家法，常命粉、苦参、黄连、熊胆和为丸，赐子弟。永夜习学含之，以资勤苦。”（《说库》上册）专门作一种极苦的药来给夜间读书的孩子们提神，也以此来时时提示孩子们“吃得苦中苦，方为人上人”的道理。此类事例太多，就不再费辞了。

读书的地点与方式

此处所说的读书，包括两种情况：一种是一般性读书求学，另一种是到学校读书，但都指为进取功名而读书，不是一般人平常的阅读。那么，唐代人都在哪里读书？采取什么方式读书？这都是需要回答的问题。

唐代人的读书地点一般来说有三种，一是家里，二是学校，三是山林寺庙。

在家里读书，最起码要具备两个条件，一是家里有足够的书可供阅读学习；二是家里要有具备相当水准的教师。这样的家庭，一般都是书香门第，即所谓的“世家”。《南部新书》己卷载：“范阳卢氏，自绍元元年癸亥至乾符二年乙未，凡九十二年，登进士者一百十六人。”（《说库》上册）一个家族在九十二年间居然有116个人进士及第，平均每年一人还多，而全国每年录取进士也只是二十几人。这样的家族肯定具备上述的两个条件，其中的一些人很可能便是在家中培养起来的。

著名书法家柳公权家族也是这样的书香门第。“柳公绰家藏书万卷。经史子集皆有三本，色彩尤华丽者，镇库；次者，长行披览；又一本次者，后生子弟为业。皆有厨格部分，不相参差。”（《南部新书》丁卷，《说库》上册）柳公权的名字现在比柳公绰响亮，而在当时，柳公绰的名气比柳公权更大。柳公绰是柳公权的哥哥，柳公绰的儿子柳仲郢则是对李商隐极其器重的一代名臣，父子俩的社会影响在当时就更可想而知了。柳公绰家各种书都收藏三本，一本珍藏不动，当作固定财产，一本自己披阅，一本给子弟们阅读。这除了对书籍的热爱之外，还要有相当的财力方可。

《通典》卷一五引用沈既济的话说：

开元、天宝之中，……故太平君子唯门调户选，徵文射策，以取禄位，此行己立身之美者也。父教其子，兄教其弟，无所易业，大者登台阁，小者仕郡县，资身奉家，各得其足。五尺童子，耻不言文墨焉。是以进士为士林华选，四方观听，希其风采。每岁得第之人，不浃旬而周闻天下。（杜佑《通典》，中华书局 1988 年版 358 页）

此处所说“父教其子，兄教其弟，无所易业”的话值得注意，很明显这是在家读书的人，老师便是父亲或兄长。可见上述的卢氏家族和柳公绰家的情况在盛唐和中唐时期是比较普遍的。除父兄外，也有母亲成为启蒙老师的，而母亲往往又是最优秀的启蒙老师。

据《旧唐书·薛播传》载：薛播伯父的妻子姓林，原是丹阳太守林洋的妹妹，书香门第之后，通《五经》，善文章。在其伯父薛元暧死后，“其子彦辅、彦国、彦伟、彦云及播兄据、揔并早孤幼。悉为林氏所训导，以至成立，咸至文学之名。开元、天宝二十年间，彦辅、据等七人并举进士，连中科名，衣冠荣之。”一个女人，在丈夫死后，将自己的四个儿子和小叔的三个儿子亲自教育，培养成人才，都中科名，真是一个奇迹。这样的母亲，真令人佩服得五体投地。如果说教育子女的功绩，林氏足以值得树碑立传，可与更古的孟母、陶母相媲美。笔者曾经酝酿写一本歌颂伟大母亲的书，这位林氏薛母便理所当然是其中的一位。

母亲的和蔼、细心、温柔与父亲相比有极大的优越性，且所教育的对象又是男性，更容易比父亲取得成功。中唐著名诗人元稹、白居易的母亲都有亲自教育儿子的经历。这两大诗人的成材，均有其母亲的心血在内。

中晚唐之间的杨收更有典型性，他七岁丧父，其母“长孙夫人知书，亲自教授。十三，略通诸经义，善于文咏”。(《旧唐书·杨收传》卷177）杨收的母亲是继室，他父亲杨遗直的前妻姓元，生两个儿子杨发和杨假。其母亲长孙氏生杨收和弟弟杨严。杨收不但通经义，而且文思泉涌，十岁左右时便出口成诗，招来许多人到他家观看，由于人多拥挤，进不去那个木头大门，居然把用来做围墙的篱笆挤坏了。可见杨收儿童时家境确实不怎么样。杨收见状，曾即兴口占一诗道：“尔幸无羸角，何用触吾藩。若是升堂者，还应自得门。”

这样的家境还能坚持教两个儿子读书，真有远见。杨收从识字开始，便是他母亲亲自教授，他的弟弟杨严也必定如此。后来他的弟弟也出息成人，是朝廷命官，可见长孙氏确实是个了不起的妈妈。

家长直接教育自己的孩子也有一定的难处，这就是由于骨血关系太亲密，或下不了狠心督促，或容易犯“恨铁不成钢”的毛病，一个劲地督促催逼，往往造成孩子情绪上的对立。而且，很多家长都是官员，还有许多政务要忙碌，也没有那么多功夫。而母亲能够胜任教师的毕竟是凤毛麟角，在歧视女性的古代也找不出几个来。但这可以弥补，即可以雇佣教师来家中坐馆，这种情况实际上就是家庭学校了。

入校读书或隐居山林读书

唐人读书的第二个地方就是学校。从学校隶属关系看，唐代官办的学校分朝廷和地方郡县两种。这些学校都是高等级的，类似现代的大学。

唐代官办的学校

朝廷办的学校统一归国子监领导，共六所，依次是国子学、太学、四门学、律学、书学、算学。前三所学校是综合性大学，培养目标就是朝廷官员，后三所学校属于专科学校，律学大致相当于现代的“法律专科学校”，“书学”大致相当于“语言文字专科学校”，“算学”顾名思义便是“数学专科学校”，可能还包括经济管理方面的知识。

前三所学校招收的学生有严格的等级规定，仅举一例来看：“凡学六，皆隶于国子监。国子学生三百人，以文武三品以上子孙、若从二品以上曾孙及勋官二品县公、京官四品带三品勋封之子为之。”(《新唐书·选举志上》卷44)这段话把国子学生的来源说得非常明白，即三品以上官员的儿子和孙子、二品官的曾孙、在京师的四品官还要有三品勋封的儿子才有资格进国子学。所谓的勋封就是名誉职衔，相当于现代的某某级调研员之类。等级分明，是地地道道的特别高干学校。

其他学校的招生名额是这样的：太学生五百人、四门学生一千三百人、律学生五十人、书学生三十人、算学生三十人，总计每年2210人。其中国子学和太学是绝对的贵族学校，普通百姓连做梦都不要想进这两所学校，因绝对没有可能。四门学中有500名额是贵官员子弟，留出800名额分配给庶民子弟中的“俊逸”者。但所谓的“俊逸”者也没有办法秤称斗量，弹性非常大，基本上还是由权贵们控制着。尽管如此，这也为特殊聪明的普通百姓的子弟开了一道门缝，尽管能挤进去的微乎其微。这样的学校不是一般人可进的，不再多说。

此外，还有一些更专门的教育，太史局、太常寺以及道学馆也有文化教育职能，培养天文历法学、医药学、阴阳学等专业人才。但这些知识非常专业，招生人数少，培养规模小，实际上有些师傅带徒弟的性质，而且往往边学边实践，在干中学，在学中干。

除上述国立大学外，一些州郡县镇也有地方学校。唐朝建国之初，武德元年(618)五月，便明确要求各州县都要成立学校，并规定了每年录取的学生数：“上郡学置生六十员，中郡五十员，

下郡四十员。上县学并四十员，中县三十员，下县二十员。”（《旧唐书·儒学传》卷189）

其后，在武德七年二月再度下诏要求“州县及乡皆置学”。这里，要求乡以上的政府都要成立学校。唐高宗在咸亨元年（670）曾下诏：“诸州县孔子庙堂及学馆有破坏并先来未造者，遂使生徒无肄业之所，先师阙奠祭之仪，久致飘露，深非敬本。宜令所司速事营建。”（《旧唐书·高宗纪》卷4）

半个多世纪后，唐玄宗在开元二十六年正月下诏说：“宜令天下诸州县，每一乡之内，别各置学，仍择师资，令其教授。”（《唐大诏令集·亲祀东郊德音》）可知朝廷要求每个乡都要有学校，尽管实际情况未必做到这一点，但也可看出当时的教育还是比较普及的。

至于实行的具体情况，杜佑在《通典·选举三》卷一五中给我们提供了一些数字，可以推测出大概的情形。开元年间，京兆、河南、太原三府生员80人，大中都督府60人，下都督府50人，上州60人，中州50人，下州40人，京县50人，三府县、上县40人，中县25人，下县20人。根据全国府、郡、州县数量统计，共有生员60710人。开元十三年，全国共有7861236户，45431265人。（《通典·食货七》卷7，中华书局1988年版152页）从这两个数字来看，唐代受高等教育的人占人口总数的千分之一多。当然，这两个数字与当时的实际恐怕有一定出入，但基本可以说明大致的情况。

除这些官办学校外，还有一些饱学之士开办私立学校，“李善于梁宋之郊开文选学，乃注为六十册。”（《南部新书》丙卷，《说库》上册）可知李善所著的《文选》便是当时用来作教材的。《文选》在唐代可谓是显学，是举子必读之书。

唐代的启蒙教育

唐代较普遍的启蒙教育是乡村蒙学，类似现代的乡村小学和初中。但唐代的小学似乎还没有官办的，而是一些百姓联合出钱雇佣教师，教师的工资似乎也很低，是被人轻视的职业。以前流传“家趁二斗粮，不当孩子王”的俗语，便可知道这一职业受轻视的程度。

学校的条件也极端艰苦，校舍破旧，难遮风雨。有的连做饭的地方都没有，教师只好到各学生家轮流吃饭。据《太平广记》卷四四“田先生”条记载：田先生“元和中，隐于饶州鄱亭村，作小学以教村童十数人”。（《太平广记》卷44，中华书局1988年版第1册274页）一个村庄，十几个儿童，便是这所乡村民办小学的规模。饶州是江南地区，在当时文化比较发达，其小学规模不过如此而已。可推知有很多贫苦家的孩子根本念不起书，许多人终生一个大字不识，而能念起书的起码也是小地主或富农的水平。

这样的纯文盲在封建社会整个人口中的比例不会小。一直到新中国成立前，中国农村中的文盲还有相当大的数量。新中国刚成立时，广大农村妇女文盲数量当在百分之八十以上，男性农民的文盲数量起码也在百分之四十左右。

又据《玄怪录》卷三“饶州篇”记载，这位田先生所在的小学学堂是茅草屋，没有做饭吃饭的地方，便每天到学生家“转食”，就是轮流吃的意思，也够惨的了。

《因话录》卷六记载的窦易直小时候读书的故事很生动：窦易直儿童时叫窦祕，家中贫穷，到村学中读书。一天傍晚，突然下起暴风雪，所有的学生都不能回家，就住在破漏的房屋中。天气特别冷，孩子们都争着烤火，只有窦易直在床榻上睡觉，直到深夜方醒。从这件事来推测，学校里可能还有一个非常破旧的学生宿舍，供那些离家远的孩子住，看来也有住宿生。但因住宿生少，而这天所有的孩子都没有回家，床榻不够用，其他孩子都冷，只有窦易直不在乎，依旧在床上睡觉。可能是他的火力壮，比一般孩子耐寒。俗语说：“傻子睡凉炕，全凭火力壮。”窦易直后来进士及第，并当了大官，显然不是傻子，但他火力壮倒是应当相信的。火力壮的人精力都特别旺盛。

这样的村学以什么为教材呢？在当时尚没有印刷手段的情况下，统一教材是不可能的，但教学内容和方式却大同小异。《千字文》可能是比较普遍采用的教材。

《唐摭言》卷十载，有位叫顾蒙的人“避地至广州，人不能知，困于旅食，以至书《千字文》授于聋俗，以换斗筲”。除《千字文》外，当代人的作品也用来作启蒙教材。元稹在浙东做官时，曾亲身“见村校诸童，竞习歌咏。召而问之，皆对曰：‘先生教我乐天、微之诗’”。（元稹《白氏长庆集序》）

晚唐著名文人皮日休在《伤严子重序》中说：“予为童在乡

校时，简上抄杜舍人牧之集。”（《唐诗纪事》卷66“严恽”条）可知白居易、元稹和杜牧等人的诗文作品在当时就被作为小学教材了。

挺有趣的是，这样的小学也不忽视思想教育，而且其思想教育还有相当的生动丰富性。如唐中宗神龙年间，韦景骏曾任肥乡县令，勤政廉明，爱民如子，深受百姓爱戴。离开许多年后，他要到赵州上任，路过肥乡县境。官吏和百姓听说了，“人吏惊喜，竞来犒饯。留连弥日。有童幼数人，亦在其中。景骏谓之曰：‘计吾北去，此时汝辈未生，既无旧思，何殷勤之甚也？’咸对曰：‘比闻长老传说，县中廨宇学堂馆舍堤桥，并是明公遗迹。将谓古人，不意得瞻睹，不觉欣恋倍于常也。’”（《大唐新语》卷4，载《笔记小说大观》1册31页）

这些孩子肯定是经过选拔的小学生，他们对韦景骏的热爱来自老人的传说，当时也是老师教书的一项内容。一个人离开自己管理统治过的地方，在数十年后还能受到如此的欢迎，肯定是个非常爱护百姓、尊重百姓的好官。要不然的话，人一走，茶就凉，谁还来理睬你？从这一小事上，也可看出中国的百姓是最讲良心的，哪个官员对待他们稍微好一点，便几代不忘，可惜的是这样的官员实在太少了。

读书山林

唐代人读书的第三个地点便是山林。其他时代也有人在山林中读书，但那是少数人，基本是隐士。而唐代则不然，读书山林蔚然成风，许多著名文士硕儒都曾有过读书山林的经历。据考证：

诸如陈子昂、李白、徐彦伯、岑参、李华、刘长卿、孟郊、白居易、王建、吕温、李贺、符载、刘柯、杜牧、李商隐、温庭筠、李端、顾云、杜荀鹤等诗文作者，颜真卿、孔巢父、李栖筠、崔从、卢群、李泌、韦昭度、张镐、徐商、齐抗、裴垍、柳璨、房琯、李逢吉、朱朴、杨牧、刘瞻、段文昌、王播、李藩、李绅、张濬等名臣名相，都曾有过习业山林的经历。（尚永亮，李乃龙《浪漫情怀与诗化人生——唐代文人的精神风貌》，台湾文津出版社 2000 年版 17 页）

这么多名人都曾经在山林中读过书，可见是一种很强的社会风气。这种风气的形成，有几种原因：一是唐代佛教和道教很兴盛，寺庙道观多在山清水秀之所，环境幽美静谧，适合读书；二是寺庙道观中有充足的藏书可供阅读，还有一些文化修养极其精深的高僧名道，可以给来此读书的士子们以辅导和影响；三是寺庙里食宿方便而且价格低廉，有的还可以免费。另外，有些官宦人家还在山林里建置别墅，在休假的同时也可用来读书。如李商隐曾在表叔崔戎的樊南别墅读书，进行“夏课”，因此误了与柳枝相会的机缘，后来为纪念此事，才自号“樊南生”，并把自己的文集命名为《樊南文集》。

从寺院一方来说，研究和传播佛教理论必须借助中国的儒学才可，故许多高僧的儒学水平也相当不错。如果能培养出几位社会名流，也会大大提高寺庙的知名度；知名度得到提高，香火当然会旺盛许多；香火旺盛许多，住持、方丈等地位也就跟着提高，形成可贵的良性循环。因此，一些寺庙中设置义学，有意识地网罗有培养前途的年轻士子甚至是儿童。不交学费便可以读书受业，对一些出身寒微的士子当然有吸引力。

在寺庙里读书，不但不交学费，而且还可以随斋寄食，就是随着僧人吃斋时也跟着吃一口，不花钱。白吃、白住、白读书，可谓“三白”，贫寒家的读书人怎能不到这里来呢？僧人的斋饭非常清淡，而且这样的斋饭每天只一顿，一般人受不了这份苦，故有钱人家的子弟绝不到寺庙里读书。

凡事都有正反两个方面，如此艰苦的生活也会激发一些有志青年的志气，促使其更加发愤。有一些靠“三白”的士子真的出人头地，衣锦还乡了。《鉴诫录》卷八载：

> 罗使君向本庐州人，不事田产，而慕大名，以致困窘，竟无退倦，常投福泉寺僧房寄足。每旦随僧一食，学业而已。历二十年间，持节归郡。洎入境，专游福泉寺，驻旌戟信宿。书其壁曰：“二十年前此布衣，鹿鸣西上虎符归……”（《说库》上册）

经过二十年的艰苦努力，罗向终于登第入仕，在甲仗的簇拥下荣归故里，首先便到对培养自己做出重要贡献的寺庙去住上两宿，以此来给庙宇增加光彩，提高其知名度，也算是一种报答。

同样是寄食，中唐时的王播可没有罗向幸运，他遭到的白眼太多，而且还留下“饭后钟”这样一个故事。据《唐摭言》载：王播年轻时孤苦贫穷，便到扬州惠昭寺木兰寺院去随僧斋食。时间一长，僧人厌烦他，便吃完饭再敲钟。本来是敲钟开饭，王播一到，僧人们已吃完，他当然便吃不着了，不但肚子挨饿，那种人格的侮辱恐怕更难以忍受，这是可以想象的。

二十年后，王播出镇扬州，到该寺院故地重游。见当年题的诗已经被人用碧绿的纱罩上，受到很好的保护。他深有感触，又题二绝句曰：“二十年前此院游，木兰花发院新修。而今再到经行处，树老无花僧白头。”“上堂已了各西东，惭愧阇黎饭后钟。二十年来尘扑面，如今始得碧纱笼。”（《说库》上册）

罗向和王播虽然饱受苦难，但毕竟有一个好的前途，还算值得。也有在山林里苦读一辈子而一无所获，最后默默无闻地死在山间的士人。晚唐著名诗人杜荀鹤也有读书山林的经历，而且时间不短，与他一起在山里读书的一个朋友便是这样默默无闻地死去的。这从杜荀鹤的一首诗中可以体会出来，其《哭山友》诗曰：“十载同栖庐岳云，寒烧枯叶夜论文。在生未识公卿面，至死不离麋鹿群。从见蓬蒿丛坏屋，长忧雨雪透荒坟。把君诗句高声读，想得天高也合闻。”能得到杜荀鹤欣赏的诗一定不错，可作诗的人却这样白白地死去，因其没有留下姓名，所以杜荀鹤高声朗读而让天公来听的那首诗我们便无法读到了。即使传留下来，也在无名氏的行列里，呜呼哀哉！

读书的话题先说到这里，我们再随着这些文人的身影，去看一下他们是如何参加科举考试的吧。

唐代文人行卷概说

“万般皆下品，唯有读书高。”这是流传甚远，影响甚深的一句古语。它形象地表达了中国古人极其重视读书的社会心理。读书的目的当然是要出人头地。在古代的中国，要出人头地就必须当官，当官虽有多种途径，如门荫、从军等，但最多、最普遍的还是走科举考试这条道路。

科举考试主要有进士、明经和制举三大类。进士最受重视，被视为正途。但进士录取的名额很少，每年不过二三十个人。偌大一个唐帝国，只拿出这么点名额来让已经经过筛选的一千八百左右人竞争，其竞争的残酷便可想而知了。

毫无疑问，每个举子都千方百计地要挤进进士的大门，做梦都想着能在金榜上写上自己的名字。在激烈的竞争中，实力的竞争是第二位的，最重要的倒是争取权贵或名流的推荐。于是，在考试之前的一个多月，举子们便开始忙碌起来，而其中一项重要的内容就是到处去行卷。

什么叫行卷

何谓行卷？程千帆先生说得很明白："所谓行卷，就是应试的举子将自己的文学创作加以编辑，写成卷轴，在考试以前送呈当时在社会上、政治上和文坛上有地位的人，请求他们向主司即主持考试的礼部侍郎推荐，从而增加自己及第的希望的一种手段。"（《唐代进士行卷与文学》转引自傅璇琮《唐代科举与文学》，陕西人民出版社 1986 年版第 3 页）

行卷还有一般行卷和纳卷之分。一般行卷是指向个别权要或名流送上自己的作品，完全是个人对个人的行为，而纳卷则是在考试之前，举子向礼部交纳自己的代表作品，使礼部主考官在正式评卷之前有个印象，似乎可以起到预试的作用。

纳卷之事开始于唐玄宗天宝元年（742），开创者是韦陟。据《旧唐书·韦陟传》卷九二载：

> 曩者主司取与，皆以一场之善，登其科目，不尽其才。陟先责旧文，仍令举人自通所工诗笔，先试一日，知其所长，然后依常式考核，片善无遗，美声盈路。

看来韦陟确实是个负责任而有爱才之心的好官，他怕考试的举子一时紧张发挥不出正常水平，于是想了这样一个补救的办法，可以参照平时的功夫和成绩。因行之有效，逐渐为以后的主考官所采纳，大约在天宝后期，便已形成制度。中唐前期著名诗人元结便主要是因为纳卷水平出众被主考官看中而金榜题名的。

这一制度一直到晚唐还在持续着，而且愈演愈烈。李商隐在连续几次科考失败之后，认为考场不公，大为恼火，便把自己平时欣赏的用来行卷的诗文统统烧成灰，发誓再也不行卷，更不纳卷。后来开成二年时在令狐绹的极力推荐下终于考中进士。那么，李商隐是否就免去了纳卷这一程序呢？非也。原来是令狐绹替李商隐“岁岁写出旧文纳贡院”。(《樊南文集详注》卷8《与陶居士书》)但这属于主管部门对举子们事前的考核，不在“走后门”之列，故不详加介绍。

行卷起于什么时候？如果从广义的行卷来说，最迟在盛唐便已经开始了。盛唐大诗人李白、杜甫、王维都有行卷之事，但当时似乎还未形成风气。行卷之风，中唐始盛，到晚唐则大盛，甚至“盛”得过了头，有许多不正常得令人啼笑皆非的事情发生。下面我们先谈一下行卷的大体程式，再通过几个个案来形象地看一下唐代人行卷的情况。

行卷的时间和内容

行卷的时间，一般都在考试前两三个月，具体来说大约在每年的九十月间开始，直到考试前结束。因为外地举子在十月末前后都要到达京师，晚了赶不上报名，那可要耽误一年的时间，因此如果没有特殊情况，只要是想参加竞争的人没有谁会晚到。

初次行卷，一般要包括两项内容：一是一封书信，陈述自己为何要向对方行卷，再对自己的生平尤其是学识文章方面做一番简介。信要写得谦虚而又自信，要得体。二是自己选出来的诗文。诗文的数量要适中，不能太少，也不能太多。一般来说，文章以十篇到二十篇为宜，诗则以五十首到百首为好。当年白居易第一次行卷时所献文二十篇，诗一百首，正是这个数量。

行卷信写得好，可视为标准的当是白居易的《与陈给事书》。好在此信不长，也不算晦涩，姑且全文录下，以见全璧。

正月日，乡贡进士白居易谨遣家童奉书献于给事阁下：

伏以给事门屏间请谒者如林，献书者如云，多则多矣。然听其辞，一辞也；观其意，一意也。何者？率不过有望于吹嘘翦拂耳。居易则不然，今所以不请谒而奉书者，但欲贡所诚、质所疑而已。非如众士有求于吹嘘翦拂也。给事不独为之少留意乎？大凡自号为进士者，无贤不肖皆欲求一第，成一名，非居易之独慕耳。既慕之，所以窃不自察，尝勤苦为文，迨今十年，始获一贡，每见进士之中，有一举而中第者，则欲勉狂简而进焉。又见有十举而不第者，则欲引驽钝而退焉。进退之宜，固昭昭矣。而遇者自惑于趣舍，何哉？夫蕴奇挺之才，亦不自保其必胜。而一上得第者，非他也，是主司之明也；抱琐细之才，亦不自知其妄动，而十上下第者，亦非他也，是主司之明也。岂非知人易而自知难耶？伏以给事天下文宗，当代精鉴，故不揆浅陋，敢布腹心。居易鄙人也，上无朝廷附离之援，次无乡曲吹煦之誉。然则孰为而来哉？盖所仗者文章耳，所望者主司至公耳。今礼部高侍郎为主司，则至公矣。而居易之文章可进也，可退也，切不自知之，欲以进退之疑取决于给事。给事其能舍之乎？

居易闻神蓍灵龟者无常心，苟叩之者不以诚则已，若以诚叩之，必以信告之，无贵贱、无大小而不之应也。今给事鉴如水镜，言为蓍龟，邦家大事，咸取决于给事，岂独遗其微小乎？谨献杂文二十首，诗一百首，伏愿俯察悃诚，不遗贱小，退公之暇，赐精鉴之一加焉。可与进也，乞诸一言，小子则磨铅策蹇，骋力于进取矣。不可进也，亦乞诸一言，小子则息机敛迹，甘心于退藏矣。进退之心，交争于胸中有日矣。幸一言以蔽之。旬日之间，敢伫报命。尘秽听览，若夺气褫魄之为者，不宜。居易谨再拜！（朱金诚《白居易集笺校》卷44，上海古籍版2776页）

陈给事叫陈京，时任给事中。白居易信写得非常得体，让人看着舒服，而本人也不降低身份。先说每个考进士的人都想及第，但有的一举登第，有的十举不第，这不是别的原因，是因为当局者迷，主司还是公平的。我现在就是当局者，我也搞不清楚我是行还是不行。您是当代文坛的宗主，最有鉴赏力了，我上下都没有人，所以找到您。现在就把二十篇文章和一百首诗献给您，您抽空看一眼。如果认为我行，就告诉我一声，我好磨刀秣马，准备一战；如果认为不行，也请告知一声，我好收拾行李回

隋炀帝像

唐阎立本《步辇图》中的帝王服饰

太白醉酒图

唐玄宗纳凉图中身着便装的唐玄宗

杨贵妃上马图

唐《簪花仕女图》

新疆吐鲁番出土唐代的饺子、点心

法门寺出土唐僖宗时期的茶具

隋虞弘墓胡人饮酒浮雕

唐胡人伎乐八棱银酒杯

唐女子绛红罗蹙金绣半臂

唐女子蹙金绣夹裙

唐三彩女立俑

唐白瓷围棋盘

唐弈棋仕女绢画

唐彩绘打马球俑

家。最好在十天以内，您就给我回个信。

从开头“正月日”三个字来看，这是正月里写的信，因为距离考试日期已近，所以白居易才请求对方尽快给予答复。信说得很明白，但措辞非常委婉，意思是您看我行就推荐，看我不行我就不进考场了。而且我所凭的全是文章，是地地道道的真学问。陈京是公元 766 年及第，及第后六年白居易才出生，所以其年龄比白居易大三十岁左右。白居易的这封信真的起了作用，就是在这一年，他金榜题名，昂首阔步走进紫禁城的大门，加入官僚的行列。由此事例，可见行卷书信的重要。

上面我们已经叙述了行卷的一些相关常识，基本上了解了什么叫行卷及怎么行卷。下面我们便以一些有趣味性的个案浏览一下唐代文人行卷这一道独特的社会生活风景线。

行卷趣闻花束（一）

上文谈了行卷的基本过程。下面再谈一下唐人行卷过程中所发生的一些奇闻逸事，从中可以看出唐代文人生活风貌的一个侧面。

来得早不如来得巧

举子到达京师住下后的第一件事就是去行卷。行卷的对象当然应该是熟人，或举子本人认识，或其父亲、老师、朋友认识。总之，要有一个进门的缘由，否则，那些权贵、达官或社会名流的大门也不是那么好进的。这些人的门口都有把门的，不像寻常百姓家那样随随便便就进去了。进门前，把门人要看名刺，然后拿着名刺去禀告主人，主人看过名刺再决定让不让客人迈进大门槛。

所谓的“名刺”，唐代还有一些别名，一般简称为“刺”，也叫“名纸”“门状”“门启”，其作用大约类似今日的名片。从文献资料看，名刺没有一定的规格，但上面的内容大同小异，主要有籍贯、出身、姓名、字号几项。

有的名刺制作得很精美，有的则很草率。有的名刺很大，如皮日休的名刺就不小。《太平广记》卷二五七记载这样一件事：皮日休曾经去拜谒归仁绍，可去了几次都进不去大门，名刺连续被退回来。他很生气，便写了一首《嘲归仁绍龟诗》曰："硬骨残形知几秋，尸骸终是不风流。顽皮死后钻须遍，都为平生不出头。"

借归仁绍姓的谐音讽刺他，说他年纪老迈活不了几年，变成死尸后怎么也算不上风流。顽硬的壳死后会被钻遍，都是因为平生缩着脖子而不敢出头。皮日休向他行卷就是要请他推荐，而归仁绍不见恐怕是有苦衷，到底是怎么回事不知道，反正是归仁绍使皮日休吃了几回闭门羹。

归仁绍的儿子归佾和归係与皮日休曾同场参加进士考试，马上就听说了。估计皮日休还会去，便在家等着。皮日休果然又去求见，哥俩便在皮日休的名刺"皮"字下面写了一首诗曰："八片尖裁浪作球，火中爆了水中揉。一包闲气若常在，惹踢遭拳卒未休。"（《太平广记》卷 257，中华书局版 1999—2000 页）一张名片上居然能写二十八个字的一首诗，况且那时的书写工具还是毛笔，即使所写是蝇头小楷，所用面积也可想象。关于投刺还有许多话题，此处不赘。

凡事都有例外，有的举子真的没有熟人引荐，与要行卷的对象并不认识，也进了大门槛，而且还取得了意想不到的成功，这就叫时气加运气。

据《唐摭言》卷八“遭遇”条记载，有两个举子连续几年落榜，贞元二年又来到京师。二人一个叫牛锡庶，一个叫谢登，都不善于交际，也不认识权贵名流。但见别的举子都纷纷去行卷，心里着急，便有病乱投医，带着准备好的卷轴在大街上逛，干脆来个碰大运，见着高门大院就求见，让进就进，不让进就往下一家去。像他们俩这样行卷的人真是满天下找不到第二拨。

在一个大门口，递上名片后，二人被意外地请了进去。主人是位年事已高的老者，八十多岁，但精神矍铄，戴着高冠，凭几而坐。二人也不认识此老者是谁，老人当然也不认识他们。二人将卷轴献上，老者分别看过几篇，大为赞赏。主人很热情，二人也不好意思告别，但有些焦急，觉得在这个老头子屋里耽搁时间不值得。正在无可脱身时，来了一个官员，二人只好暂时回避，躲到屏风后面。就听来人向老者贺喜，并说：“二十四年再主文柄，国朝盛事，所未曾有。”

二人听说，也不明白什么意思，还盼那位官员快走，他们好赶快离开，再到别人家去行卷。官员走后，他们才从屏风后面转出来。老者满面笑容，当面答应帮忙，许诺二人都登金榜，还答应牛锡庶为状首，即后世所说的状元。

二人半信半疑，答谢而出。出门一打听，才知道自己进对了大门。后来发榜，果然如老者所言，牛锡庶中状首，谢登及第。

原来此人叫萧昕，当时任礼部尚书。因年龄大，多年来门庭冷落，举子们也无人到他这里行卷，感到很冷清寂寞。听说有两个举子来访，便很正规地接见。但他此时虽是礼部尚书，也没有把握推荐二人使之登第，因年龄大，也不会有什么前程，所以那些主考官员能否买他的账不好说。幸运的是，已经确定的主考官礼部侍郎薛播突然死亡，朝廷为稳妥起见，便安排德高望重的他当知贡举。刚才来的那个官员就是来通风报信的。

萧昕在代宗宝应二年（763）当过一任知贡举（徐松《登科记》卷10“宝应二年”条），到这年（786）正好二十四年，所以那官员说那番话。老头因为一时寂寞，便热情接待了牛锡庶和谢登，听说自己当知贡举，一时高兴，便向二人许诺，于是二人便双双登第。

中唐以后，行卷已成为当时进士考试的必要功课，不上这一课不要指望金榜有名，上这一课上得不好也会蟾宫折翼。著名大文豪韩愈文章可谓精粹矣，读书可谓精勤矣，学问可谓精博矣，可没有行卷或行卷没行到点子上时就是不行，连续三考都名落孙山。最后他和李观等三好友一起去向文坛名人梁肃行卷，梁肃这一年正是副主考，主考就是大名鼎鼎的中唐名相陆贽，结果一服药就灵，韩愈当年便蟾宫折桂。

假设韩愈不肯去行卷，文章写得再好也没有用，因为主考官及其他考官在评卷时根本不可能把所有的试卷都认真看上一遍，只有看到熟悉的名字时才肯把眼睛睁得大大的。当时考试不糊名，评卷人先看是谁的卷然后再阅。诗赋策论等主观随意性本来就很大，糊名是否能公平都不好说，何况露着姓名呢？如此看来，不行卷者要想考中进士真是难于上青天了。

还有一点也要说清楚，就是不行卷有没有考中的可能？中唐之后大概很难。因为名额少，行卷的人多，往往在考试之前已经把所有的名额都内定了。主考大人在评卷前手中的条子或兜里揣的纸单上的人名往往比要录取的数量还多。这种情况下，没有行卷或行卷没行到关节上的举子还会有戏吗？肯定没有啦！要是这种情况，举子的文章就是写得龙能飞凤能舞也无济于事。所以俗语说“朝中有人好做官”，真是一点不假，如果用在科举上，可谓是“部中无人莫应举”。

不怕一万，就怕万一

朝廷中不但要有人，而且这个人还要有相当的地位，还要肯于给你办事，否则光有人也不行，这个人的根一定要硬，腰一定要粗，否则也会被人顶掉。中唐前期，就发生了这样的一件事。

岳州刺史李俊，在没中举前，很窘迫，连续几年落榜。贞元二年（786）向老熟人包佶行卷，并请他给打通关系。包佶此时任国子祭酒，也算是社会名流，而且是教育行政机构的最高长官，说话是有分量的。主考官已经答应，他当然觉得万无一失。于是，李俊便兴高采烈地进了考场，兴高采烈地答完卷。可等着发榜的时候却怎么也兴高采烈不起来，心里总觉得没有底，万一主考给忘了，或者万一没有给认真办岂不又泡汤了，又白熬了一年？于是，便几次到包佶家去探口风，包佶一直蛮有把握。可李俊还是不放心，在发榜这天的一大早就跑到包佶门口去叫门。

信未冠，闻俊来，怒。出曰："吾与主司分深，一言状头可致，公何躁急，频见问。吾其轻语者耶？"俊再拜对曰："俊恳于名者，若恩决此一朝。今当呈榜之晨，冒责奉谒。"信唯唯，色犹不平。俊愈忧之。乃变服伺信出随之。经皇城东北隅，逢春官怀其榜，将赴中书。信揖问曰："前言遂否？"春官曰："诚知获罪，负荆不足以谢。然迫于大权，难副高命。"信自以交分之深，意谓无阻，闻之怒曰："季布所以名重天下者，能立然诺。今君移妄于某，盖以某官闲也。平生交契，今日绝矣！"不揖而行。春官遽追之曰："迫于豪权，留之不得。窃恃深顾，外于形骸。见责如此，宁得罪于权右耳。请同寻榜，揩名填之。"祭酒开榜，见李公夷简，欲揩。春官急曰："此人宰相处分，不可去。"指其下李温曰："可矣！"遂揩去温字，注俊字。及榜出，俊名果在以前所指处。（《太平广记》卷341，中华书局版2702页）

包佶以为自己与主考的关系很铁，所托的事既然已经答应了，应当不会有什么问题，所以当李俊三番五次去问他口风时很不高兴。多亏当事人李俊盯得紧，在正式发榜的那天早晨还去问，包佶虽然很不愿意可还是前去询问了。

还真的让李俊说着了，那位主考大人真的没有录取李俊。理由是托的人太多，又都是大官，这使包佶大为恼火，翻脸要走，使得主考连忙招呼他停下，宁可得罪别人也要给他这个面子，于是连忙拿到僻静处进行涂改。所谓的"揩去"就是擦去。看来当时用来书写榜文的纸一定很厚实，不是用墨而是用别的颜料书写的，否则没办法揩去。那时候科学不发达，也没有涂改液，所以只能揩。既然是揩去，当然字数越少越容易，于是就尽量找同姓的人，因此包佶才特别注意姓李的。可第一个姓李叫夷简的人后门太硬，是宰相安排的，主考不敢得罪宰相，紧挨着的李温便倒了霉，被无情地顶掉。多亏李俊这个姓好，如果是偏僻晦涩的姓就麻烦多了。

这则故事极其生动地向我们展示了行卷请托的情形。李俊是心满意足了，可那个李温岂不成了屈死都不知道怎么死的替身了吗？可也不怪别人，还怪李温自己，谁让他的后门不硬呢！

当然，这件事被人记录下来，没有记录下来也无人知晓的这类事不知有多少。不正常的社会风气，再加上暗箱操作，真不知道屈死多少英雄豪杰。因此，自中唐以后，几乎所有及第的人都有后门。在行卷和请托方面，最值得一提的是牛僧孺、杜牧和项斯三人。下篇便以这三人为个案做重点介绍，来看一下唐代人行卷的风情。

行卷趣闻花束（二）

唐人行卷留下许多文坛佳话，有的凝练为成语，如“到处说项”或“说项”一词便由行卷故事脱胎。而吴武陵推荐杜牧的故事更为后人所津津乐道。从材料看，吴武陵推荐是否出于直接的行卷不好确定，但肯定与行卷有关则无问题。杜牧如果不行卷，他写的《阿房宫赋》怎么被那些太学生看到呢?

吴武陵与杜牧

杜牧的爷爷杜佑当过多年宰相，又是大学问家，撰写中国古代典章制度专书，号称“十通之首”的《通典》，名满天下。杜牧借爷爷的余光，再加上他本人确实有才能，所以不愁没有人推荐。

文宗太和二年（828），进士主考官崔郾要到东都去主持考试，临行时，文武公卿都来相送。在这个时候，无论多大的官都要恭维他，因为“县官不如现管”，有求于人，必然要礼下于人。《唐摭言》载：

> 崔郾侍郎既拜命于东都试举人，三署公卿皆祖于长乐传舍，冠盖之盛，罕有加也。时吴武陵任太学博士，策蹇而至。郾闻其来，微讶之，乃离席与言。武陵曰：“侍郎以峻德伟望为明天子选才俊，武陵敢不薄施尘露？向者偶见太学生十数辈，扬眉抵掌，读一卷文书，就而观之，乃进士杜牧《阿房宫赋》。若其人，真王佐才也。侍郎官重，必恐未暇披览。”于是搢笏朗宣一遍。郾大奇之。武陵曰：“请侍郎与状头。”郾曰：“已有人。”武陵曰：“不然则第三人。”郾曰：“亦有人。”武陵曰：“不得已，即第五人。”郾未遑对，武陵曰：“不尔，却请此赋。”郾应声曰：“敬依所教。”既即席，白诸公曰：“适吴太学以第五人见惠。”或曰：“为谁？”曰：“杜牧。”众中有以牧不拘细行闻之者，郾曰：“已许吴君，牧虽屠沽，不能易也。”（《说库》上册）

就这样，杜牧果然以第五名及第。这位吴太学的面子还真够大的。通过这则材料可知，崔郾在决定录取杜牧时也曾有人提出异议，所谓的“不拘细行”即不拘小节之意，如果不是吴太学的面子大，不是崔郾有权，杜牧恐怕难以及第。这件事还告诉我们，在考试还没有进行之前，前五名的名次就已经确定了。

有一点似乎应当再说明一下，这就是吴太学为何一定要求崔郾把杜牧录取在前五名以内呢？这是因为每年录取的前五名的试卷呈交御览，第六名以下就没有这个待遇了。从这则故事中，可知吴武陵是个性格很倔强的人，因此在官场中颇不得意。按道理说，他这种性格很难有人推荐，当然也很难登第，但他却神奇般地登第了。是因为一个人想阻止他，却被主考官误会，反而促成了他的美事。这是吴武陵连做梦都没有想到的，是一段令人忍俊不禁的佳话。

安邑李相公吉甫，初自省郎为信州刺史。时吴武陵郎中，贵溪人也。将欲赴举，以哀情告州牧，赠布帛数端。吴以轻鲜，以书让焉。其词唐突，不存桑梓之分，并却其礼，李公不悦，妻谏曰："小儿方求成人，何得与举子相忤？"遂与米二百斛，李公果憾之。

元和二年，崔侍郎邠重知贡举，酷搜江湖之士。初春，将放二十七人及第，持名来呈相府。才见首座李公，公问："吴武陵及第否？"主司恐是旧知，遽言及第，其榜尚在怀中。忽报中使宣口敕，且揖礼部。从容遂注武陵姓字呈李公。公谓曰："吴武陵至粗人，何以当科第？"礼部曰："吴武陵德行未闻，文笔乃堪采录。名已上榜，不可却也。"相府不能移，唯唯而从之。吴君不附国庠，名第在于榜末。是日，既集省门，谓同年曰："不期崔侍郎今年倒排榜也。"观者皆讶焉。(《云溪友议》卷8,《笔记小说大观》第1册79页下)

从这则材料也可推知当时进京赶考的举子，可以向当地州郡太守申请一些物质补助，地方官员应当给予。当初，吴武陵便向本州刺史李吉甫请求帮助。李给几匹布帛，吴武陵嫌少，把东西退回去，还写了一封信，口气有些不敬。李很生气，是其妻子劝说，才重新给二百斛米。

吴武陵把这件事忘记了，而李吉甫却记在心里。从此事来看，李吉甫心胸确实不够宽阔，还不如他的妻子。而他的儿子正是后来在政治舞台上大名鼎鼎的政治家李德裕。李德裕之才学得益于其父，其心胸之宽阔则得益于他的母亲。

由于有这件事，李吉甫始终牢牢记着吴武陵。当元和二年吴武陵参加进士考试时，李吉甫正是首席宰相。主考官拿着拟定录取的新进士名单到中书省去审批，第一个当然要先交给首席宰相李吉甫。李吉甫还没看到榜文便先问了一声："吴武陵及第了吗？"主考官恐怕吴武陵是宰相的老朋友，便连忙回答说及第了。正在这时，来了个宦官向李吉甫宣布圣旨，李吉甫需要出去接旨，这便给主考官赢来了宝贵的时间。于是他从容不迫地从怀中把榜文拿出来，在最末尾填上"吴武陵"三个字。等李吉甫提出不同意见时，主考官因为名字已写上，也要考虑自己的面子，于是便坚持不能改动。李吉甫提不出更有力的理由反对，于是吴武陵便以最后一名登第。本打算录取二十七人，结果却变成二十八人了。这倒好，正与天上的"二十八星宿"的数字吻合。

发榜时，吴武陵见自己的名字被写在最后，还自嘲曰："没想到崔侍郎今年倒排榜。"意谓他应当第一，倒排榜便在最后了。他当时可能不知道自己登第的过程，如果知道，真不知该做何感想。李吉甫本意是想阻止吴武陵登第才发问，结果适得其反，使本来已经落榜的吴武陵金榜题名。

“到处说项”与韩愈题字

行卷如果遇到明智而喜欢奖掖后进的先达，真是幸运。项斯便是这样的幸运儿，因其行卷遇到一个学识好品德高的杨敬之。据《南部新书》甲卷载：

> 项斯始未为闻人，因以卷谒江西杨敬之。杨甚爱之，赠诗云：“几度见诗诗尽好，及观标格过于诗。平生不解藏人善，到处逢人说项斯。”未几，诗达长安。斯明年登上第。（《说库》上册）

杨敬之在中唐也算是大名人，韩愈、柳宗元和刘禹锡对他都很推崇。项斯在年轻时并没有名气，在向杨敬之行卷后，杨敬之到处揄扬，逢人就夸项斯一番，项斯的名在士林中很快就传开。他又写作《赠项斯》一诗，因其奖掖后进的美德使所有人都感动，从此留下“到处说项”这一成语。杨敬之不嫉妒，不埋没他人长处的美好品质使他因为这首诗而被后人所赞美。笔者想，无论杨敬之在当时名气如何响亮，如果没有这首诗，恐怕他的名字早被沉沉的历史灰尘埋没了。有一定成就的人喜于奖掖后进而不是嫉妒压制后进的品格，永远都值得赞美。

晚唐著名宰相，“牛李党争”中“牛党”的领袖人物牛僧孺行卷之事亦值得一提，因这关涉到另一大名人——韩愈。据计有功《唐诗纪事》卷三九载：

> 公始至京，致琴书灞浐间，先以所业谒韩文公、皇甫员外。二公披卷，卷首有《说乐》一章，未阅其词，遽曰："且以拍板为什么？"对曰："乐句。"二公相顾大喜，曰："期高文必矣。"公因谋所居。二公良久曰："可于客户坊税一庙院。"公如所教。二公复诲之曰："某日可游青龙寺，薄暮而归。"二公其日联镳至彼，因大书其门曰："韩愈、皇甫湜同谒几官先辈不遇。"翌日，辇毂名士，咸往观焉。奇章之名，由是赫然矣。（《唐诗纪事》卷39，上海古籍出版社1997年新1版593页）

牛僧孺到韩愈家去行卷，恰巧皇甫湜也在，二人共同策划一个宣传牛僧孺的方案。韩愈二人先让牛僧孺在客户坊选择寺庙中的一个院租下来，并嘱咐他在某一天到青龙寺去，黄昏时回来。那一天，韩愈和皇甫湜每人乘坐一车，故意招摇过市，造声势，到那里去，然后在其门上用大字非常醒目地写上："韩愈、皇甫湜同谒几官先辈不遇。"

两个名人去拜访一个举子，还称其为先辈，怎能不引起人们的注意？于是，第二天，门口便车马喧阗，都来看韩愈的字。牛僧孺的名气一下子就轰动起来。可见牛僧孺聪明，韩愈重义气。

说到这里，还应补充一点，以便更准确地理解这件事及当时的社会风情。"客户坊"不是长安城中的正式坊名，笔者推测可能是一个街坊的别名。顾名思义当是旅店或租赁房屋集中的街坊。其位置当在闹市区，估计在城东南部。据《南部新书》戊卷载："长安戏场，多集于慈恩。小者在青龙，其次为建福、永寿。"（《说库》上册）慈恩寺即大雁塔所在地，青龙寺在其东北隔两坊之地斜对过的地方，建福寺在慈恩寺南不远的曲池坊。这三个地方是唐代戏场最多之所，当然也是游人最多之处，在这附近租房才容易造舆论。而牛僧孺深知韩愈的为人，所以连在什么地方租房都征求他的意见，果然产生奇效。

脸皮厚的人

什么事发展到一定时候就会出现弊端，行卷也如此。到晚唐时，上层社会的成分发生变化，一些军阀和宦官成了权贵，自然也就成了举子们行卷的对象。这些人中学识特别好的不多，大多数是粗通文墨，有的斗大的字也认识不了几个，但他有权有势，说话好使，所以也引来一些举子。但这些人怎么能看出诗文的好坏呢，所以李商隐在《与陶居士书》中便抒发了这一苦恼，即满怀希望去行卷，可主人却看不明白，还要在那装懂，你还不敢说他不明白，还得恭维他，太煞风景。但到这样的人家里去行卷也有好处，就是行卷者可以糊弄他，甚至可以用假冒伪劣的作品去充数。也正是这样的社会氛围，才会出现假举子拿着假诗文去行卷的事。

在说假的之前，先说一个真的。《南部新书》庚卷载："裴说应举，只行五言诗一卷。至来年秋，复行旧卷。人有讥者，裴曰：只此十九首苦吟，尚未有人见知。何暇别行卷哉！咸谓知言。”（《说库》上册）这倒是个老实人。从他遭到人讥笑这一点来看，别的举子就没有他这么老实，而像他这么行卷的人也就很少了。

《唐诗纪事》卷四七记载这样一件事：元和年间及第的李播到蕲州做官，有一个姓李的举子拿着一卷诗来向他行卷。李播打开一看，原来是自己当年用来行卷的诗，便说：“这是我未及第时为行卷作的诗啊！”李举子见状，也不敢隐瞒，便实话实说道：“顷于京师书肆百钱得此，游江淮间二十余年矣，欲幸见惠。”意思是说这些诗是我以前在京师书肆上花百钱买的，拿着在江淮一带行卷已经二十多年，请您就把它赐给我吧！李播见他可怜兮兮的，就答应了。顺便问他还准备到哪里去行卷，答曰：“江陵谒卢尚书。”李播一听，说道：“公又错矣！卢是某表亲。”那举子一听，满面绯红，拜谢而去。这个举子挺倒霉，拿着买来的文章行卷，结果碰到枪口上，行到文章作者的家里。不过，他已经拿着这些诗文在江淮一带招摇撞骗了二十多年。后来这个举子是否考中——不，与其说是考，不如说是骗，是否骗来进士文凭不得而知。

无独有偶，这样的事还有一些。据《唐语林》卷七“补遗”载：卢钧在任衢州刺史的时候，有一个举子求见，向他行卷。打开卷轴连看十多篇文章，都是他自己作的，就问举子：“君何许得此文？”你是怎么得到这些文章的？举子一本正经回答曰：“某苦心夏课所为。”卢钧说：“此文乃某所为，尚能自诵。”举子这才服了，说实话道："某得此文，不知姓名，不悟员外撰述者。"看来，他的这些文章也是从书肆上买来的，上面没有署名，他当然不知道是卢钧写的。

同样是在衢州，有位姓崔的刺史也遇到这样的事。一个举子向他行卷，连续看十篇文章，都是他自己的，便悄悄向举子说："非秀才之文。"举子非常严肃地说："某苦心夏课，知己不一，非假手也！"崔公道："此某所为文，兼能暗诵否？"举子无话可说，便承认道："得此文，无名声，不知是员外撰述。"崔公曰："此虽某所制，亦不示人，秀才但有之。"那举子要走时，崔公问他到哪里去，举子说："汴州梁尚书也，是某亲丈人，须往旬日。"崔公曰："大梁尚书乃亲表，与君若是内戚，即某与君合是至亲，此说想又妄耳。"举子"战灼若无所容"。这个举子更倒霉，连续碰枪口，行卷碰到了作者，想扔个大个，炫耀一下结果又碰到当事人的圈子里。难怪其面如火烤，战战兢兢，无地自容了。看来脸皮再厚的人也知道羞耻。从"非假手也"的话来推测，当时拿着别人诗文行卷的已不在少数矣。这位崔公真是个厚道人，居然还允许这个举子拿着他的东西再去骗别人。

以上三例都是花钱买的，也有花钱雇人写的。但这两种人都需要付出一点代价，尽管很少，而且靠买或雇人弄到诗文而骗到进士文凭的还没有明文记载，不过笔者想肯定会有。但更令人啼笑皆非的是有人居然靠偷别人的诗文去行卷，而且还能考中进士，你说奇也不奇？

中唐时的杨衡曾在庐山隐居，发现自己所作的诗丢了一些。

他知道是谁偷的，也知道偷去的用处，但没吭声。后来，他到京师参加科举，在及第的人中居然看到了偷他诗的人。就生气地问：“‘一一鹤声飞上天’在否？”那人脸不变色心不跳，非常诚实地回答说：“此句知兄最喜，不敢辄偷。”意谓我知道您最喜欢那句诗，所以没敢轻易偷。一听这话，杨衡笑曰：“犹可恕也。”就这样原谅了那个窃诗贼。

从他们的问答笔者想到一件事，即为什么杨衡要问那人是否偷了他有“一一鹤声飞上天”之句的那首诗，而对方回答没有偷，他便会原谅对方呢？笔者推测，这相当于我们今天所谓的著作权问题，因为如果那首诗也被偷去行卷，就等于是盗诗贼先将其公布于世，那么他就说不清楚那首诗是他作的。因为最喜欢的诗那人没偷，别的诗似乎不太在乎，因此便原谅对方了。唐诗中有一些重出的诗，可能与这种买诗、盗诗或请“枪手”作诗都有关系。无论是买、盗或枪手作的诗，用来行卷的人当然要作为他的作品，一旦有机会刻集出版的话，当然要堂而皇之地收进去。原作者如果出版诗集，当然更会收进去。这样就出现一首诗在两个人的诗集中都堂而皇之地出现的情况，我们称为“重出”，是个麻烦事。此事记载在《唐诗纪事》卷五一中。

科举考试

从唐代科举考试的报名说到放榜

唐代是充满活力和魅力的时代，它创造了无与伦比的文明，而这些文明是靠那个时代的文人墨客们用他们的那支彩笔为我们描绘的。唐代的科举考试是绝大多数文人都要经历的。唐代诗文中有关这方面的内容特别多，是我们认识唐代人尤其是唐代读书人生活的一个窗口。如果不把这个窗口打开，我们对唐代人的生活，便会有一种雾里看花的感觉。下面我们便用几篇文字，侧重于这个方面，看看唐代举子在科举考试的前前后后所遭受的人生磨难。

报名情形及其他

举子们经过一路颠簸，风尘仆仆来到京师，住下之后，就要开始忙碌了。第一要做的事当然是报名。如果报名出了问题，岂不白忙活一场，而且还瞎了一个名额，对不起本乡的其他举子。

报名是有时间规定的。根据举子所在地离京师的距离，分批进行，距离越远的举子报名时间越在后面，这样可以给远地举子多一些时间，但在十一月末就要完全结束报名程序。

报名的地点唐前期在户部，后期在礼部。报名先要签名，然后上交必备的文件和证书。其中包括文解、家状、结保文书三种。

文解是州府推荐证书，相当于特殊的政府介绍信，也可理解为初级合格证书。总之，这个文件是由州府一级签发的。一般来说，格式应当统一，不会有什么问题。只要不是伪造的，这一环节便会顺利通过。

家状是举子自己填写的，其作用类似现代本人的填表，家状的内容比较全面，其中包括籍贯、三代名讳、本人体貌特征，如身体高矮肥瘦、眼睛大小、鼻梁高低、有无胡须或其他特征等。很明显，这一项目是为防备冒名顶替设置的，其作用相当于现代准考证上的照片。因那时没有照相技术，只能如此而已。“吏部常式，举选人家状，须云中形，黄白色，少有须；或武选人家状云，长形，紫黑色，多有髭。”（《南部新书》乙卷，《说库》上册）这是就最常见的情况而言的。

此外，五代后周广顺二年（952）还规定：“有父母、祖父母亡殁未经迁葬者，其主家之长不得辄求仕进，所由司亦不得申举解送；如是卑幼在下者，不在此限。”（《旧五代史》卷112，《周书·太祖纪》）明确规定，父母或祖父母丧葬未完的，长子或长孙不能报名。这些情况都需要在家状中写明。后唐天成三年（928）规定，家状内还要增加两项内容，就是本人是否有过做官历史，如果有，要交纳历任文书，即任命的文状。本人是否改过名，如果改过，原名是什么。这两项内容在现代表格中都有，前者是"本人工作简历"，后者是"曾用名"。不过，就唐代来说，据所见资料而言，家状上的内容主要还是前三种，即籍贯、三代名讳和体貌特征。

结保文书属于对应试举子在道德方面的保证书，类似现代"政审"的作用。这种文书有两种，一种是由官员作保，一般称"通保"，另一种是由三名举子（有的资料上说是五名，但据傅璇琮先生考证，以三名为可信）。结保文书要保证家状上所写内容真实可靠，并要保证所保之人绝对没有品行方面的缺陷。被保举的举子一旦出了问题，保举人都要负连带责任：官员降职甚至革职，举子则取消考试资格三年。处罚实属不轻。

结保文书上还有一条内容，即举子现住所。外地举子要填写在京师所住旅店的详细地址。这样一旦有什么问题，便于通知该人。我们在唐代文献中看到那么多住在简陋小店中的穷酸举子却可以及时接到喜报，就是因为这一点。

家状的写法有一定规格，没有经验的举子第一次填写往往要经过一些反复。《封氏闻见录》卷三"铨曹"载："选曹每年皆先立版榜，悬之南院。选人所通文书，皆依版样。一字有违，即被驳落。"可见对于报名时所交的所有文件审查非常严格，如果被驳落，当年的考试资格便没有了。"礼部驳榜者，十一月出粗驳者。谓有状无解，无状细驳，谓书其行止之过。”（《南部新书》丁卷，《说库》上册）可知这一关能否通过在十一月内便可见分晓。距离报名结束的时间不超过一个月，那么多举子的所有文字证件便都要审查完毕，办事效率还很高。

这段时间，举子也有一定的心理压力。这种情况，中唐诗人舒元舆《上论贡士书》中说得很清楚：

> 臣年二十三，学文成立，为州县察臣，臣得备下土贡士之数。到阙下月余，待命有司，始见贡院悬板样，立束缚检约之目，磨勘状书，剧责与吏胥等伦。臣幸状书备，不被驳放，得引到尚书试。（《全唐文》卷727）

从这篇文字中可以理解举子在报名时，那些主管人员态度很不好，对举子斥责怠慢。报名后等待的时候也是战战兢兢，生怕被驳落。

进考场的前前后后

报名这关通过之后，举子们就可以等着进考场了。这段时间里，还有一次集体到各地方政府驻京办事处去拜访本地官员的活动，其他的就是举子们自己的事了。一般的都去行卷，这在前文已有专章叙述。

《南部新书》丙卷载：“每岁十一月，天下贡举人于含元殿前，见四方馆舍人。当直者宣曰：卿等学富词雄，远随乡荐。跋涉山川，当甚劳止。有司至公，必无遗逸。仰各取有司处分。再拜舞蹈讫，退。”（《说库》上册）四方馆是朝廷负责四方州府事务的机构。这天，各州郡驻京师办事处的官员可能也来这里，一起接见本地来的举子，安慰鼓励一下。这只不过是走个形式而已。

到了考试这一天，举子们在清晨大约相当于现在早晨五点多钟便来到考场。白居易有一首《早送举人入试》诗曰：

> 夙驾送举人，东方犹未明。自谓出太早，已有车马行。骑火高低影，街鼓参差声。可怜早朝者，相看意气生。日出尘埃飞，群动互营营。（《全唐诗》，上海古籍版下册1050页下）

看来白居易是用马车去送一个举子到考场，这时天还未亮。大街上只有上朝的人在赶路，有骑马的，有坐车的，灯笼忽高忽低。从“街鼓参差声”一句可知早晨开门的鼓声还有余音，白居易是等开门鼓刚刚敲响，坊门刚刚开启就出来了。《唐律疏议》中有明确规定：“五更三筹，顺天门击鼓，听人行。”

到达考场后，举子在进入大门时还要受到极其严格甚至对人格都有所损害的检查。这种情况，还是中唐诗人舒元舆的那篇《上论贡士书》中说得最清楚：

> 试之日，见八百人尽手携脂烛、木炭、洎朝晡餐器，或荷于肩，或提于席，为吏胥纵慢声，大呼其名氏。试者突入棘围重重，乃分坐庑下，寒余雪飞，单席在地。（《全唐文》卷727）

作者是过来人，写的是自己的亲身经历，当然十分可信。这是举子本人所感受到的进入考场时的体会，而在《通典》卷一五“选举”中记载得更明确：“阅试之日，皆严设兵卫，荐棘围之，搜索衣服，讥呵出入，以防假滥焉。”（《通典》卷15，中华书局1988年版357页）可见举子们在进入考场时也要忍受一些凌辱，那些工作人员态度蛮横，动辄进行斥责，大声呼唤举子的姓名，并对其所带之物严格翻检。

举子们要带许多东西，手提肩背，照明的蜡烛、取暖的木炭、早晚饭的餐具都要一股脑带来，本来已经够辛苦的了。还要忍受如此的盘问检查，确实得有个好脾气。俗话说：“要想当爷爷，得先学会当孙子。”看来举子们在进入考场的时候，确实有些低声下气，难怪有人受不了这种气，干脆一走了之，宁可不当未来的爷爷，也不当眼下这个孙子。中唐一个叫李飞的举子就是受不了这个窝囊气便扬长而去，也算是个人物。杜牧在《唐故平卢军节度巡官陇西李府君墓志铭》中说：

> 太和元年举进士及第，乡贡上都，有司试于东都。在二都群进士中，往往有言及十五年有进士李飞自江西来，貌古文高，始就试礼部赋，吏大呼其姓名，熟视符验，然后入。飞曰：“如是选贤邪？即求贡，如是宁以为贤邪？”因袖手不出，明日径返江东。某曰：“诚有是人，吾辈不可得为伍矣！”（《樊川文集》卷9）

这位李飞倒是个有性格的人，宁可不要功名，也不忍受进入考场时的种种侮辱，干脆走人回家。

难熬的一昼夜

进士考试的科目及场次，在初唐前期只有策试而没有诗赋。到高宗调露二年（680），刘思立任考功员外郎，建议增加帖经和杂文，第二年采纳他的意见，增加这两项内容。帖经属于基础知识，如果因为这一科落榜，则水平太差，故很少有人提及。杂文便是后来的诗赋，该科最重要，因为是能否录取的关键，故人们最关心这一科，而举子们最能表现才气的也是此科，这一天的考试便是最决定举子命运的一搏。

大约到中唐以后，这三科的考试顺序便确定下来，即第一场杂文，一诗一赋，第二场帖经，第三场策文。

既然考试分为三场，举子在每场中都有可能被淘汰。如《太平广记》卷一七九“阎济美”条说：“某三举及第。初举，刘单侍郎下杂文落；第二举，坐王侍郎杂文落第。”（《太平广记》卷179，中华书局版1335页）而在阎济美及第的这一年，与他同住在清化里店的一名叫卢景庄的举子是在帖经考试中被黜落的。但从资料来看，还是诗赋这一关最难过，竞争最激烈，故只谈这一场考试的情况。

进入考场后，分发试题，举子们便可以答卷了。考场的条件如何现在已难以考究清楚了。但据许多资料表明，考场的条件是很艰苦的。

打开试题的一刹那是所有考试人最紧张的时刻，而唐代举子紧张的内容还多了一项，这就是急于看考试题目中有没有需要避讳的字，如果有，则不能答卷，而要主动退出考场，这一年就算白熬，这是最倒霉的了。退出考场还要有一个借口，要提交一份申请才行。《南部新书》丙卷说："凡进士入试，遇题目有家讳，即托疾下将息状来，出云：牒某，忽患心痛，请出试院将息。仅牒如的。暴疾亦如是。"（《说库》上册）得急病和需要避讳的请假条写法完全一样，所以考官有时也不知道举子是真病还是避讳，但"心痛"二字还是很确切的，遇到这样倒霉的事谁能不痛心疾首？

在考试进行中，主考官也来进行视察。只是那时没有录像机，我们无法看到当时的情景。但因有这一程序，也发生过含着悲酸的喜剧。

宣宗大中十四年（860），主考官裴坦到考场巡视，一位老举子趁机给他一首诗："三十年前此夜中，一般灯烛一般风。不知岁月能多少，犹著麻衣待至公。"裴坦一看此人，认识，原来是三十年前与自己同进考场的刘虚白。如今自己成了主考，而同窗依旧是举子，还来受这样的煎熬。诗写得很有感情，但不掉价。意谓三十年前的此夜当中，你老兄和我一样，都坐在这里，一样的蜡烛一样的寒风。如今你成了主考，我还穿着粗布衣裳来参加考试，我只能指望你公平了。老朋友老同学毕竟是有感情的，刘虚白就在这一年及第。

唐代科举考试的考场设在贡院，贡院的具体位置是在礼部南院。礼部南院是礼部管辖的一个单独的建筑单元，具体位置在下一章中我们再详细介绍。此处仅略推测一下贡院内部的格局和条件。前面所引舒元舆之文有“试者突入棘围重重，乃分坐庑下，寒余雪飞，单席在地”的说法，可知考场中分为两廊。

《唐诗纪事》卷四一“孟简”条还记载了这样一个故事：孟简在进考场之前，到算卦先生那里去求问吉凶，算卦先生给他卜了一卦，告诉他说：“坐在东门旁边，就可以得第了。”孟简牢记在心。可进入考场之后，不知什么原因，他却偏偏坐在“西廊”，看起来贡院里是分东西两廊，西廊当然离东门远了。孟简可能是心情不好，在将近傍晚时忽然感到身体不适，得了急病，有心要退出考场，邻座的举子好心劝他还是坚持把试卷答完再出去。就在二人小声交谈时，孟简无意中看到那位举子复姓“东门”，与算卦先生的话正吻合，病马上好了，立即来了精神，发挥甚好，结果是一榜中第。

看来人的精神作用确实很大，或叫作心理暗示作用。如果他邻座的举子姓“西门”，孟简的病恐怕不会好，他这年的考试就算泡汤了。

这则资料所说的算卦先生灵验与否另当别论，却为我们了解考场中的情况提供了佐证。通过这则材料，可知当时的监考不是太严格的，否则，怎么能允许两个人窃窃私语呢？下面的这则材料也佐证了这一点：

大中三年，李褒侍郎知举。试《尧仁如天赋》，宿州李使君弟渎不识题，讯同铺。或曰：“止如尧之如天耳。”渎不悟，乃为句曰：“云攒八彩之眉，电闪重瞳之目。”赋成将写，以字数不足，忧甚，同辈绐之曰：“但一联下添一者也，当足矣。”褒览之大笑。（《唐语林》卷7“补遗”，《说库》上册）

连题目都看不明白，也能弄到解状，可见当时选举之滥。在考试过程中，可以问同铺，而对方还能回答。在写完之后，字数不够，有的考生便糊弄他，告诉他每一联下边添一个“者也”，结果把评卷人逗得大笑。

考试的时间是一个白天零半个夜晚，也就是从早晨开始，到晚上点完三根蜡烛为止。点完三根蜡烛的时间不好确定，大约也到下半夜了。《唐摭言》卷一五“杂记”记咸通八年登第的韦承贻，在答完卷后还有剩余精力，居然在贡院内西南角墙上题了一首诗道：“褒衣博带满尘埃，独上都堂纳试回。蓬巷几时闻吉语，棘篱何日免重来？三条烛尽钟初动，九转丹成鼎未开。残月渐低人扰扰，不知谁是谪仙才。”

这是一幅精彩的图画，画出了唐代考试散场时的情景，画出了当事人那种复杂的心态。衣服腰带宽大可能是为了多带东西，经过长时间的苦战，终于交卷了。现在要做的就是回到那个坐落在偏僻的小胡同的旅店里去耐心等待，什么时候才能登第，不再来这个被荆棘包围的鬼地方呢？可以说这是所有举子共同的心愿。三条蜡也点完了，时间已到，考试结束的钟声已经敲响，像道士们炼丹一样，丹是炼完了，可还没有开鼎，不知道炼的丹是好丹还是废丹。一轮残月渐渐转低，人声散乱，不知这些人当中，谁能够蟾宫折桂。从诗中的景象看，夜色很深了。

还有一首诗道："白莲千朵照廊明，一片升平雅韵声，才唱第三条烛尽，南宫风景画难成。"从"才唱第三条烛尽"一句可知，当要结束时，也有专人向举子们报告时间。笔者推测，"三条烛"的"烛"在当时有专用的，记时当然以此为准，并不以举子们自带的蜡烛为准。在每燃烧尽一根蜡烛时，可能都会有专人通告紧张答卷的举子，以便于他们科学安排时间。如第一根蜡烛尽时，可能会扯长声音喊："一烛尽——"与现代考场上要在规定时间通知考生已到什么时间，还有多少时间的做法一样。散场时，人们熙熙攘攘，这也是可想而知的。不管怎样，总算交了卷，可以松一口气了。但更难熬的漫长的等待开始了，直到金榜上墙的时候，举子们这一轮的悲喜剧才算有个收场。

榜上榜下的悲喜剧

凡有过高考经历的人几乎都会有同样的感觉，那就是考完试到发榜前的这段日子很难熬。我们今天的生活道路很多，即使高考落榜依然还会有许多条道路供选择。隋唐时代却不是这样，只要一走上这条道路，几乎可以说是走上了一座独木桥，要么就是跨过去，飞黄腾达，锦衣玉食，富贵显赫；要么就是掉下去，贫寒卑贱，遭人白眼，那种滋味可不好受。鲁迅先生笔下的“孔乙己”便是这种终生不能考中的人。因此，一踏上此途者很少有中途退出的。这真是一条既光明又黑暗，既幸福又痛苦，充满了迷惘和苦涩，说不清道不明的人生之路。

许多举子不但把自己的一生赌上，而且把全家甚至整个家族的前途都像赌注一样押在这个并不是公平竞争的赌场上。揭榜就是公布输赢的结果，那个金黄色的榜文上有没有姓名马上就有天堂地狱之分，哪一个当事人能不格外关注呢？因此，在揭榜的前前后后，发生过许多令人啼笑皆非的故事。

张榜的位置及一榜两体

进士放榜的地点无疑是当时最为人们关注的地方之一。开元前具体在什么地方不好确定，因资料缺乏，似乎也没有一个确定的地点。另外，放榜的地点与主持考试的部门有直接关系。开元二十四年前，由吏部主持考试，放榜的地点当然在吏部。这年后，改由礼部主持，而进士考试比较烦琐，故专门在尚书省礼部衙门之外另设一个院，叫“礼部南院”，相当于我们现代概念中的“二部”或“分部”。总之，这是由礼部直接管辖和使用的地方。具体位置在尚书省南，过一条街便是，西边是吏部选院。进士的金榜贴在南院东墙上，以后便成为定例。

王定保在《唐摭言》卷一五中对这一点记载得很具体。他说：“进士旧例于都省考试，南院放榜。张榜墙乃南院东墙也。别筑起一墙，高丈余，外有壖垣。未辨色，即自北院将榜就南院张挂之。”可知这是专门修筑的一道专用墙，外面有空地和墙垣。这在唐诗中多有佐证，陈标在《赠元和十三年登第进士》诗中说：“春官南院粉墙东，地色初分月色红。”（《全唐诗》卷508）徐夤《放榜日》诗中说：“喧喧车马欲朝天，人探东堂榜已悬。”（《全唐诗》卷709）这里的东堂，指的是礼部南院东堂，说的都是一个地方。

唐代放榜还有一个所谓淡墨书榜之事，多见之于记载，也在此处说一下。所谓淡墨书榜，是指用较淡的墨书写榜首，即“礼部贡院”四个大字标题。关于为何会出现这一现象，《南部新书》己卷上说：

> 李纾侍郎当放举人，命笔吏勒书纸榜，未及填名首，书院贡字吏得疾暴卒。礼部令吏王昶者亦善书，李侍郎召令终其事。适值昶被酒已醉，昏夜之中，半酣挥染，笔不加墨。迨明，悬榜，方始觉悟，修改不及。粲然一榜之中，字有两体，浓淡相间，返致其妍。自后书榜，因模法之，遂为故事。今因用毡墨淡书，亦奇丽耳。（《说库》上册）

这纯粹是个偶然，在写完正榜文字而没有写榜首时，专门写字的笔吏突然死亡，这肯定使等着张榜的李纾侍郎很紧张，一边安排人来处理病人，一边还要找人填写榜首。他知道礼部令吏王昶的字写得不错，于是马上请他写。可能由于急着张榜，王昶又醉酒初醒，灯光昏暗，也没有研磨，拿起笔来就写上了。在张贴时才发现墨色很淡，但改正或重写已来不及了。结果是一张榜里，墨色和笔体都不一样，反而显得变化灵活而错落有致，比以前一样墨色一样笔体的倒好看了，于是以后便成为定例。

又据《唐摭言》卷一五说，进士榜的榜头，竖着粘四张黄纸，上面用淡墨写“礼部贡院”四个字。若此，这四个字不小，大概是因为王昶酒醉，蒙蒙眬眬的，马上要求写四个大字，墨不够，先兑水，也来不及研墨到浓的程度便写。夜间光线不足，当时水分又大，墨色淡一些根本看不出来，才会出现那种效果。本来是马虎，反而还有特点了，真是歪打正着。

李纾知贡举是在德宗建中四年（783），淡墨书写榜首及一榜两体的惯例当然是从这年开始的。

失意者的悲哀与哭声

放榜这一天，张贴榜文的墙前人山人海，哭的、笑的、傻的、闹的、发疯的、兴奋的、悲哀的、喊的、叫的、嚎的，什么表情、什么反应的都有。悲剧和喜剧都在这里发生，所有来看榜的举子都是最本色的演员。晚唐诗人徐夤《放榜日》诗道："喧喧车马欲朝天，人探东堂榜已悬……花浮酒影丹霞烂，日照衫光瑞色鲜。十二街前楼阁上，卷帘谁不看神仙。"（陈贻焮主编《增订注释全唐诗》，文化艺术出版社 2001 年版第 4 册 1387 页）写出了发榜那天的热闹情景。

金榜上有名的举子自然是喜剧，放在后文再说，先说一说落第举子的情况。一年的企盼，一年的艰辛，在这一刹那都成为泡影，谁能不辛酸？有的举子哭了，哭得好伤心，而且还毫不避讳地写进诗里："落第逢人痛哭初，平生志业欲何如？鬓毛洒尽一枝桂，泪血滴来千里书。"（赵嘏《下第后上李中丞》，《全唐诗》上海古籍版下册 1405 页中）从诗题可知，赵嘏是在当过一段幕僚后来考试的，年龄不小了。流泪居然带血，虽不免有夸张的成分，但其伤心到极点也是可以想象的。回到自己的住处，赵嘏又写《下第后归永乐里自题二首》其二云："玄发愁鬓忽似翁，暖尘寒士共东风。公卿门户不知处，立马九衢春影中。"(《全唐诗》上海古籍版下册 1407 页）茫然而不知何去何从的形象立在我们的面前，下一步还去拜访哪位公卿呢？就连我们都替他感到茫然。

已经四十多岁才参加考试的中唐诗人孟郊落第的滋味更可想而知了，其《落第》诗道："晓月难为光，愁人难为肠。谁言春物荣，岂见叶上霜。雕鹗失势病，鷦鷯假翼翔。弃置复弃置，情如刀刃伤。"（华忱之《孟东野诗集》卷 3，人民文学出版社 1959 年版 52 页）心情不好，月亮也不亮，春天的景色也不美，只觉得心好像被刀刃刺伤一样地痛。这便是当时心情的真切表白。第二次落第的打击更大，《再下第》道："一夕九起嗟，梦短不到家。两度长安陌，空将泪见花。"（华忱之《孟东野诗集》卷 3，人民文学出版社 1959 年版 55 页）一夜多次起来叹息，不能入睡，当然也就无法入梦，故也无法在梦境中回家看看。看起来是够凄惨的。

孟郊才两次落榜，还不算惨的。晚唐的张蠙《下第述怀》诗曰："十载长安迹未安，杏花还是看人看。名从近事方知险，诗到穷玄更知难。世薄不惭云路晚，家贫唯怯草堂寒。如何直道为身累，坐月眠霜思枉干。"(《全唐诗》，上海古籍版下册 1772 页）十年求举，年年只能看别人去观花赴宴，就是没有自己的份。十年时间对于人生来说可谓漫长矣，如果再加上来长安前的十年寒窗，可就是二十年了！后来，张蠙终于在昭宗乾宁二年（895）进士及第，算是得到一点补偿。还有比张蠙更惨的人。

《太平广记》卷一五七载：李敏求参加进士考试十多年，始终不能得第。海内无家，孤身一人，没有兄弟姐妹，形影相吊，一贫如洗。太和初年，住在长安一个破旧的小旅店中。落第后，一个人坐在旅店的破床上发愁，越想心中越没缝隙，憋屈得不行，忽然觉得身心相离，灵魂忽忽悠悠飘走了。来到一个陌生的地方，有人点拨他，告诉他此路不通，待醒来，原是南柯一梦，于是便彻底放弃科举之路。其后活得还很好，成了一个富翁。（魁按：原文是他的灵魂到冥间，遇到好友，让他看履历簿的相关内容，然后将其送回。）

李敏求梦醒之后就换了个活法，看来，人是不该一条道走到黑，就应该像晋代的阮籍那样，没有路可走时，大哭一场，然后再把人生的车拉回来。但到什么情况才算没路呢？这是个很难说清楚的问题。如果能知道肯定考不上，恐怕最开始也不会去找这个苦恼。

李敏求还不算最惨的，因为他晚年还过上了几年好日子。晚唐的举子孙定连一天好日子也没过上。《唐诗纪事》卷六六载：孙定连续投考多年，就是不中。他的一个堂弟孙储学问不及他，但长得很帅，仪表堂堂，初次应举，来征求他的意见。他说："你仪表堂堂，一个好将军的材料，何必非要以科第为进身之途呢？"其实，他的话里满含辛酸，并不一定有别的意味，可他的弟弟以为意在讽刺，便产生了不满情绪。当年孙储却考上了。因有上面的对话，孙储从不向人说他们的关系，更不可能帮助孙定。

直到景福二年（893），孙定依旧困于场屋。此次下第，孙定自京师开远门出城，临行醉中写诗给孙储说："行行血泪洒尘襟，事逐东流渭水深。秋跨蹇驴风尚紧，静投孤店日初沉。一枝犹挂东堂梦，千里空驰北巷心。明月悲歌又前去，满城烟树噪春禽。"孙定晚年丧失人生乐趣，寄情于酒杯，一事无成而终。尝作诗歌千余首，多在战乱中散失，只有此诗传世。而孙储并不见有传世诗篇，可能其才学确实不及孙定，然而孙定就是不能及第，岂不令英雄气短。

当然，落第者也有不服气不认输的，元和十三年（818）落第的举子陈标在《赠元和十三年登第进士》诗道："春官南院粉墙东，地色初分月色红。文字一千重马拥，喜欢三十二人同。眼看鱼变辞凡水，心逐莺飞出瑞风。莫怪云泥从此别，总会惆怅去年中。"（《全唐诗》卷508）意谓众位老兄不要以为我们从此就一个天上一个地下了，要知道你们去年的这个时候还不是和我一样，看着别人得意吗！也许有一天，我也金榜题名，我们不又一样了吗？果然，四年后的长庆二年（822），陈标真的实现了理想，也使自己的大名堂而皇之地书写在金榜上，也得意风光了一把。（《唐诗纪事》卷66）

得意者的欣喜与笑容

元和十一年，出身寒微，经历了千辛万苦才进士及第的福建举子周匡物写了一首《及第谣》："水国寒消春日长，燕莺催促花枝忙。风吹金榜落凡世，三十三人名字香。遥望龙墀新得意，九天敕下多狂醉。骅骝一百三十蹄，踏破蓬莱五云地。物经千载出尘埃，从此便为天下瑞。”（徐松《登科记考》卷18，中华书局版665页）咸通六年及第的袁皓在《及第后作》中云：“金榜高悬姓字真，分明折得一枝春。蓬瀛乍接神仙侣，江海回思耕钓人。九万抟扶排羽翼，十年辛苦涉风尘。升平时节逢公道，不觉龙门是险津。”（《全唐诗》，上海古籍版下册1524页下）感情很真实。刚开始是瞪大眼睛仔细看，看了又看，是自己的姓名，真真切切。这才有与神仙伴侣相交接的感觉。往日的辛苦，现实的荣耀，涉险过关的自得同时涌上心头，那种滋味恐怕就是他自己也形容不出来。

登第的喜悦可以使人神清气爽，产生年轻的感觉。这是可以想象的，“人逢喜事精神爽”嘛！困于场屋二十多年，五十多岁才荣登金榜的许棠便抒发过这种感情。“许棠常言于人曰：‘往者年渐衰暮，行卷达官门下，身疲且重，上马极难。自喜一第以来，筋骨轻健。揽辔升降，犹愈于少年时。则知一名能疗身心之疾，真人世孤进之还丹也。’”（《金华子》卷下）这种感觉不是夸大之词，精神的作用是不可替代的。

其实，发榜前一天晚上，是应试举子最难熬的。再过一宵，决定他们命运的时刻到来，是龙是凤还是虫子蚯蚓都看这一遭了。因此，举子们在这一夜很少有安心大睡的，有钱的或去平康里找妓女寻求刺激，或是几人到高档次的大酒店狂喝乱唱，来打发这难熬的时间。

有的举子怕受不了刺激，或许是受的刺激太多，已经麻木了，故不亲自去看榜，而是在家等信。在正式放榜之前，还会不断地传出一些小道消息。那时候的保密工作也有问题，所以有些小道消息还很准，但不准的也不少。康骈《剧谈录》中记载了这样一个故事：大中年间，举子韦颛到长安应考，满腹学问却囊中羞涩，住店都困难，便借住在同姓韦光家里。韦光对其照顾很周到，给他安排一个房间。这年韦光也参加考试，但学问远不如韦颛。

在发榜前一天夜里，二人都睡不着，有小道消息说韦光考中，却没有韦颛的消息。韦光为韦颛安排一桌酒席，对其进行安慰。酒后，韦颛独自回到那个小屋，拥被而坐。天亮时，忽有报子来送喜讯：南院东墙已经出榜，韦颛登第！失望后的韦颛得到这一喜讯当然会别有一番滋味。这是先悲后喜的喜剧。类似的情况还有一例，但我们却怎么也喜不起来。

这个故事的主角叫公乘亿，是魏州（今属河北）人。他为取得一个功名，年年奔波在家乡和京师之间，可连续三十年就是不能得第，已经考到五十多岁了。他尝有诗句说："十上十年皆落第，一家一半已成尘。"可知受煎熬的不止他一人。到咸通十三年（《唐才子传》作十二年）已是第三十个年头，可就是考不中。他的辞赋诗文在当时很有名，可也无济于事。他没有亲自去看榜，听说没有自己，便一个人凄凄惨惨踏上回家的道路。

由于身心俱疲，公乘亿途中病倒在一个旅店中。病得很重，卧床不起。可能是店主人捎信给他家人，说他病重难以维持。传信人传的则是死信。家人听说这个消息，一院哭声。结发妻子与他感情深笃，如五雷轰顶，立即披麻戴孝，前往迎丧。

公乘亿大难不死，又活了过来。这天，他拄着拐杖，撑着虚弱的身子送一个来看他的熟人。出店不远，看到一披麻戴孝的妇女，满面泪痕，很像自己的结发妻子。或许是夫妻间有一种心灵感应，妻子也仔细看这个瘦得脱了相的人。待看清对方，确定这一切都是真的后，夫妻二人抱头大哭。这一哭，哭出了千百年来的不平，哭出了世间的不公，哭出了人生的艰辛。一个穿着孝服的妻子却见到了活着的丈夫，本来是喜事，可他们夫妻能喜得起来吗？夫妻相携回到家中，决心再也不去遭这个罪，从此再也不考了。

十天后，公乘亿登第的喜报却意外送来。可他们是否还能欢乐起来呢？其后，公乘亿在魏博节度使幕府做幕僚，加授侍郎职衔，作《赋得郎官上应列宿》诗抒发其心满意得的感受。“大难不死，必有后福”，公乘亿便可以说是这种人。

杜羔则是另外一种情形的悲喜剧。请看这段文字：

> 杜羔妻刘氏，善为诗。羔累举不第，将至家。妻先寄诗与之曰：“良人的的有奇才，何事年年被放回。如今妾面羞君面，君若来时近夜来。”羔见诗即回去，寻登第。妻又寄诗云：“长安此去无多地，郁郁葱葱佳气浮。良人得意正年少，今夜醉眠何处楼？”（《南部新书》丁卷，《说库》上册）

刘氏的自尊心促进了丈夫的志气，第二首诗则有嗔怪丈夫不赶快回家的意味，其中也洋溢着喜悦之情。

难以承受的重负

举子们为什么把能否及第看得这么重要呢？这有两方面的原因：一是他们为此付出的太多了，他们几乎把自己宝贵的生命都赌在了这里。让我们设身处地地考虑一下当时举子们的生活情景吧！

洋州刺史赵匡在《举选议》中说："大抵举选人以秋末就路，春末方归。休息未定，聚粮未办，即又及秋。"（《通典》卷17，中华书局1988年版402页）这是大臣奏章里的话，是就大多数举子而言的，具有很强的概括力。我们再听一下当事人的说法吧。

宣宗大中四年，被时人称为"破天荒"而考中进士的荆州贡生刘蜕，在行卷时给主考裴休的《上礼部裴侍郎书》中说：

> 家在九曲之南，去长安近四千里。膝下无怡怡之助，四海无强大之亲。日行六十里，用半岁为往来程。岁须三月侍亲左右，又留二月乞假衣食于道路，是一岁之中，独留一月在长安。王侯听尊，媒妁声深，况有疾病寒暑风雨之不可期者，杂处一岁之中哉！是风雨生白发，田园变荒芜，求抱关养亲，亦不可期也！（徐松：《登科记考》卷22，中华书局版中册816页）

我们应该知道，古代的交通工具很落后，只有陆路和水路两种方式，一般的人没有马骑，大多数举子只能骑驴，个别的还要徒步，那是多么艰难的途程啊！四千里路程，往返是八千多里，以每天六十里的速度，就需要一百三十多天，那可是四个半月啊！再有个刮风下雨，路坏桥塌什么的，说用半年在路上，是实情。我们再考虑一下，远地的举子们在十月末就必须到达京师，路上往往需要两个多月，那么，最迟在八月末他们就要动身。放榜在二月末或三月初，即使马上就动身离开长安往回返的话，依然按照两个月计算，他们到家就已经四月末五月初了。在家只能待上三个多月，便又要启程去赶下一年的考试。因此赵匡的说法是符合当时的实际情况的。而如果离京师比这更远的举子不就更苦吗？

有的举子因为承担不起往返的费用，便只好住在京师不回家。原因可能各有不同，但留在长安或附近地区的情况却一样，时人称为“夏课”。《南部新书》乙卷载：

> 长安举子自六月以后，落第者不出京，谓之过夏。多借静坊庙院及闲宅居住。作新文章，谓之夏课。亦有十人五人醵率酒馔，请题目于知己。朝达谓之私试。七月后，投献新课，并于诸州府拔解。人为语曰：“槐花黄，举子忙。”（《说库》上册）

有的可能是因家太远无法回去，有的是因为要留在京师熟悉一下情况。这些举子有的结成一些小团伙，请人出题，进行模拟考试。一到七月后，新的一轮竞争又开始了。或到处行卷，或到各地州府去争取拔解名额，极其忙碌。有的一住就是十年。《太平广记》卷七四记载这样一个故事：一位家住江南的举子叫陈季卿，辞家十载，在长安求取功名。“志不能无成归，羁栖辇下，鬻书判给衣食。”有志气不能没有结果就回去，但结果又谈何容易！一个外地人在京城靠给人写信写判词等糊口，真是困难极了。而且，思念亲人，渴望与亲人团聚的心情时时刻刻都在啮咬他的灵魂。后来，一个道士用法术让他在一夜间回去探家一次。他在中举后第二年便到终南山出家当道士去了。我们当拂去那层神奇虚幻的迷信色彩，从中体会出一个举子长期羁旅在外的艰辛。

举子们不但自己受着身心双重的煎熬，而且其全家甚至一个家族也都把希望寄托在金榜的那个名字上面。可以肯定地说，凡是能弄到贡生身份的人，在本地当然是数一数二的，在家族中更毫无疑问是最优秀的。因此，他们的肩上往往担负着一个家族的兴衰荣辱的命运。晚唐诗人李频在《长安感怀》诗中感叹道：“一第知何日，全家待此身。空将灞陵酒，酌送向东人。”（《全唐诗》，上海古籍版下册1505页）

洋州刺史赵匡在《举选议》中也说：“羁旅往来，糜费实甚，非唯妨阙生业，盖亦隳其旧产，未及数举，索然已空。”（《通典》卷17，中华书局1988年版420页）试想，一个举子什么也不干，就这么往返奔波，一般的家底能折腾几年？所以，赵匡的话是符合实际情况的，而李频的话也是绝大多数举子的心声。如此大的代价，他们怎能不对结果格外珍视呢！所以，在高悬的金榜前面，他们的一切举动我们都可以理解了。

进士及第后的各种活动

新进士在发榜之后，要举行一系列的礼仪性活动。下面，笔者将按照其顺序选择几个主要的活动介绍一下。

拜谢主考和参谒宰相

进士及第与否，主要取决于主考的赏识，尽管有人推荐，但起决定作用的还是主考大人。因此，新进士感谢主考是发自内心的，故拜谢主考时称“谢恩”。新进士与主考的关系从此便成为师生关系，进士对主考称座主，自称门生，而主考也把自己选拔录取的进士看成自己的财富。这种关系是终生的，成为当时社会关系中很重要的一种。

《南部新书》己卷载：

崔群是贞元八年陆贽门生。群元和十年典贡，放三十人而黜陆简礼。群夫人李氏谓之曰："君子弟成长，合置庄园乎？"对曰："今年已置三十所矣。"夫人曰："陆氏门生知礼部，陆氏子无一得事者。是陆氏一庄荒矣。"群无以对。（《说库》上册）

崔群是中唐政界的要人，与韩愈同年，他妻子劝他置买些田园时，他说新录取的三十名进士就是三十所庄园。可见他把自己录取的人看成一种无形的财产。妻子的话是对他不录取陆贽儿子的一种委婉批评。但主考将自己榜下及第进士看成自己之人，确是当时极其普遍的一种心理。

正因为这层关系，新进士最先进行的便是向座主谢恩。《唐摭言》记载其礼仪曰：

状元以下，到主司宅门下马，缀行而立，敛名纸通呈。入门，并叙立于阶下，北上东向。主司列席褥，东面西向。主事揖状元以下，与主司对拜。拜讫，状元出行致词，有退诸行各拜，主司答拜。拜讫，主事云："请诸郎君叙中外。"状元以下各各齿叙，便谢恩。余人如状元礼。礼讫，主事云："请状元曲谢名第，第几人，谢衣钵。"谢讫，即登阶，状元与主司对坐。

其仪式完全是程式化的，主事宣布各位郎君叙中外一项，是让新进士向座主汇报自己最有影响的社会关系。这正是新进士炫耀自己出身或亲属的一个机会，在重视门第的社会氛围中，新进士便尽可能地攀高附贵，顺竿往上爬，稍有一点关联的便要显示出来。《唐语林》卷八“补遗”有生动的记载：

是日，自状元以下，同谒座主宅。座主立于庭，一一而进曰：“某外氏某家。”或曰甥，或曰弟。又曰：“某大外氏某家。”又曰：“外大外氏某家。”或曰重表弟，或曰表甥孙。又有同宗座主宜为侄，而反为叔。言叙既毕，拜礼得申。

大外氏即“太外氏”，指太姥爷，即爸爸的姥爷，与本人实际已没有什么关系，但只要是社会权贵或名人，便也要攀附出来。至于“外大外氏某家”则更遥远，用俗语叫“八竿子打不着”，可见当时庸俗之习。

拜见座主后，翌日由主考带领新进士去参谒宰相。《南部新书》丙卷载：“新进士放榜后，翌日排光范门侯见宰相。虽云排光范门，其实排建福门，集于四方馆。昔有诗云：华阳观里钟声集，建福门前鼓动期。即其日也。”（《说库》上册）见面程序和礼仪在《唐摭言》卷三中有较详细的描写，因与拜见座主时大同小异，故不加介绍。在参谒宰相时，曾出现过这样一则笑话，录下以飨读者，也可窥见当时之生活面貌。

进士放榜讫，则群谒宰相。其道，启词者出状元，举止尤宜精审。时卢肇、丁棱及第。肇有故，次乃至棱，口讷，貌寝陋。迨引见，连曰：“稜等登……”盖言登科，而卒莫能成语。左右莫不大笑。后为人所谑云：“先辈善弹筝。”讳

曰：“无有。”曰：“诸公谒宰相日，先辈献艺云：稜等登，稜等登。”（《唐语林》卷7“补遗”，《说库》上册）

参谒宰相时，惯例是由状元先致词，这是套话，并不难说。这次状元卢肇因故未到，则由第二名丁棱代替，丁棱口才不好，再加上过于紧张，所以一张口便结巴起来，本来要说“棱等登第”，可“第”字就是说不出来。越着急越结巴，越结巴越说不出来，光嘎巴嘴，结果就一个劲地“棱等登，棱等登”，逗得在场的人哄堂大笑，并留下“善弹筝”的口实。

新进士参谒宰相需要进皇城，在太阳未出来时便到朝堂集合，等几名宰相到齐后，才能进去。这时，百官也来观看。晚唐诗人韩偓《及第过堂日作》记录了这一盛况和自己的喜悦之情。诗云：“早随真侣集蓬瀛，阊阖门开尚见星。龙尾楼台迎晓日，鳌头宫殿入青冥。暗惊凡骨升仙籍，忽讶麻衣谒相庭。百辟敛容开路看，片时辉赫胜图形。”（《全唐诗》，上海古籍版下册1716页下）

在特殊情况下，如果座主和宰相是一人，进士们便省了一道程序。“李太师逢吉，知贡举，榜成未放而入相。礼部王尚书播，代放榜。及第人，就中书见座主，时谓好脚迹门生。”（《因话录》卷2，《古代笔记小说大观》第一册90页）这批进士便属于幸运儿，自己的座主马上升任为宰相，不但使他们少了一道麻烦，而且对以后仕进亦大有好处。难怪受到时人的羡慕。

杏园探花宴

拜见座主和参谒宰相后，还要有许多名目的宴会。据《唐摭言》卷三载，比较著名的就有大相识、次相识、小相识、闻喜、樱桃、月灯、打球、牡丹、看佛牙、关宴等。这一系列活动当然要有人具体组织安排，《唐摭言》载："进士榜出，谢后便往期集院，其日状元与同年相见。请一人为录事，其余主宴、主酒、主乐、探花、主茶之类。咸以其日辟之。主乐两人，一主饮妓。放榜后，大科头两人，第一部也。小科头一人，第二部也。常宴即小科头主之，大宴大科头主之。纵无宴席，科头日给茶钱。"（《说库》上册）其中经常见之于诗文的是杏园探花宴、大雁塔题名和曲江池大宴会。

按照时间顺序，我们先说杏园宴。杏园在曲江的西面，与慈恩寺南北相望。看来新进士活动的主要地点在长安城的东南。杏园宴的主要节目是探花。宴会开始时，进士们选出两名年轻俊秀者为两街探花使，到全市的各家名园去采摘名花。从张籍《喜王起侍郎放榜》诗中"谁家不借名园看，到处多将酒器行"的诗句来看，在这一天长安城中所有的公私园林都向新进士开放，任凭他们采摘名花。园主们敞开园门等待探花的光临，大街旁众多百姓和官员在观看探花的风采，因此，被选为这一角色的进士是很荣耀的。

乾宁二年（895）及第并在杏园宴上荣幸地担当探花使的翁承

赞，在《擢探花使二首》中抒发了这种喜悦欢乐的心情。其一道：“洪崖差遣探花使，检点芳丛饮数杯。深紫浓香三百朵，明朝为我一时开。”（见《全唐诗》卷703）四十六岁才及第的孟郊是否被选为探花使不好确定，但其《登科后》一诗肯定与探花有关，诗曰：“昔日龌龊不足夸，今朝放荡思无涯。春风得意马蹄疾，一日看尽长安花。”很明显是写探花活动。据笔者分析，大概孟郊就是探花使，否则这首诗就不太好理解。据有的资料记载，探花回来晚的人，或采摘名花少的人，要被惩罚。但这种惩罚只不过是喝几杯酒罢了，倒是一种令人幸福心醉的事。

大雁塔题名和曲江池大会

杏园探花宴后，便是到慈恩寺的大雁塔下题名了。关于大雁塔题名风俗起于何时不好确定。钱易《南部新书》乙卷说：“韦肇初及第，偶于慈恩寺塔下题名，后进慕效之，遂成故事。”（《说库》上册）刘禹锡《刘宾客嘉话录》中说：“慈恩题名，起自张莒，本于寺中闲游而题其同年人，因为故事。”据傅璇琮先生考证，韦肇和张莒是同时人，都是代宗大历年间及第的。（傅璇琮《唐代科举与文学》，陕西人民出版社1986年版316页）故题名之风习大体也起源于这一时期。

一些举子在及第之前游览慈恩寺时曾经在塔下题过名，题曰“进士某某”，及第后找到那个名字，只在前边加上一个“前”字即可。慈恩寺在当时是旅游胜地，这里是最著名的牡丹花园，赏花人接踵而来，而且寺里还有玩杂耍的、演戏的、变戏法的等，很是热闹。这样的场合再加上新进士题名这一道风景，就更风光了。贞元十六年，白居易登科，时年二十九岁，在新进士中是最小的。他自豪地写诗道："慈恩塔下题名处，十七人中最少年。"

新进士庆祝的高潮是曲江宴。《唐摭言》载：

> 曲江亭子，安史未乱前，诸司皆列于岸浒。幸蜀之后，皆烬于兵火矣，所存者唯尚书省亭子而已。进士关宴，常寄其间。既彻馔，则移乐泛舟，率为常例。宴前数日，行市骈阗于江头。其日，公卿家倾城纵观于此，有若中东床之选者，十八九钿车朱鞅，栉比而至。（卷3《慈恩寺题名游赏赋咏杂记》，浙江古籍出版社1986年影印版）

可知这一天，先在岸上举行酒筵，结束后便乘画船游曲江，歌舞表演和乐队奏乐，公卿大臣带着家属来选女婿，热闹非常。一般情况下，皇帝也前来观赏，但不直接露面。《唐摭言》卷三"散序"说："逼曲江大会，则先牒教坊，请奏。上御紫云楼，垂帘观焉。"新进士们在享受这美酒歌舞盛宴的同时，还有被权贵王公选为东床的可能，"金榜题名"后便是"洞房花烛夜"，那种幸福快乐真似神仙一样。雍裕之的《曲江池上》便写出了这种心情："殷勤春在曲江头，全籍群仙占胜游。何必三山待鸾鹤，年年此地是瀛州。"（《全唐诗》，上海古籍版下册1193下）

曲江大宴会便是这一年进士活动的总结，然后新进士们就要各奔前程了。所以此宴又叫"关宴"。

此外，还有许多活动，《唐摭言》说："咸通中，新进士集月灯阁，为蹴鞠会。四面看棚栉比。同年肆览。邹希回年七十余，榜末及第。时同年将欲即席，希回坚请更一巡历。或谑之曰：彼亦何敢望回？"（《说库》上册）从这条资料来看，月灯阁大概类似现在的较大型的体育场馆，四周还有看台。而新科进士们也来表演一番，有点类似现代的明星表演赛。蹴鞠类似足球，有时也打马球。《唐摭言》卷三记载这样一件事，很有趣。

乾符四年（877），新进士集于月灯阁打球，忽然进来一队士兵，占领球场要打马球。新进士们无可奈何，观众也愤愤不平，但谁也不敢说什么。看来这些士兵肯定是神策军，即宦官统领的军队无疑，否则，没有人敢来搅这种局。

这时，新进士刘覃挺身而出，说："我去杀一下他们的骄气，让他们退走。"于是下场，跨马操起球杖，对那些士兵说："新进士刘覃拟陪奉，可乎？"那些人根本没把这个书生看在眼里，便让他参加。于是"覃驰骤击拂，风驱电驰，彼皆愕眎。俄策得球子，向空礫之，莫知所在。数辈惭沮，僶俛而去"。几千观众"因之大呼笑，久而方止"。刘覃的高超球技实在高明，使那些老手都甘拜下风，说明进士队伍中什么样的特殊人才都有，书生并不全文弱。

特殊性质的民间经济组织

——进士团

前文讲到，进士及第后有一系列的活动，这些活动的内容和形式每年基本上都是一样的。如此多的活动，其中有一些还需要相当的组织和协调工作，这就需要有一定专业水平的人来主持操办。如果从放榜开始算起，起码有送喜报、谢座主、拜宰相、杏园探花宴、大雁塔题名、曲江池欢庆大会等这些必需的节目，此外，还有许多宴会名目，如上文提到的“大相识、次相识、小相识、闻喜、樱桃、月灯、打球、牡丹、看佛牙、关宴”等。这些活动，都由谁来主持呢？礼部没有这样的部门，新进士也没有这些经验，于是一个专门主办这些事务的行业——“进士团”便应运而生了。

进士团的性质与规模

进士团这一名称最早起于何时，难以确定。但在盛唐文献中未曾见到，多出现在记载中唐事迹的一些笔记中。再考虑诸如大雁塔题名等活动也起源于中唐，先要有这一系列活动，然后才会产生以策划和组织这些活动来谋取利益的行业，故这一组织大体产生于中唐，兴盛于晚唐，名称当然是在组织产生之后。

乍一听"进士团"三字，很容易以为是进士或准进士，即参加考试的举子们联合起来的互助性团体，是由"进士"们组成的"团"。但仔细琢磨相关资料，才知道与这种理解恰恰相反，这是一个以每年新及第的进士为服务对象而获取经济利益的民间营利性组织。

关于进士团的规模，《唐摭言》卷三"散序"条说："团司所由百余辈，各有所主。"可见进士团的成员在一百人以上，而且有明确的分工。从一些资料来推测，这是一个分工又协作的经营团体，在为新进士及第后的各种活动提供极大方便的同时，也给一些刚刚脱去粗布衣裳的贫寒士子带来很大经济负担，乃至于后来有些新进士赊欠账目，有的干脆不参加一些花费大的项目。

《唐摭言》卷三中有一段文字，对我们总体认识理解进士团大有帮助：

> 所以长安游手之民，自相鸠集，目之为进士团。初则至

寡，洎大中、咸通已来，人数颇众。其有何士参者为酋帅，尤善主张筵席。凡今年才过关宴。士参已备来年之费。由是四海之内，水陆之珍，靡不毕备。时号长安三绝（原注：南院主事郑容、中书门官张良佐，并士参为三绝）。团司所由百余辈，各有所立。大凡谢后便往期集院（原注：团司先于主司宅侧税一大第，与新人期集），院内供帐宴馔。（转引自傅璇琮《唐代科举与文学》，陕西人民出版社 1986 年版 322 页）

大中、咸通是宣宗和懿宗的年号，可见进士团活动的最高潮是在这个时期。开始人数少，后来逐渐增加，到百人以上。其中的领导叫何士参，相当于我们今天的总经理。此人不但有很强的组织能力，而且最擅长置办酒筵。新进士的集体活动是从谢座主开始的，我们便从这道程序说起。

进士团的业务范围

从放榜那一刻开始，新进士的一切活动都由进士团来具体操作，而他们的准备工作早就开始了。具体工作包括送及第的喜报、谢座主、拜宰相、各种宴会、杏园探花宴、大雁塔题名、曲江池大会等。

新进士的第一个集体活动项目是谢座主。但有一点必须先说一下，进士团是怎样把这些分散居住的新进士们召集起来的，这是前提，只有都召集起来，征求大家意见，并与各方面协调好，尤其时间安排等都要有计划，然后才能开展各种活动。

前文提到，举子在到礼部报名时，在自己填写的家状中有“现住址”和“家庭住址”的内容，这就给进士团提供了方便。进士团与各方面人员都有联系，前面说的南院主事郑容及中书门官张良佐和何士参并称，可能就是因为操办这些活动配合得好。新进士名单一公布，进士团中专门负责信息的人立即便把这些人的现住址及家庭住址都弄到手，然后派专人把喜帖送去，同时通知第一次集会的时间。事先，他们早在主考和中书省附近的地方租赁一个宽敞的宅院以供集会宴饮用。

进士团给新进士送喜帖之事，是有材料可证的。《唐摭言》载，武宗会昌三年（843），王起知贡举，录取一批寒士，其中有高退之。他在《和周墀诗》注云：“退之自顾微劣，始不敢有叨窃之望，策试之后遂归盩厔山居。不期一旦进士团遣人赍榜，扣关相报，方知忝幸矣。”（《登科记考》卷22，中华书局版中册793页）高退之自我感觉不好，以为考不上，答完最后一张卷即策试后便回家了。不料过一段时间，忽然有人敲门报喜，进士团派人给他送来及第通知书。当然，这肯定是收费的，而且价格也不能低。前文提到的公乘亿也是回到家后半个月才接到喜帖，虽然没有明确说是进士团所为，但时间在这之后，当然也如此。住在京师旅店或借宿的及第举子的喜帖可能都是这些人送去的。但在其他材料中有称“报子”的，大概是对进士团中送信人的称呼。这在后面的材料中也有表现。

接着，一连串的活动便开始了。当然，在新进士中，也要有相应的人与进士团的人进行合作。《唐摭言》说："进士榜出，谢后便往期集院，其日状元与同年相见。请一人为录事，其余主宴、主酒、主乐、探花、主茶之类。咸以其日辟之。"（《说库》上册）可知新进士在谢座主后，便回到进士团活动大本营，由状元对新进士进行分工。"录事"当是总负责协调并兼管财政支出的，其他分工也很细，筵席、酒水、音乐、探花、茶等都有专人分管，以便与进士团相对应的人员商量协调一些具体事宜。

在谢座主、拜宰相的过程中，具体仪式都是由进士团的专人来负责。放榜那天，在场的新进士列队上街时，进士团还要为其开路喝道。《唐摭言》卷三载："薛监晚年厄于宦途，尝策羸赴朝，值新进士榜下，缀行而出。时进士团所由辈数十人，见逢行李萧条，前导曰：'回避新郎君！'逢輾然，即遣一介语之曰：'报导莫贫相，阿婆三五年少时，也曾东涂西抹来。'"（转引自傅璇琮《唐代科举与文学》，陕西人民出版社1986年版322—323页）此处的薛监是指诗人薛逢，因其晚年曾任秘书监，故有此称。在前面开道的就有几十人，恐怕不是专职，而是在统一指挥下的一致行动。此处还有一点也值得注意，薛逢称那些人为"报导"，与送喜帖的称"报子"如出一辙，也可旁证在这一时期文献中出现的"报子"一词指的就是进士团中负责送喜帖的那些人。

进士团行业的弊端与衰微

这种活动显然带有营利的目的，利益有很强的驱动作用。随着进士团经营范围的不断扩大和规模的不断提高，其弊端便日益显露出来。也正因利益驱使，还出现了世袭的苗头。《南部新书》乙卷说：

> 进士春闱宴曲江亭，在五六月间。一春，宴会有何士参者都主其事。多有欠其宴罚钱者，须待纳足，始肯置宴。盖未过此宴，不得出京。人戏谓何士参索债宴。士参卒，其子汉儒继其父业。（《说库》上册）

何士参不但是个置办酒筵的能手，也是一个讨债能手。在最后一次的曲江大宴上，所有的新进士要交足一切费用，其中还有“罚钱”，便是新进士中有缺席某种必要节目而设的。不交够这些钱便不准离开京师，也够霸道的，所以人们才称此宴会为“索债宴”。因有较丰厚的收入可图，何士参的儿子竟子承父业，也干起这个行当来。又因此宴属于整个活动的压轴戏，不过这一关新进士便不能出京，故也称其为“关宴”。

在组织这些活动之外，只要是新进士需要，进士团都可以为其提供服务，包括找妓女，而且有的进士团成员还和妓女联手敲新进士中大款的竹杠。孙棨《北里志》记载这样一个故事：前文提到的新进士中的打马球健将刘覃及第时非常年轻，家资豪富，挥金如土，进士团成员便撺掇一位叫天水仙哥的名妓与他相识。刘覃一见钟情，每有宴会，便请仙哥来作陪。“所由辈潜与天水计议，每令辞以他事，重难其来，覃则连赠所购，终无难色。会他日天水实有所苦，不赴召，覃殊不知信，增缗不已，所由辈又利其所乞，且不忍告，而终不至。”（转引自傅璇琮《唐代科举与文学》，陕西人民出版社1986年版323页）“所由辈”便是进士团成员，他们与天水仙哥合谋骗刘覃的钱财，性质很恶劣。

刘覃是富家子弟，能花得起这么多钱。可家境并不宽裕的贫寒士子可有些吃不消。那么，这些活动到底需要多少钱呢？我们看一下乾符二年（875）皇帝专门为此事下的诏书就知道了。“近年以来，浇风大扇，一春所费，万余贯钱，况在麻衣，从何而出？力足者乐于书罚，家贫者苦于成名。将革弊端，实在中道。”并明确规定：“每年有名宴会，一春罚钱及铺地等相计，每人不得过一百千，其勾当分手不得过五十人，其开试开宴并须在四月内。稍有违越，必举朝章，并委御史台常加纠察。”（《大唐诏令集》卷106“厘革新及第进士宴会敕”）这是皇帝的诏书，当然十分可信。一个新进士一个春天的费用居然一万多贯，一般的中型家庭的家底恐怕也会折腾去一半吧，真是难以想象。诏书规定，每年这方面各种费用的总数不得超过一百千，即十万钱。即使这个数量，也是不小的开支，而且这一规定能否执行还是另外一回事。因此，如果家境贫寒，举子进士及第也会很犯愁的。看来，中晚唐寒族出身的举子是真难啊。

体育与游戏

“斗鸡走马胜读书”

——说唐代斗鸡

盛唐时有一首流传非常广泛的童谣，被概括为“斗鸡童谣”：“生儿不用识文字，斗鸡走马胜读书。贾家小儿年十三，富贵荣华代不如。能令金距期胜负，白罗绣衫随软舆。父死长安千里外，差夫持道挽丧车。”自古以来最重视读书的中国人突然唱起“生儿不用识文字，斗鸡走马胜读书”的调子，说明这种社会现象对人们的影响已经到了深入骨髓的程度，造成了人们的观念扭曲。尤其是在盛唐，这更是值得特别注意的现象。

在许多唐诗中，我们也可以感受到诗人们的牢骚和愤懑，李白除那首专门抨击斗鸡的《古风》外，在《答王十二寒夜独酌有怀》一诗中也写道：“君不能狸膏金距学斗鸡，坐令鼻息吹虹霓。”表示对斗鸡者趾高气扬之气势的蔑视和愤慨。可见斗鸡在当时已成为一种社会病，不是偶然现象。

到处可见的斗鸡

斗鸡作为一种娱乐活动，初唐时就已相当普遍了。在李世民发动玄武门之变，杀掉李建成、李元吉及其亲党，牢牢掌握住军政大权的时候，属下官员杜淹写了一首《咏寒食斗鸡应秦王教》诗：“寒食东郊道，阳沟竞出笼。花冠初照日，芥羽正生风。顾敌知心勇，先鸣觉气雄。长翘频扫阵，利距屡通中。飞毛遍绿野，洒血渍芳丛。虽云百战胜，会自不论功。”（《大唐新语》卷 8，《笔记小说大观》，江苏广陵古籍刻印社版第 1 册 43 页下）李世民看到后，大为赞叹，立即重用了他。后来官至吏部尚书，参议政事，前后为李世民推荐四十多人，多是贤士。

杜淹在隋朝大业年间，曾为御史中丞，在李世民平定王世充占领洛阳后，太子李建成曾想要用他，但李世民手下的房玄龄早知他是人才，便把他拉到秦王府，任命为天策府兵曹参军。可见当初李建成与李世民之间的人才争夺还是比较厉害的。魏徵便是李建成的人。

杜淹的这首诗用比兴的手法委婉地抒发了对李世民平定内乱气魄的赞美，同时也含蓄表达了这种内乱在可能的情况下尽量避免为好之意。其中“花冠初照日，芥羽正生风”两句写出了初唐时斗鸡的两种风习。“花冠”是在鸡冠上戴上一种花的装饰，一般用红绸子，这样可能有两个作用，一是装饰，显得美丽；二是起一定的保护作用。因为斗鸡时，鸡冠也是对方攻击的主要部位之一。“芥羽”则完全是为了攻击对方，即在自己鸡的翅膀上涂上芥末粉，鸡在战斗时必定振动翅膀，这样，扇出的芥末面就会迷对方的眼睛而使其败下阵去。但这还是初级阶段，到盛唐时，随着国势的强盛，人们玩乐的水平不断提高，斗鸡也出现了许多新花样，那位贾昌便是在斗鸡大潮中涌现出来的佼佼者。

玄宗在藩邸时即爱斗鸡，登基后更是乐此不疲。贾昌因善于培养木鸡而被玄宗发现，便把他招入宫廷，起用他为五坊小儿，专门为皇室训练斗鸡。

木鸡与贾昌

这里有一个名词，即什么叫“木鸡”。有的书说是穷人养不起鸡，但还爱好斗鸡，于是便使用木鸡。那么，木鸡好像是用木头做的斗鸡的模型。其实，这种理解是错的，如果这样，上述那句话的意思就是玄宗出游时，看到贾昌在摆弄木头模型的鸡而高兴。一个小孩子玩木头鸡怎么就一定会是训练斗鸡的天才，这岂不是有点荒唐？玄宗见而悦之，岂不也荒唐？玄宗可是个精明的天子，不会干这样的荒唐事。那么，木鸡到底是怎么回事？是个什么玩意儿？

所谓的“木鸡”，是一种经过严格训练，达到一种极高的精神境界的鸡。此词出自《庄子·达生》：“纪渻子为王养斗鸡。十日而问：‘鸡已（可斗）乎？’曰：‘未也，方虚骄而恃气。’十日又问，曰：‘未也，犹应响景。’十日又问，曰：‘未也，犹疾视而盛气。’十日又问，曰：‘几矣。鸡虽有鸣者，已无变矣，望之似木鸡矣，其德全矣。’异鸡无敢应者，反走矣。”（王先谦《庄子集解》卷5，载上海书店《诸子集成》第3册）

此处的王在《列子·黄帝篇》中作周宣王，可见中国斗鸡的起源确实很早，周宣王在公元前827年至前781年在位，是历史上所谓的中兴之主。他已经专门设置培养斗鸡的人，可见这时的斗鸡已经相当普遍，而且专业化了。因此说我们的斗鸡历史当在三千年以上恐怕也是符合历史真实的。

看来这位纪渻子一定是个培养斗鸡的专家，是周宣王时的贾昌。周宣王性急，每隔十天就问培养训练的情况，纪渻子连续三次说不行，最后达到“木鸡”的程度了，才认为可以。庄子在这里所强调的是精神集中，用心专一，我们从中可以悟出木鸡的含义。那么点的小孩，能够训练出木鸡来，确实是个天才。

我们现代成语“呆若木鸡”中的“木鸡”是贬义词，与原义不同，原义的“木鸡”是信心百倍、蔑视一切的眼神。

玄宗将贾昌招入宫中后，为了使人才充分发挥作用，便在两宫之间专门设置鸡坊，从整个长安索取一千多只大公鸡，从六军中选取六百人为“小儿”，来保证贾昌训练斗鸡。

贾昌确实有本事，通鸟语，更懂鸡语，鸡好像也懂他的话，因此他进入鸡群如同和一群小哥们在一起玩耍，极其亲热。对所有的鸡，无论壮、弱、勇、怯、病，他都了如指掌。那些鸡完全听从他的指挥，能够摆列出队形来。

经过一段时间，玄宗亲自去视察，见贾昌果然有本事，龙颜

大悦，马上提拔贾昌做了五百小儿长，而且“金帛之赐，日至其家”。（陈鸿著《东城父老传》）

既然贾昌训练的斗鸡有如此成就，也不能不派上用场，所以每当元会、寒食、千秋节的时候，都要举行盛大的斗鸡表演观摩会。那个时候，贾昌穿上特制的“斗鸡服”，服装的具体样式是“雕翠金华冠，锦袖绣襦袴”。手中拿着大铃在前面带队，在他的指挥下，“群鸡叙立于广场，顾眄有神”。待队形站好之后，贾昌“指挥风生，树毛振翼，砺吻磨距，抑怒待胜，进退有期。随鞭指低昂不失”。经过一场战斗之后，胜负已分，然后，斗胜的鸡在前面，失败的鸡在后面，由贾昌统一指挥，依次退场，队形不乱。

通过这段描写，我们仿佛看到那场精彩的斗鸡表演：贾昌穿着华丽的斗鸡服，手中拿着一个大铜铃，随着他的铃声和口令，一大群大公鸡列队昂首入场，站好队形。然后听贾昌的铃声和口令，统一表演各种动作。从“顾眄有神”四个字体会，这些鸡似乎还有“向前看齐，向右看齐”的意味，真是训练有素。然后先是亮翅膀，接着就是磨喙砺爪，动作特别整齐。在集体表演之后，再分对进行一对一的斗鸡表演，分出胜负后，再统一退场，尾随着贾昌雁行而去，回到鸡坊。整个过程井然有序。这一大群鸡估计起码也有百只以上，能够训练到这个程度真是不可思议。贾昌是个特殊人才，这是应当承认的。可以看出，这种斗鸡纯粹是表演性质的，还不带有赌博的性质。

这种斗鸡表演只是在几个重大节日才举行，而更多的则是一般的斗鸡。开元初年，玄宗退朝后经常与兄弟诸王，也就是他的哥哥弟弟们“相从宴饮、斗鸡”。(《资治通鉴》卷211)后来还专门设有“斗鸡供奉”，由卫尉少卿王准担任。甚至在出行的时候，也要经常带着训练出来的那些斗鸡，以备消遣。开元十三年泰山封禅时，便命令贾昌带三百只鸡随行。只此一项，就耗费大量钱财，也给沿途百姓增加许多负担。贾昌的父亲贾忠死后，玄宗特别恩准贾昌奉送其父亲的灵柩回故乡雍州安葬，由官府供应丧葬用品和车马等物，并特别发诏“乘传”返归。

所谓的“乘传”是相当高等级的特权。“传”是古代公家专用的交通手段，实行吃、住、行一条龙服务，全部由公家承担。私人无论多么有钱，也无法享用这样的待遇。实际上等于是朝廷出资，为贾昌的父亲办了丧事。钱是一个方面，在政治上的这种待遇是一般人连想都不敢想的。因此才会出现那首童谣。

贾昌长大后，玄宗亲自选梨园弟子潘大同女赐他为妻子。夫妻所用的一切物品，全都由御府供应，即由宫廷内务府金库支出，贾昌的妻子潘氏因能歌善舞而颇受杨贵妃的青睐，夫妻荣宠至极。

贾昌没有文化，对社会没什么贡献，只是凭借善于斗鸡便如此荣耀，使得许多人心理失衡，大诗人李白在一首《古风》中写道：“大车扬飞尘，亭午暗阡陌。中贵多黄金，连云开甲宅。路逢斗鸡者，冠盖何辉赫。鼻息干虹霓，行人皆怵惕。世无洗耳翁，谁知尧与跖。”一个斗鸡小孩的车队竟然使路上的其他行人都提心吊胆，可见气势之大，派头之足。在《答王十二寒夜独酌有怀》一诗中写得更明确："君不能狸膏金距学斗鸡，坐令鼻息吹虹霓。"对这一社会弊端表示深恶痛绝。

看来李白对于斗鸡的一些特殊技巧还明白一些，否则"狸膏金距"四个字便写不出来。前文已经提到过"芥羽"一词，即在鸡的翅膀上涂抹芥末。而"狸膏金距"则是在此基础上的进一步发展。即对自己训练的鸡在攻击技巧训练的同时，还要进行一种特殊训练，让鸡适应狐狸的气味。鸡最怕的是狐狸，一闻到狐狸味马上就六神无主。所以在被训练鸡的住所要长期放置狐狸肉炼出的油，开始时，鸡寝食不安，恐惧躁动，但过一段时间就适应了。这时，在斗鸡比赛即将开始时，在出场鸡的头上轻轻涂抹一点狐狸油，气味很轻微，人闻不出来。但对方的鸡对此则特别敏感，故两只鸡刚刚一照面，对方的鸡一闻到气味便败下阵去。

所谓的"金距"是用金属片裹在鸡的爪上，在斗鸡时增加攻击力。可见人们在斗鸡方面可谓是挖空心思。"金距"在南北朝诗中就出现过，应场在《斗鸡诗》中说："兄弟游戏场，命驾迎众宾。二部分曹武，群鸡焕以陈。双距解长绁，飞踊超敌伦。芥羽张金距，连战何缤纷。"（逯钦立辑校《先秦寒魏晋南北朝诗》，中华书局版上册384页）可知"芥羽"和"金距"这两大技术在三国时已被广泛应用，其起源当更早是没有问题的。"狸膏"和"金距"都是春秋时期就出现的斗鸡伎俩。鲁国在孔子时期曾经出现鲁昭公被季平子赶走的情况，起因便是季平子家人和另一大贵族臧氏家人在斗鸡的时候都有违规现象，一家使用了"金距"，一家使用了"狸膏"，可见中国文明真是太久远了，连斗鸡都花样翻新。

愈演愈烈的斗鸡之风

上有所好，下必效之。《东城父老传》上说："上之好之，民风尤甚。诸王世家，外戚家，侯家，倾币破产市鸡，以偿鸡直。都中男女，以弄鸡为事。"从皇亲国戚，王公贵族到普通百姓，都以"弄鸡为事"，可以想象出当时斗鸡的盛况。中唐时的诗人王建在《春日午门西望》诗中道："百官朝下午门西，尘起春风过玉堤。黄帕盖鞍呈马了，红罗系项斗鸡回。"（《全唐诗》，上海古籍版上册756页上）下朝就去斗鸡，一路风尘，队伍还不小。马鞍上用黄帕盖上不知是为什么，鸡的脖子上扎着红绸子则是为了自己的鸡更加美丽。

唐代亲王中爱好斗鸡的人特别多。高宗时，几个儿子也爱斗鸡，在沛王府任修撰的年轻才子王勃为沛王写了一篇《檄英王鸡文》。沛王是太子李贤，英王是后来当过几年窝囊皇帝的中宗李显。《旧唐书》王勃本传载："诸王斗鸡，勃戏为《檄英王鸡文》。高宗览之，怒曰：'据此是交构之渐。'即日斥勃，不令入府。"

关于此事的前因后果我们已无法知晓，但有一点是肯定的，就是王勃仕途上所受的打击与斗鸡有关。笔者推测，可能是在斗鸡游戏中，沛王的鸡输了，便让自己的修撰王勃给英王的鸡写一篇檄文，出一口气。无非是兄弟间的游戏而已。王勃的文章写得太漂亮，被高宗看见，才会惹出麻烦来。有人推测是王勃才高遭忌，被以此为由而驱逐的。这类事倒不少，曹操对曹植失望，暗下决心立曹丕为接班人时，便借口杀了杨修。其实不管杨修有罪还是无罪都得死，因为曹操想剪除曹植的羽翼，而其最主要的羽翼便是杨修。在封建专制制度下，很多人不是因有罪而被杀，反是因被杀而有罪。呜呼哀哉！王勃被逐出王府，恐怕也有这个因素在起作用。

不但王公大臣们有很多人喜欢斗鸡，士大夫们爱好斗鸡者也大有人在。孟浩然是比较淡泊的人，但当朋友来时，也不得不陪着玩斗鸡的游戏。《李少府与杨九再来》诗末尾写道："烟火临寒食，笙歌达曙钟。喧喧斗鸡道，行乐羡朋从。"（李景白《孟浩然诗集校注》，巴蜀书社1988年版469页）"斗鸡道"是斗鸡技巧的意思，与现代日本的"茶道""书道"的"道"字意思相近。在寒食节来临之际，朋友来访，斗鸡游乐通宵达旦，诗人只好奉陪了。

从"羡"字来看，孟浩然可能是不太精通斗鸡。韩愈是个好奇的人，对斗鸡相当内行，特别爱看，而且他本人大概也斗过鸡，否则写不出那么精彩的有关斗鸡的诗篇。不但他精于此道，他的好朋友孟郊也是个斗鸡爱好者，所以他们俩才像斗鸡的双方那样，你来我往地写起了《斗鸡联句》，这在中国文学史上也是一件有趣的事，诗较长，我们将开头一段介绍一下，可见吾言不虚。

> 大鸡昂然来，小鸡竦而待（韩愈）。峥嵘颠气盛，洗刷凝鲜彩（孟郊）。高行若矜豪，侧睨如伺殆（韩愈）。精光目相射，剑戟心独在（孟郊）。既取冠为胄，复以距为镦。天时得

清寒，地利挟爽垲（韩愈）。磔毛各噤瘁，怒瘿争碨磊。俄膺忽尔低，植立瞥而改（孟郊）。腷膊战声喧，缤翻落羽皠。中休事未决，小挫势益倍（韩愈）。妒肠务生敌，贼性专相醢。裂血失鸣声，啄殷甚饥馁（孟郊）。对起何急惊，随旋诚巧绐。毒手饱李阳，神槌困朱亥（韩愈）。……争观云填道，助叫波翻海（韩愈）。（钱仲联《韩昌黎诗系年集释》，上海古籍版上册594页）

从两只鸡入场，相互示威，写到战斗开始。看起来一个回合未分胜负，休息一会儿后继续拼搏。“对起何急惊”是两只鸡同时相对跳起进攻，“随旋诚巧绐”是落地后相互周旋，都在窥探对方的破绽，在欺哄对方，选择新的进攻机会。观看的人挤满大街，呐喊助威的声音如同翻江倒海一般，这是多么大的规模和气势。如果韩愈和孟郊不热爱斗鸡，没有投入地观察过的话，绝对写不出这样的联句诗来。也可想象当时人们对于斗鸡痴迷的程度。现代有许多球迷，对足球的发展有促进作用；唐代也有许多“鸡迷”，对斗鸡活动的普及和提高也同样会产生强大的促进作用。

不仅男性爱好斗鸡，唐代女性中也有热爱此道者。有诗为证：“枕绘鸳鸯久与栖，新裁雾谷斗神鸡。与郎酣梦浑忘晓，鸡亦留连不肯啼。”（史凤《神鸡枕》，载《全唐诗》卷802）诗人是宣城一名妓女，对于斗鸡也如此热衷，足见斗鸡普及的程度。

斗鸡之风，贯穿整个唐代，直到五代时在蜀中依然很盛。后蜀的花蕊夫人《宫词》道：“寒食清明小殿旁，彩楼双夹斗鸡场。内人对御分明看，先赌红罗被十床。”（《全唐诗》，上海古籍出版社版下册 1958 页中）不但斗鸡，而且还要下赌注，大有现代赌马的意味。

斗鸡的话题就说到这里，我们再到隋唐时代的棋苑去走一遭，看看隋唐人是怎么下围棋的。

隋唐时代的围棋

围棋可谓是中国的国棋，无论从历史的久远程度还是从普及的程度来看，这么说都不过分。围棋究竟起源于什么时代，不好考究，传说是在尧舜时代发明的。汉魏南北朝时，围棋在社会上已广泛流行，至隋唐时代则发展到很完备的程度。1959 年，河南安阳发掘隋代的张胜墓，出土了一个青瓷棋盘。以棋盘作为随葬品，墓主人必定是个酷爱围棋的人，那个青瓷棋盘可能就是他生前的爱物。

隋唐时期围棋普及的程度是相当高的。从人员来看，下棋的人有皇帝、宫人、王公大臣、宗室贵戚、大小官吏、和尚道士、文人墨客、樵夫渔父、民间妇女等，可以说所有的阶层都有围棋爱好者。从时间来看，不论春夏秋冬，也不论白天黑夜，随时都有下棋的。从地点来看，皇宫后院、客舍旅店、茶楼驿馆、官府衙门、林间窗下、大路边、台阶上，几乎所有的地方都可以成为对弈的场所。

围棋高手王积薪

一种文化的兴起，一般都来自民间，但要把它普及推广和提高，则必须借助统治阶级的力量，而统治阶级中最有力量的人物莫过于皇帝。皇帝爱好与否，对这一文化活动起推动或者阻碍的作用。隋唐时代的许多帝王都特别喜欢围棋，因此这一时代的围棋便成了众多文娱活动中一道最亮丽的风景线。

唐代很多皇帝爱好围棋。开国皇帝李渊，在隋炀帝时任太原留守，与晋阳宫副监裴寂，“时加亲礼，每延之宴语，间以博弈，至于通宵连日，情忘厌倦”。(《旧唐书·裴寂传》卷57)“博弈”就是下围棋，竟达到通宵达旦的地步，可见其痴迷的程度。唐太宗与吏部尚书唐俭对弈，因唐俭固执争道而遭到太宗的斥责，可见在棋盘上谁也不肯相让。

开元中叶，玄宗听说有个神童叫李泌，聪明机敏过人，便把他召进宫来，要当面测试一下他的智商。七岁的李泌来时，玄宗正与宰相张说下围棋，即令张说以围棋作题目让李泌作诗。张说见李泌太小，怕不明白，就示范说：“方如棋局，圆如棋子，动如棋生，静如棋死。”小李泌很快便回答道：“方若行义，圆若用智。动若骋材，静若得意。”玄宗一听，龙颜大悦，说：“是子精神，要大于身。”赐束帛。后来，这个小李泌长大，在肃、代、德三朝都起了极其重要的政治作用，是位历史名臣，而且是带有传奇色彩的神秘人物。一次，玄宗与亲王下棋，命贺怀智在一旁弹奏琵琶助兴。杨贵妃抱着一个小宠物猧子站着观阵。眼看玄宗要输，杨贵妃便故意失手让猧子跳到棋盘上，把棋局搞乱，玄宗才没有输掉这局棋。

玄宗可谓是个地地道道的围棋迷，在“安史之乱”中，只带着一部分人匆匆忙忙逃跑时，居然还专门带了一个围棋手。在那慌慌张张逃跑的人群中，还有一个专陪皇帝下棋的人，却置那么多文武大臣于不顾，显得是多么不协调，这倒也体现出玄宗对围棋的爱好程度。这个围棋手就是名噪一时的国手王积薪。

说起王积薪，我们不惜笔墨多说几句，因为围绕他的围棋故事太多。王积薪未入宫时，棋艺已极其高明，自以为是天下第一高手，便怀揣绝技进长安以求发达。途中在一个偏僻地区住进一家小旅店。夜深人静之时，万籁俱寂，所有的灯光都熄灭了。王积薪刚要入睡，就听住在隔壁的旅店老板娘叫她的儿媳妇道：“我睡不着，你跟我下一盘行吗？”对门住着的儿媳妇自然答应。于是婆媳二人就在暗夜中下起盲棋来。二人一替一句，说在第几道下子。

王积薪一听就来了精神，也不睡觉了，细心听，细心记。几十遭过后，婆婆说：“你输了，输了九目。”儿媳妇说：“是的，我认输。”次日凌晨，王积薪按照记下的棋谱重新摆了一遍，不得不暗暗承认自己技逊一筹。（薛用弱《集异记》，《说库》上册）偏僻小店中的普通婆媳俩竟有如此精湛的围棋技艺，真是不可思议。

德宗、顺宗、懿宗、僖宗都爱好围棋。顺宗在当太子时因喜欢围棋，故对围棋待诏王叔文颇为器重，于是在即位后便委以政事，才会出现后世争议颇多的“永贞革新”，也称“王叔文变法”，著名文人柳宗元和刘禹锡都卷了进去。僖宗比较笨，也想成为围棋高手，可棋艺怎么也提高不起来，就连做梦都想着学习围棋。据《天中记》载：僖宗曾“梦人以《棋经》三卷，焚而使吞之，及觉，命棋待诏观棋，凡所指画皆出人意”。看来，他的棋艺还是有所长进的。不过那是他昼思夜想的结果，不会是什么神仙传授。

皇帝中，宣宗对围棋的负面作用看得重一些，头脑比较清楚。宣宗朝，令狐绹当宰相，推荐李远为杭州刺史，宣宗不同意，说：“朕闻远诗有‘青山不厌千杯酒，白日惟销一局棋’。是疏放如此，岂可临郡理人。”（《资治通鉴》卷249，上海古籍缩印本下册1720页上）令狐绹说这是诗人抒写雅兴，未必真的如此，宣宗才勉强同意。如果没用令狐绹的说项，李远的刺史就没戏了。但宣宗也好围棋，而且他的身边依然有围棋国手，后文将要写到的“中日围棋擂台赛”就发生在宣宗时代。

围棋需要冷静思考，对磨炼人的性格有益。《南部新书》庚卷说：“李讷仆射性卞急酷，尚弈棋。每下子安详，极于宽缓。往往躁怒作，家人密以弈具陈于前，讷睹便忻然改容。以取其子布弄，都忘其恚矣。”（《说库》上册）脾气暴躁的李讷一下围棋便非常和气，所以他一生气，家人便偷偷把围棋盘和棋子放在他面前，他一看到棋具便摩挲琢磨起来，气自然而然就消了。他的家人真是聪明。

文人僧道与围棋

唐代有不少诗人也爱下棋。“琴棋书画”历来与文雅相伴随，诗人当然是文雅的群体，故诗人中的一部分当然也喜欢黑白子。杜甫无聊时就靠下棋打发日子，《寄岳州贾司马六丈巴州严使君阁老五十韵》中说：“且将棋度日，应用酒为年。”（《杜诗镜铨》卷6，上海古籍出版社1980年新1版277页）杜甫的围棋可能下得不怎么样，但用来消磨时光还可以。他都是在不得意时才下棋的。他老伴可能也会，有时还陪他玩一把。《江村》说：“老妻画纸为棋局，稚子敲针作钓钩。”（《杜诗镜铨》卷7，上海古籍出版社1980年新1版320页）用纸现画棋盘，可见家中没有像样的棋具。既然是老伴自己画，很可能就是老两口对弈。有时走访朋友的时候顺便也观看别人下棋，《七月一日题终明府水楼二首》其二尾联说：“楚江巫峡半云雨，清簟疏帘看弈棋。”（《杜诗镜铨》卷16，上海古籍出版社1980年新1版771页）七月一日是最热之时，半阴半雨的阵雨天气，看别人坐在竹凉席上下围棋，也挺雅致的。

老杜的棋艺不怎么样，晚唐的小杜棋艺水平可谓是一流的，他可以与国手较量，虽然不一定赢，但敢于对局也得有相当的本事。杜牧《送国棋王逢》说：“玉子纹楸一路饶，最宜檐雨竹萧萧。羸形暗去春泉长，拔势横来野火烧。守道还如周伏柱，鏖兵不羡霍嫖姚。得年七十更万日，与子期于棋上销。”（冯集梧《樊川诗集注》卷2，上海古籍出版社版151页）中间四句是对局中的术语，可惜笔者不懂此道，只能体会一点皮毛。这位王逢善于治孤棋，善于孤兵深入，却很稳健，如春泉暗长，首先是求活，而一旦厚势形成，则攻势凌厉，如野火燎原，如霍去病鏖兵。最后两句说：自己如果能活到七十岁的话，还有一万多天，打算就和王逢在棋盘上打发了。王逢走时，杜牧还有《重送绝句》云："绝艺如君天下少，闲人似我世间无。别后竹窗风雪夜，一灯明暗覆吴图。"（冯集梧《樊川诗集注》卷2，上海古籍出版社版152页）待棋友走后自己还要温习棋谱，暗暗摆棋势，瘾头确实不小。

《齐安郡晚秋》诗颈联说："雨暗残灯棋欲散，酒醒孤枕雁来初。"（冯集梧《樊川诗集注》卷2，上海古籍出版社版208页）齐州即宋时的黄州，今天的黄冈，东坡所游赤壁也在这里。可见杜牧下班后业余时间的主要娱乐就是喝酒下棋。在雨夜，一边饮酒一边下棋的确是很愉快的事。《题桐叶》诗是感叹人生短暂的，其中说："樽香轻泛数枝菊，檐影斜侵半局棋。"（冯集梧《樊川诗集注》卷2，上海古籍出版社版165页）这是写白天下棋喝酒，看来杜牧是个有闲情逸致的人。

中唐诗人白居易和元稹都爱下棋。白居易围棋水平还不低，《宿张云举院》诗说"棋罢嫌无敌，诗成愧在前"。（《全唐诗》卷462）棋没有敌手可能是在小的范围内，但也还是可以的。围棋需要智慧，蕴含很深的哲理，不是简单的碰运气。元稹棋艺可能不如白居易，但从其描写围棋对弈的诗来看，也是个行家里手。《酬段丞与诸棋流会宿弊居见赠二十四韵》：

鸣局宁虚日，闲窗任废时。琴书甘尽弃，圆井讵能窥。运石疑填海，争筹忆坐帷。赤心方苦斗，红烛已先施。蛇势萦山合，鸿联度岭迟。堂堂排直阵，衮衮逼羸师。悬劫偏深猛，回征特险巇。旁攻百道进，战死万般为。异日玄黄队，今宵黑白棋。斫营看迴点，对垒重相持。善败虽称怯，骄盈最易欺。狼牙当必碎，虎口祸难疑。乘胜同三捷，扶颠望一词。希因送目便，敢恃指纵奇。退引防边策，雄吟斩将诗。眠床都浪置，通夕共忘疲。（《全唐诗》，上海古籍出版社 1986 年版上册 1004 页中）

从诗题看，是几位棋界朋友在他家住宿并对弈后写诗给元稹，元稹才作此诗相酬答。从白天杀到夜晚，中间大段是关于对战双方棋局变化的描写，生动形象。最后写床榻虽然备好但全都没用，因为人们通宵观战，极其投入，全都忘了疲乏，更无人睡觉。

晚唐诗人温庭筠也是棋迷，《咏寒宵》诗曰："委坠金釭烬，阑珊玉局残。"（《全唐诗》卷 586）冬季的寒夜，照样在棋盘上战斗。唐末状元裴说常常整天下棋，并对围棋有很深的体会。《棋》诗说："十九条平路，言平又险巇。人心无算处，国手有输时。临轩才一局，寒日又西垂。"（《全唐诗》卷 720）

除文人墨客外，僧人道士中也有许多棋迷。这些人终日无所事事，适合于琴棋书画之类，所以围棋爱好者的队伍中也少不了他们的身影。开元时期著名的天文学家一行大师本来从不下棋，但他到宰相张说家中时看到张说正与王积薪对弈。他"观王积薪棋一局，遂与之敌，笑谓燕公曰：‘此但争先耳。若念贫道四句乘除语，则人人为国手’”。（段成式《酉阳杂俎》前集卷十二）与韩愈有交往的僧人灵师“围棋斗白黑，生死随机权”。（钱仲联《韩昌黎诗系年集释》，上海古籍版上册 202 页）上文提到的因为迷恋围棋险些丢了前程的李远《闲居》时，“留僧尽日棋”，（《全唐诗》卷 519）留僧人在家中与之终日下棋。杜甫《因许八寄江宁旻上人》：“棋局动随幽涧竹，袈裟忆上泛湖船。”（《杜诗镜铨》卷 4，上海古籍出版社 1980 年新 1 版 186 页）杜甫是在回忆自己年轻时走到哪里都随身带着棋盘和这位僧人对弈，可见这是棋迷和尚。温庭筠《寄清源寺僧》：“窗间半偈闻钟后，松下残棋送客归。”《赠僧云栖》：“焚余林雪厚，棋罢岳钟残。”（《全唐诗》卷 578）都描写僧人弈棋的情景。

唐诗中描写僧人弈棋的诗句太多，但最出色者当推刘禹锡的《观棋歌送儇师西游》，诗虽长，但对于我们理解僧人对围棋的痴迷程度大有益处，故将全文录下：

> 长沙男子东林师，闲读艺经工弈棋。有时凝思如入定，暗覆一局谁能知？今年访余来小桂，方袍袖中贮新势。山人无事秋日长，白昼懵懵眠匡床。因君临局看斗智，不觉迟景沉西墙。自从仙人遇樵子，直到开元王长史。前身后身付馀习，百变千化无穷已。初疑磊落曙天星，次见搏击三秋兵。雁行布阵众未晓，虎穴得子人皆惊。行尽三湘不逢敌，终日饶人损机格。自言台阁有知音，悠然远起西游心。商山夏木阴寂寂，好处徘徊驻飞锡。忽思争道画平沙，独笑无言心有适。蔼蔼京城

在九天，贵游豪士足华筵。此时一行出人意，赌取声名不要钱。（卞孝萱点校《刘禹锡集》，中华书局1990年版398页）

这个儇师是长沙人，在东林寺出家为僧，迷恋围棋，凝思围棋招法好像入定一般，经常自己暗自对局。因棋艺水平太高，在整个湖南湖北没遇到对手，便来走访刘禹锡，并在宽大的袍袖中带来新的棋谱。诗人在偏僻的山城没有多少政事，白天经常睡觉。可因为儇师来了，便观看他和别人对局，不知不觉间太阳光已从西面的墙上落下去，居然没有困意。"自从"四句是说儇师的棋艺是神仙传授的，故如此精湛。"初疑磊落曙天星，次见搏击三秋兵。雁行布阵众未晓，虎穴得子人皆惊"四句从开棋写到中局和残局，比喻精彩，难怪宋人胡仔说"余尝爱此数语，能模写弈棋之趣，梦得必高于手谈也"。那位儇师在这里也没有敌手，与任何人对弈都要让出几个子，当然没什么意思。他听说京师里有高手，便千里迢迢前去，而且是"赌取名声不要钱"。其实，名声都不一定是儇师的目的，大概就是为了过把瘾。"棋逢对手"确实是个幸事，如果连对手都没有了，也就失去了竞争，一切都变得索然寡味了。

道士中也不乏围棋爱好者。许浑《题勤尊师历阳山居》有句云"春坼酒瓶浮药气，晚携棋局带松阴"。（罗时进《丁卯集笺证》，江西人民出版社1998年版160页）傍晚便带着棋盘到松树下去，在清闲自在中又有几分雅趣。许浑寻访周炼师，人虽不在，夜晚下的残局还摆着。李群玉《别尹炼师》说："一罢棋酒欢。"（《全唐诗》

卷 568）可见二人是棋友兼诗友。

唐代女子中也有围棋高手，新疆阿斯塔那墓出土的《仕女围棋图》绢画，说明边陲的女性也很喜欢这种博弈。而前文提到的王积薪深夜所闻下盲棋的婆媳两人，更是令国手折服的超一流高手。如果那时能够定级的话，婆媳二人都应当是九段级别的。

最早的中日围棋擂台赛

唐代人苏鹗所写的《杜阳杂编》卷下生动地记载了这样一个故事：宣宗大中年间，日本王子前来朝拜，献上宝器音乐。皇帝陈设百戏，并设国宴为之接风洗尘。王子擅长围棋，提出要与大唐国手对弈，实际也有挑战的性质。宣宗皇帝便神态自若地让围棋待诏顾师言与他对战。顾师言是专门陪皇帝下围棋的，用现代话说就是专业棋手，是当时全国第一高手。

日本王子拿出自己随身带来的围棋棋具，棋盘叫“楸玉局”，棋子叫“冷暖玉棋子”。王子说这是他们日本国的国宝，在日本国东三万里的地方有一个集真岛，岛上有一个凝霞台，台上有手谈池，池中生玉棋子。不用加工，自然分为白黑两色。这种棋子冬温夏凉，故名“冷暖玉”。又产如楸玉，形状很像楸木，以此玉雕琢成棋局，极其光洁晶莹，像镜子一样可以照出人来。看来这位王子确实爱好围棋，棋具都随身带着。

顾师言与日本王子开始下子布局，连续下到三十三手不分胜负，双方咬得很紧。二人都很紧张，顾师言尤甚，生怕有辱君命，有辱国格，手中握着棋子已经出汗，凝神苦思，方敢下这一子，这一招叫作“镇神头”，用的是“解两征势”。

此子一落，日本王子瞠目结舌，缩着手臂不敢去摸棋子，承认自己输了。回头问鸿胪卿说：“请问顾待诏是贵国第几号围棋手？”鸿胪卿说：“是第三号选手。”接下来的情况是：

> 王子曰：“愿见第一。”曰：“王子胜第三，方得见第二；胜第二，方得见第一。今欲躁见第一，其可得乎？”王子掩局而吁曰：“小国之一，不及大国之三。信矣！”今好事者，尚有顾师言三十三镇神头图。（《笔记小说大观》第 1 册 149—150 页）

鸿胪卿是主管礼仪和接待外宾工作的，所以日本王子要问他，他的回答很机敏，把本来是第一国手的顾师言说成第三，而王子要见第一时，他又说了那番话，使日本第一棋手折服。因此，把这局比赛说成是中日首届围棋擂台赛也未尝不可，只不过是都没有排出由弱到强的阵容，而是都把第一国手派上去，一局定乾坤罢了。

可以说，日本王子的围棋水平是相当高的，使顾师言手心出汗，而且直到三十三手才分出胜负来，实在不简单。看来当时事前没有约定，如果是三局两胜的话，日本王子或许还有希望。

除日本有围棋高手外，新罗也有水平极高的人，懿宗朝的棋待诏朴球就来自新罗，能够到唐朝来当朝廷的围棋待诏，本身就很说明问题。看来，在唐代的时候，中、日、韩三国的围棋水平都已很高了。

从杜甫玩樗蒲说到唐代赌博

从赌博的角度来看，唐代人玩得最多的是樗蒲和双陆。连最奉守儒家道义的诗圣杜甫在寂寞时也曾玩过樗蒲，有《今夕行》诗为证："今夕何夕岁云徂，更长烛明不可孤。咸阳客舍一事无，相与博塞为欢娱。凭陵大叫呼五白，袒跣不肯成枭卢。英雄有时亦如此，邂逅岂即非良图。君莫笑，刘毅从来布衣愿，家无儋石输百万。"（《杜诗镜铨》卷1，上海古籍出版社1980年新1版18页）敞开衣襟，甩掉袜子，够投入的。这里涉及许多樗蒲游戏的常识，搞不清楚便读不明白这首诗，因此我们先说樗蒲。

到处可见的樗蒲

樗蒲又作"摴蒲"，也叫"五木""呼卢"，这两个名称与赌具和赌法有关。程大昌《演繁露》说：

古惟斫木为之，一具凡五子，故亦名五木。其法上黑下白，一子悉为两面，一面涂黑画犊，一面涂白画雉。凡投子者五皆现黑，其名卢，在樗蒲中为最高之采。其四黑一白，其名曰雉，比卢降一等。自此而降，二白三黑为键，即为恶齿。

李肇《唐国史补》卷下有一条记载更详细，他说洛阳令崔师本好为古之樗蒲，其法：

三分其子三百六十，限以二关，人执六马。其骰五枚。分上为黑，下为白。黑者刻二为犊，白者刻二为雉。掷之全黑者为卢，其采十六；二雉三黑为雉，其采十四；二犊三白为犊，其采十；全白为白，其采八。四者贵采也。开为十二，塞为十一，塔为五，秃为四，撅为三，枭为二,六者杂采也。贵采得连掷，得打马，得过关。余采则否。新加进九退六两采。

这段话比程大昌的说法费解，但关于五木的说法基本一致，为我们理解樗蒲这一古代游戏提供了一把钥匙，虽然不能将这种游戏的玩法和规则完全搞清，毕竟可以有个初步的了解。至于棋盘和马是怎样的形式，苦于没有资料，故不敢妄说，但棋盘上有格有道，有山川关口是可以肯定的。而决定马怎样行走，走几步，或是退几步，能否过关，取决于玩家所掷五木出现的“点子”。这样，此种游戏之输赢便完全靠运气了，这才叫真正意义的赌博。那么我们就集中笔墨于此。

在我们的视野中，现在还未发现五木的出土实物，故只能猜测。笔者想，这种东西肯定是扁圆形的，类似今天的硬币。只有这样，才有上下两面，而且非此即彼，每次投掷肯定会出一个结果。如果像今天色子似的六面体，则无法分上下，勉强分的话，也不可能每掷必出结果。因此，五木的形状即使不像今天硬币这样薄，可能会是中间凸出而周围薄的形状，但必为扁圆形则不必怀疑。

形状大体如此，那么便可分上下面了。上面涂黑色，画牛犊，下面涂白色，画野鸡，牛犊和野鸡可能是用相反颜色的线条画或刻的。投掷时，只能出现六种情况，即：一、五个全黑；二、四黑一白；三、三黑二白；四、二黑三白；五、一黑四白；六、全白。所以有“六博”之说。两个人的说法有一点相同，即五个都是黑色的为最高彩，叫“卢”，因此唐诗中写到樗蒲时常出现“呼五卢”或“呼卢”的词语，便不难理解了。

《晋书·刘毅传》中载：刘毅“于东堂聚樗蒲大掷，余人并黑犊以还，惟刘裕及毅在后。毅次得雉大喜，绕床叫谓同列曰：‘非不能卢，不事此耳！’裕恶之，因挼五木久之，曰：‘老兄试为卿答。’既而四子俱黑，一子转跃未定，裕厉声喝之，即成卢”。

这则故事太生动了，两个乱世枭雄的神态呼之欲出，从中也可以了解一些常识。看来这种玩意儿参加的人数可能很有弹性，这次玩的恐怕就不少于五人。其他人的马都往回返，只有刘毅和刘裕落在后面。此时轮到刘毅掷，他掷出个“雉”，便大喜过望，绕着用作赌桌的床台对其同来的人大声说：“我并不是不能掷出五卢，只是不爱玩这个玩意儿罢了。”刘裕见状，很讨厌他的狂妄，便把五木拿在手里摩挲了很长时间，说：“看老兄我试着给你回答这个难题。”于是把五木掷出，其中四个已尘埃落定是黑的，只有一个还在转，刘裕大声以命令的口吻吆喝：“卢！卢！卢！卢！”果然是黑的，便成五卢的最高彩。刘裕后来取代司马晋政权而建立南朝刘宋政权，也算是开创一个时代的人物，故称枭雄。这大概就是后世“枭卢”一词的出处。

这样，我们回头再读杜甫的那首诗，就一目了然了。前四句是说在咸阳客舍孤独寂寞，便与人赌博进行娱乐。“呼五白”可能是对方在投掷时吆喝的内容，若此，五白当是最下的彩。而他自己袒胸露乳，光着脚拼命掷，五木也不肯出五卢。最后几句是自我解嘲之语，意思是您不必笑话我这副德行，英雄有时亦这样，相互碰上了就玩一把，没什么。当初刘毅当布衣时，家中连一石粮食储备都没有，却能一掷赌百万，那才叫英雄本色。

提到刘毅，已经是南北朝前期的人物，那么，樗蒲到底起源于什么时代呢？张华《博物志》说：“老子入胡，作樗蒲。”（转引自《艺文类聚》卷74，上海古籍版1278页）后汉马融的《樗蒲赋》描写已非常精彩。也有“排五木，散九齿，勒良马，取道里”（转引自《艺文类聚》卷74）的话，可知当时玩这种游戏已非常普遍。是否老子所创不好确定，但最起码在秦汉时已经很流行了。我估计，樗蒲当起源于战国后期或秦时，以秦时的可能性为最大。秦尚黑色，故以五木皆黑为最高彩。

以上玩法在唐代已很古老，为了简便，后来就改用掷色子的方式。色子是至今依然用的一种玩具，六面体，现在打麻将分牌便用此物。分别刻有幺、二、三、四、五、六。最开始只有幺是红色的。有一次，玄宗和杨贵妃掷色子玩，局面对玄宗很不利，“惟重四可转败为胜。上掷，连呼诧之，骰子（同‘色子’）宛转良久而成重四，上大悦，命将军高力士赐四绯”。（《续事始骰子》）如果出现两个四点，玄宗就能赢，于是在投掷出骰子后连呼“四！四！”果然出现两个四点。玄宗太高兴了，就命令高力士把骰子的四点也描成红色。从此，骰子上的六点位置和颜色都定型了，就是所有相对两面点之和都是七，只有一点和四点是红色的。直到现在依旧如此。今天的色子上幺点和四点是红色，即起源于此。皇帝的权力真大，给色子的点都可以赐官服。唐代四品五品官员的服装是红色的。

唐代的樗蒲游戏极其普遍，玄宗就非常爱好此道，而继李林甫之后祸国殃民的大坏蛋杨国忠能够得到玄宗的宠信，除了杨贵妃的裙带关系外，与他小账快，最会计算樗蒲成绩亦不无关系。《资治通鉴》卷二一五载：“杨钊侍宴禁中，专掌樗蒲文簿，钩校精密。上赏其强明，曰：‘好度支郎’。”（《资治通鉴》卷215，上海古籍版1462页下）不久，便任命其当了度支判官，成为他向上爬的一个基础。杨钊是杨国忠的原名。

当时宫中、皇亲国戚及世俗民众都有喜好此道者。郑嵎《津阳门诗并序》中说：“十家三国争光辉，绕床呼卢恣樗博。张灯达昼相漫欺，相君侈拟纵骄横。”（《全唐诗》卷567）军队中也大行其道，岑参《玉门关盖将军歌》：“红牙缕马对樗蒲，玉盘纤手撒作卢。众中夸道不曾输。”（《全唐诗》，上海古籍版上册469页上）李白在《少年行》中说：“君不见，淮南少年游侠客，白日球猎夜拥掷。呼卢百万终不惜，报仇千里如咫尺。”（安旗主编《李白全集编年注释》，巴蜀书社版339页）可见樗蒲是非常流行而火爆的游艺活动。

既然有赌博性质，就容易上瘾，有的因为迷恋此道而丢了性命。《资治通鉴》卷一七八载：“（杨素）尝经蕃客馆，庭中有马屎，又众仆于毡上樗蒲，以白帝。帝大怒，主客令及樗蒲者皆杖杀之。棰陈延几死。”（上海古籍版1183页中）在上班时玩樗蒲而耽误打扫卫生，是有错误，但因此而杀死那么多人，也太过分。

什么东西总玩也会腻歪，后蜀的花蕊夫人便嫌这种玩意儿平淡，又改玩投壶去了。她在《宫词》中说：“樗蒲冷淡学投壶，箭倚腰身约画图。尽对君王称妙手，一人来射一人输。”（《全唐诗》，上海古籍出版社版1957页下）

迷人的双陆

双陆也叫“双六”，陆本来就是“六”的大写。“双陆者，投琼以行十二棋，各行六棋，故谓之双陆。”（《资治通鉴》卷208，胡三省注）《说郛》卷五“谈选”中说：“尝考其技，凡白、黑各用六子，乃今人所谓六甲是也。何以知其然，昔人有对曰：‘三个半升升半酒，两行双陆陆双棋’即是。”看来，双陆属于棋类，两人对弈，每人六个棋子，两个色子，按掷色子的点数走棋。或以点数之大小决定谁先走，或按点数多少便走几步棋。此类游戏男女皆宜，中宗时，“上使韦后与三思双陆，而上居旁，为之点筹”。（《资治通鉴》卷208，上海古籍版1403页上）可知宫中亦盛行此戏。唐代人有迷恋双陆者，有人视之为生命，《朝野佥载》记载这样一个故事：

> 咸亨中，贝州潘彦。好双陆。每有所诣，局不离身。曾泛海，遇风船破，彦右手挟一板，左手抱双陆局，口衔双陆骰子。二日一夜，至岸，两手见骨，局终不舍，骰子亦在口。（《说库》上册）

无论走到哪里，身上都要带着双陆的全部用具。乘船过海也携带此物，翻船掉进大海也不肯丢，左手抱棋盘，口里含色子，右手抱一块木板。两昼夜不肯丢掉，确是地地道道的棋迷。

唐人朱湾有《咏双陆骰子》诗曰：“采采应缘白，钻心不为名。掌中犹可重，手下莫言轻。有对唯求敌，无私直任争。君看一掷后，当取擅场声。”（《全唐诗》卷306）专咏骰子的形制与作用。

对后世产生重要影响的长行

在双陆的基础上，唐代人又发明一种叫“长行”的博戏。有则材料对这一问题说得挺明白：

> 今之博戏，长行最盛，其具有局有子。黑黄各十有五，掷采子头有二。其法生于握槊。变于双陆。天后梦双陆不胜，狄公言宫中无子是也。后人新意，长行出焉。又有“小双陆”“围透大点小点”“游谈凤翼”之名，然无如长行……王公大臣，颇或耽玩，至于废庆吊，忘寝食，闾里用之，于是强名争胜，谓之撩零；假借分画，谓之囊家。囊家什一而取，谓之子头。有通宵而战者，有破产而输者。……贞元中董叔儒进博局，并经一卷，颇有新意，不行于世。(《唐语林》卷8“补遗”,《说库》上册)

这段文字为我们提供许多新的信息：一、武则天好玩双陆，以至于做梦都在玩，不胜还感到不舒服，询问大臣狄仁杰，狄仁杰借机进谏，说“宫中无子”，谐音双关说皇宫中没有儿子，因当时中宗皇帝还被贬谪在外。武则天的一个梦，狄仁杰的一番话，才使中宗从外地调回京师，为以后的复辟奠定了基础。看来，武则天爱双陆对国家社稷还有利了。但这一切都是偶然的，而偶然又存在于必然中。二、双陆被发展成“长行”的这种游戏，是经过一些加工改造的，最后正式成为长行，从而大盛，王公大臣为之忘了礼数，连红白事情都忘记了。百姓也迷恋之，竟出现了“撩零”和“子头”的现象，值得重视。“撩零”是什么意思不敢断定，可能是跟局的，即旁观者看准哪一方可能是赢家，便跟在后面下注，可以押其零头，或几分之一，输赢随之，其实是也参与其中了。“囊家”的意思很明白，可以确定就是后世放局的东家。东家为赌博者提供赌具、房间和其他必需的设备，如晚上还要提供蜡烛等，然后从赢家抽取十分之一钱，唐代叫“子头”，新中国成立前后在我国农村还可经常看到这种情况，但不叫“子头”，而叫“抽红”，规矩是赢家付给。这种赌博分庄家和押家，庄家只是一人或一家，押家起码是三家，如有跟庄或跟押者则多寡不限。可见，设局抽红的始作俑者也是唐代人。唐代真不愧是个伟大的时代。

从长行的名称、子数及迷人的程度又产生一些联想，我觉得现代的“天九牌”当是从长行发展来的。长行的“长”字当读为“zhǎng”音，即以点大为长、为赢的意思。“天九”玩法的重要一点就是以点大为赢，点数相同庄家赢。俗语中“压你半个点”的话其实就是从天九牌的赌博术语中产生的。又，长行共三十子，而天九牌则三十二张牌，只差二个。这种玩意儿确实可以使着迷者通宵达旦，也有的破产败家。

唐代娱乐博戏

人需要休闲和游艺来调节生活节奏，增添生活乐趣。如何玩，玩什么都可反映人的修养。而整个社会的文艺娱乐活动状况，也是这个社会文明程度的一种表现。隋唐人都爱玩什么，是怎么玩的，有哪些奇闻逸事，这是本篇所要介绍的内容。下面，就请读者随着笔者，一同去参加一下唐代人的各种游戏活动。

荡秋千和斗百草

女人是半边天，这话虽然太现代化了，但却说出了一个绝对的真理，人类社会就是由男人和女人这两个性别的人组成的。既然说女人是半边天，我们在探讨隋唐人生活状况时，怎么可以忽略半边天呢？

女性受的限制比较多，但在各个游戏的场合，儿乎都少不了她们的身影。而荡秋千和斗百草则是女性的专项游戏。荡秋千古今不会有什么变化，都是立个架子，用两根绳索绑上一块木板，女子往上一站或是一坐，有人推送，借惯性向前后不断荡悠起来而已。只不过是玩的人数多少，花样变化如何不同。

唐代是个充满浪漫气息的时代，女性玩乐的热情空前高涨，荡秋千的游戏非常普及。特别是清明寒食节的时候，宫廷内外，朝野上下，城里郊区，到处都可以看到飘荡飞舞的身影，听到欢歌笑语。开元天宝年间，“宫中至寒食节，竞竖秋千，令宫嫔辈戏笑以为宴乐。帝呼为半仙之戏”。传到宫外后，“都中市民因而呼之”。(《开元天宝遗事》,《说库》上册）不仅宫中和京师盛行寒食节荡秋千，郊区和各地都如此。王维《寒食城东即事》诗曰：“溪上人家凡几家，落花半落东流水。蹴鞠屡过飞鸟上，秋千荡出垂杨里。”（陈铁民《王维集校注》，中华书局1987年版589页）这么个几户人家的小村庄，也有人在荡秋千，还有人在玩蹴鞠。

斗百草是女性和儿童的游戏，在民间为盛。这种游戏起源于古代荆楚一带，唐代妇女儿童很喜欢玩。刘驾《桑妇》：“归来见小姑，新妆弄百草。”（《全唐诗》卷585）这是采桑刚刚回来的劳动妇女和自己的小姑子玩。崔颢的《王家少妇》诗：“闲来斗百草，度日不成妆。”（《全唐诗》卷130）这是少妇因思念丈夫而靠斗百草来消磨时光。白居易《观儿戏》：“龆龀七八岁，绮纨三四儿。弄尘复斗草，尽日乐嘻嘻。”（朱金城笺校《白居易集笺校》，上海古籍版第二册524页）是看儿童在玩斗百草。从这种游戏的性质来看，也只适合于田野农村而不适合市镇，因其前提是野草品种要丰富。而且劳动妇女似乎更有优越性，因为劳动生活使她们认识的花草多。

斗百草的具体玩法不太清楚，说法不一。从吴融“斗草倩裙盛”（《个人三十韵》，《全唐诗》卷685）来看，需要的草很多。很可能是比赛看谁采的草品种多，或谁认识草的品种多。笔者依稀记得童年时代也曾经玩过这种游戏，好像是去折一种细长的草，中间一根筋，两边对称而生枝叶，细长几乎与针差不多。每根草上分枝的叶大约30。一人拿叶，手握一头，露出一半给对方，让对方随意掐下，然后猜手中剩下的部分是单还是双。说的和猜的一致为赢，否则为输。一边掐一边还念叨什么话。估计这种玩法可能是古代斗百草玩法的一种。郑谷《采桑》诗：“何如斗百草，赌取凤皇钗。”（《全唐诗》卷674）说明也有女子用斗百草来赌博。

皇宫中没有那么多品种的草，宫女们不甘寂寞，便受此启发而斗百花。南汉主刘钅长暮春令宫女斗花，凌晨打开后苑，让宫女随便采摘，然后回宫中斗花，“负者献耍金耍银买燕”。“燕”是“宴”的通假字，可见输的宫女还要拿出首饰来置办酒筵。

斗花在长安也很盛行，“长安士女，春时斗花。戴插以奇花，多者为胜。皆用千金市名花，植于庭院中，以备春时之斗也。”（《开元天宝遗事》，《说库》上册）这肯定是贵族家的事，谁能有闲钱买名贵的花专门准备一年一度的斗花呢！如此斗花也带来一定的负作用，就是人们纷纷到开放的公园中去折花，使名花受到蹂躏。杜牧《杏园》诗曰：“夜来微雨洗芳尘，公子骅骝步贴匀。

莫怪杏园憔悴去，满城多少插花人。”（《樊川诗集注》卷 2）公子折花插花不一定是斗花，但与这一习俗有关。

球类运动

唐代人也很喜欢球类游戏。用脚踢的球叫“蹴鞠”，用手抛的球叫“抛球”，骑马用曲杖打球叫“打马球”。

蹴鞠说起来有点现代足球的味道。徐坚说：“刘向别录曰：蹴鞠，黄帝所造，本兵势也。或云起于战国。”（《初学记》卷 4，中华书局版 67 页）说蹴鞠起源于黄帝时代恐怕证据不足，但说起源于战国大概差不多，因为两汉三国时期蹴鞠已经广泛流行了。

到唐代时，蹴鞠有很大发展，玩具本身也有很大进步。据考证，到唐代时，蹴鞠由过去“以革皮为之，中实以毛”的实心球，改革为“以胞为里，嘘气闭而蹴之”（《文献通考》卷 147《乐考·散乐百戏》），可知这时所踢的球已是充气球了。与半个世纪前我国普遍使用的由两层皮子制作成的带球瓤子的篮球、排球的构造可能相近，只是大小不同罢了。但那时没有打气筒，靠用嘴来吹气，气压肯定不大，故弹性可能小一些。

唐以前不知怎么玩，只有“蹴域”的说法。蹴是踢，“域”当是领域的意思，很可能是双方在平地上各画出一个区域，能将球踢进对方的区域者为胜。到唐代则设立球门，“植两修竹，络网于上为门，以度球。球工分左右朋，以角胜负否”。（《文献通考》

卷147《乐考·散乐百戏》）比赛时分左右两朋，来较量胜负。这种玩法与现代的足球已很相似。皮制的球，充气，有球门球网，用脚踢，分两队，以破门较量胜负，这些都与现代足球运动一样。只是球的大小、是否有守门员，上场队员多寡，场地大小是否与现代相同不得而知。因此，说足球比赛起源于中国的唐朝，恐怕也不是无稽之谈。据“蹴鞠屡过飞鸟上”（王维《寒食城东即事》，陈铁民《王维集校注》，中华书局1997年版589页）的诗句可以想象当时的皮球确实可以踢得很高。那时的球肯定比现代的小，这是没有疑义的。

蹴鞠是在寒食节时最盛，军队中、地方上都很流行。中唐诗人韦应物《寒食后北楼作》云：“园林过新节，风花乱高阁。遥闻击鼓声，蹴鞠军中乐。”（陶敏，王友胜《韦应物集校注》，上海古籍版430页）一听到击鼓声就知道是军队中在进行蹴鞠，可知当时的蹴鞠非常热闹，有人擂鼓助威，可能也有啦啦队。仲无颜的《气球赋》写得更精彩生动：“广场春霁，寒食景妍。交争竞逐，驰突闹喧。或略地以走丸，乍凌空以月圆。”“或略地以走丸”是地滚球，“乍凌空以月圆”则是过顶球或高空球。

不仅是寒食，平时人们也玩这种游戏，有的人家关上门在自己院子里玩。唐文宗时，翰林学士王源中在假期休息时，和兄弟们在太平里的宅院内蹴鞠，王源中被一个急球误中额头，还受了点轻伤。（《唐摭言》卷15《杂记》，《说库》上册）

抛球基本上是女性游戏。从文献资料看，这种游戏有两种形式，一种是在室外庭院或广场上玩耍，另一种是在屋里灯红酒绿时的助兴节目。刘禹锡《抛球乐词二首》其一说：“五彩绣团圆，登君玳瑁筵。最宜红烛下，偏称落花前。上客如先起，应须赠一船。”（卞孝萱校订《刘禹锡集》，中华书局版363页）可知这是酒筵上的抛球，球是彩色的。

中国诗文和民俗中常有“五色”或“五彩”的说法，其实，不一定就是五种颜色，也可能是四色或六色、七色。但为什么都说五色呢？这与中国古代几乎无所不在的五行观念有关。而且，五色是由两极色黑和白及三元色红、黄、蓝构成，可以概括和代表一切颜色，故有此称。从这首诗来看，是在筵席中，抛一个彩线绣成的小球，输的人就要先站起来敬酒，甚至要买单。

景云元年二月，“庚戌，上御梨园球场，命文武三品以上抛球及分朋拔河。韦巨源、唐休璟衰老，随絙踣地，久之不能兴。上及皇后、妃、主临观大笑。”（《资治通鉴》卷209，上海古籍版1414页下）在广场上，与拔河先后进行，很明显是带有体育性质的活动。大概也是分朋即分队进行。看来，这种游戏的运动量不大，主要在娱乐而不在竞技。此类活动可以看作是皇帝亲自主持的高级官员大型休闲娱乐活动。关于抛球活动，在唐代诗文中还有一些记载，但其方式不外如此两种。

提到拔河，顺便说一下。唐代这种运动也很广泛，皇宫中经常举行。上文所说便可见一斑。不过从这里我们也可看出封建制度下的弊端。皇帝带着自己身边的女人——大老婆皇后、小老婆妃子和女儿们登上观礼楼，命令大臣玩，供她们开心。一个小彩球在一群中老年人手里飞来飞去，争抢得跌倒爬起的，可能挺逗人。拔河更热闹，两个岁数大的老头子也不得不去跟着拼命拽那根大绳，因为不参加便是抗旨不遵，结果随着绳子倒在地上很长时间起不来，也够可怜的。而皇帝和女人们还大笑，不也挺可悲吗！

京师中的琵琶大赛

唐代社会，文化生活极其丰富多彩，水准也非常高。在德宗贞元年间（785—805），便发生了最高等级的琵琶对决，用现代语言就叫作 PK。

这年关中大旱，朝廷诏命京兆府两个县即长安县和万年县祈雨。长安县和万年县是京师直辖的两个县，宫城和皇城当然不归属其管辖，但从坐落在北边中央的宫城和皇城向南的所有街坊以及宫城和皇城两侧的地方则都归属于这两个县。

这两个县便以正中央的一条大街——朱雀门大街分开，东面是万年县，西面便是长安县。这两个县各个行业的老大经常进行一些 PK，在这次求雨过程中，东西双方便进行了一场琵琶演奏大赛。

首先是双方提出申请，由最基层的街道一级上报县一级，再上报京兆府主管部门。包括活动内容、时间和规模。消息很快传布开来。

到了这一天，东西两支队伍在一个大广场上摆开阵势。成千上万的观众潮水般涌来。东市的主持是真有本事，居然把宫廷中的琵琶演奏专家，出身西域的康昆仑请了出来。康昆仑便拿出绝活，是新翻羽调《绿腰》，乐曲高亢，演奏娴熟，技艺高超。一曲终了，一片喝彩声。

这时，几名美女簇拥着一位手抱琵琶的妙龄女郎出现在西市高高的楼台上，观众立即静下来，全部目光都投向了这里。只见其稳坐胡床之上，神情泰然，极端自信的表情，用眼睛轻轻环视一下台下，然后突然开始演奏，将那段乐曲用枫香调弹奏。“及下拨，声如雷，其妙入神”。那音调，那韵律，那神情，一下子就把康昆仑比下去了。康昆仑是何等人？马上认识到这是绝世高手，水平在自己之上两三个档次。立即请求拜师。

那位妙龄女郎让他等一等，下去卸妆后，现出本来面貌，原来是庄严寺和尚段善本，音乐才能极高，琵琶演奏达到登峰造极之境界。

德宗皇帝亲自出席了这次文化的盛宴，见自己宫廷艺人居然被一位社会上的琵琶大师战败，康昆仑还要拜师，是千古难逢的盛事，便传旨令段善本收徒并传授技艺。

康昆仑是诚心诚意，又有圣旨，从哪个角度说段善本都不能拒绝，他对康昆仑说，“你再给我演奏一曲，我再决定是否收你为弟子”。

康昆仑精心演奏，非常投入。段善本眯着眼睛仔细聆听，然后说道：“本领何杂耶？兼带邪声。”你的技法混杂而且其中有一些邪气。然后说：“你如果真的要跟我学艺，必须十年不摸琵琶，把你原来的技法全部忘记，我才可以传授给你。”

康昆仑敬佩得五体投地，遵从师命。果然很长时间不再演奏琵琶。段善本从头教起，康昆仑便真的成为一代琵琶演奏大师。这确实是音乐界的一段佳话。

唐元稹《琵琶歌》开头一段写道：“琵琶宫调八十一，旋宫三调弹不出。玄宗偏许贺怀智，段师此艺还相匹。自后流传指拨衰，昆仑善才徒尔为。……段师弟子数十人，李家管儿称上足。”其实元稹本诗的主要内容是赞美和怀念李管儿曾多次为自己演奏琵琶的风情，但客观上记载了从盛唐到中唐几位琵琶大师的高超技艺。唐玄宗时天下琵琶高手是贺怀智。元稹著名歌行体长诗，当年曾经和《长恨歌》齐名的《连昌宫词》中有“夜半月高弦索鸣，贺老琵琶定场屋”的名句。而和贺怀智可以媲美匹敌的唯有段善本而已。

更可贵的是这位段善本还是一位作曲家。宋郭茂倩《乐府诗集》卷七十九《凉州歌》引《幽闲鼓吹》：“段和尚善琵琶，自制《西凉州》，后传康昆仑，即《道调凉州》也，亦谓之《新凉州》云。”根据这条记载，可以知道段善本不但是琵琶演奏家与一代传人，在作曲方面也是高手，而且还有几部作品传世。

唐代最激烈的体育运动
——打马球

唐代最刺激的体育运动要数打马球。打马球还叫“击鞠”“打球”。马球又叫“波罗球”。这是一种在唐代很风行，带有观赏性而且竞技性极强的体育运动。马球是实心球，具体做法是“以韦为之，实以柔物，今谓之球子”。（《资治通鉴》卷199，胡三省注，上海古籍版1338页中）可知是用熟牛皮为面，里面填进柔软之物，如毛、绵等。大小好像人的拳头，球面很光滑，彩绘，很漂亮，所以有“彩球”“画球”“七宝球”等名称。球杖是木头的，长三四尺左右，杖头有一横斜的档，彩绘，有点类似今天的冰球棍。球场面积很大，比现在的足球场要大很多，因为是骑马打球比赛，场地要求当然要宽阔。具体多大，未见明确记载，可能也没有规范。

韩愈及张建封诗中的马球比赛

韩愈《汴泗交流赠张仆射》一诗描写了打马球的精彩场面：

> 汴泗交流郡城角，筑场千步平如削。短垣三面缭逶迤，击鼓腾腾树赤旗。新雨朝凉未见日，公早结束来何为？分曹决胜约前定，百马攒蹄近相映。球惊杖奋合且离，红牛缨绂黄金羁。侧身转臂著马腹，霹雳应手神珠驰。超遥散漫两闲暇，挥霍纷纭争变化。发难得巧意气粗，欢声四合壮士呼。此诚习战非为剧，岂若安坐行良图。当今忠臣不可得，公马莫走须杀贼。（钱仲联《韩昌黎诗系年集释》卷1，上海古籍出版社1994年版103页）

如果看过一场美国的NBA篮球决赛，再看其他的篮球比赛，便会产生“曾经沧海难为水，除却巫山不是云”的感觉。我们把韩愈这首诗对马球比赛的描写大体搞清楚后，也可起到执一驭万之效，再看到有关此类内容的文字便可以理解得八九不离十了。

开头说打球前的球场状况。汴河和泗水在徐州城西南角流过，可知当年的球场在徐州城的西南。球场是修筑的，很平整坚硬。“千步”即使是周长，球场的面积也相当大。唐代的一步大约是今天的1.4米，若此，千步就是1400米，如果是正方形，那么边长就是350米；假设是长方形的话，长若400米，宽就是300米，大约有三个足球场大，确实宽阔极了。

场子的三面有矮墙半包围，一面是敞开的。鼓声阵阵，红旗飘飘，气氛极其热烈。新雨初霁，早晨非常凉爽。太阳还没有露脸，节度使大帅张建封装束整齐来这么早是干什么？原来是打马球。只见他把人马分成两队，约定好确定胜负的办法。上百匹骏马踏步等待，煞是威武。

开始后，球被打得飞起，球杖忽合忽离，骏马身上装饰着红色牛毛的缨，黄金的马笼头和缰绳。击球时出现一些高难动作，有侧着身子转动臂膀，身子已低到马肚子以下，如同闪电一样迅疾，球应手飞出。只见张建封从容镇定，好像漫不在意，在眼花缭乱的争斗中瞅准机会突然发难，非常巧妙地取得胜利。周围观众一片欢呼声。

诗是写给徐泗濠节度使张建封的，最后几句有规劝意。张建封是文人出身，为人豪爽，礼贤下士，对韩愈此诗有唱和之作，从中可以听到这位马球健将的一些体会，更有价值和意味。他在和诗中说：

> 军中役养馁智才，竞驰骏逸随我来。护军对引相向去，呼风月旋期先开。俯身仰击复旁击，难于古人左右射。齐观百步透短门，谁羡养由遥破的。儒生疑我新发狂，武夫爱我生辉光。杖移鬃底拂尾后，星从月下流中场。人人不约心自一，马马不鞭蹄自疾。凡情莫便捷中能，拙自翻惊巧时失。（钱仲联《韩昌黎诗系年集释》卷1，上海古籍出版社1994年版107页）

打马球时，俯下身子却要仰脸击球，还要向旁边指定的方向击，实在是难极了，比古人说的骑马射箭左右开弓还难。这是参与者本人才能体会到的，外行只知其妙而不知妙在何处。千万只眼睛盯着观看，在百步远的距离处，却神奇地将拳头大的马球击进又矮又小的球门，比古代神箭手养由基从远处射中箭靶的技巧还要高明。确实，即使不到一百步，就是在几十步的距离，在运动状态下，把球击进那么小的球门也是个奇迹。

“人人”两句是说全队的整体配合，人人心照不宣，马匹也通晓人性，根本不用鞭策自然奋勇争先。这需要多次的配合训练和磨合，难度极高。“拙自翻惊巧时失”更是外行人无法道出的心得：有时感觉打得很笨拙，却意外地进球，那叫歪打正着；有时感觉打得很巧妙，可就是不进，反而失球，那是点背。用我们今天足球赛的术语来说，就叫运气。

打马球的一般规则

看过张建封这场精彩的比赛后，我们再浏览一下唐代马球的大略。据有些资料显示，唐代的马球球门是用一块木板做成的，在木板上挖一圆洞，后面接一个球网。这个洞的大小没有记录，可能不会太大。由于在打球时马匹要经常紧密接触，即今天所谓的贴身防守，为了防止激烈跑动而又紧逼的马匹尾巴纠缠在一起，便把马尾巴打成结，或剪细剪短。我仔细观察唐章怀太子墓中的《打马球图》，见画面上的马尾巴打的结很小，可能是剪细后再打结，否则应当是个大疙瘩，恐怕比女子的发髻还要大。这样，就避免了马尾巴纠缠的麻烦，古人实在聪明。

至于上场队员多少，也未见明确记载，一般当在五六人到十人左右，两队的人数正常情况下是对等的，个别情况也有，那实际就等于是表演赛了。如《封氏闻见录》卷六记载，在景云年间，临淄王李隆基“与嗣虢王邕、驸马杨慎交、武秀等四人，敌吐蕃十人”。四个人对十人，可见技艺决非一般。所谓“敌”，便是力量相当的意思。

比赛中，当然也有裁判。至于怎么计算输赢，有的书解释先进球者为胜，恐怕不是。如果是先进球就算赢家，那么实际上就等于今天足球加时赛中的突然死亡法。很可能刚一开局就进球，那还有什么观赏性？可能有两种玩法，一种是计时的，一种是计球的。计球的以先进三球者为胜。但具体规则似不固定，这只是猜测而已。

打马球对于训练军队的协调作战能力及骑兵的骑术大有好处，因此在军队中这种运动更流行，许多军队驻地都有马球场，一般的教场（即军队集中训练的操场）便是马球场。也由于打马球非常刺激，极具观赏性，因此，在比赛前往往公布赏格，即胜者可以得到相当数量的奖赏。最大的赏格恐怕是僖宗朝的一次马球赛，以“三川节度使”的大权为赌注，这在中国历史上恐怕也是最大的赌注。

那是僖宗广明元年三月，“上令四人击球，赌三川。敬瑄得第一筹”。（《资治通鉴》卷253，上海古籍版1750页）看来这是个人争先赛，因只要决出第一名即可。因为这是田令孜事先安排好的戏法，只是骗僖宗而已，另外三个人是托儿，根本不敢赢。表面看，是陈敬瑄的马球水平高，是赌来的，若真如此，多少还有一点公平，可惜的是，有时候官场连这点可怜的荒唐的公平都没有。

可想而知，打马球是很危险的，经常出现受伤的球员，甚至有残废死亡的。宝历二年（826），唐敬宗观看左右神策军马球表演，“有碎首折臂者”。（《旧唐书》卷17）脑袋开花胳膊折，够惨的。类似的记载还有一些，不具引。

宣宗与打马球

正因如此，这项运动有时也暗含杀机，如果要想谋害谁，便可在球场上将其置于死地，因此有的人对此颇加防范。如晚唐时期最有心计的皇帝宣宗好打马球，但在即位前他深藏不露，怕被当皇帝的侄子给暗算了。

> 宣宗在藩邸时，为武宗所薄，将中害者非一。一日，宣召打球，欲图之。中官奏：疮痍遍体，腥秽不可近。上命舁置殿下。果如所奏，遂释之。武宗尝梦为虎所逐。命京兆、同、华格虎以进。至宣宗即位，本命在寅，于属为虎。（《唐语林》卷7“补遗”，《说库》上册）

宣宗是宪宗的儿子，穆宗的弟弟，而敬宗、文宗、武宗都是他的侄子。武宗可能看出这个叔叔善于韬晦，多次想害他，但都被他躲过。他用装病的手段拒绝去参加马球比赛，其实就是怕被暗算。那么，他的马球水平到底如何呢?《唐语林》卷七“补遗”说：

> 宣宗弧矢击鞠，皆尽其妙。所御马衔勒之外，不加雕饰，而马尤矫捷。每持鞠杖，乘势奔跃，运鞠于空中，连击至数百，而马驰不止，迅若雷电。二军老手，咸服其能。
> (《说库》上册)

能骑马在快速奔驰的情况下用木杖在空中运球，连续击球几百下，实在是叹为观止的绝技，连老专业运动员都佩服。可知宣宗平时没有少下功夫，否则是不会有如此绝技的。

如此看来，唐代皇帝中，打马球水平最高的是唐玄宗李隆基，其次恐怕就是这位深藏不露的宣宗了。

文士中也有打马球的高手，《唐摭言》卷三记载这样一件非常有趣的事：乾符四年(877)，新进士在月灯阁打球，忽然来一群神策军要占领场地打马球。新进士中的刘覃下场，跨马操起球杖，“驰骤击拂，风驱电驰，彼皆愕眙。俄策得球子，向空磔之，莫知所在。数辈惭沮，僶俛而去”。几千观众爆发出雷鸣般的喝彩声。详细情节在《进士及第后的各种活动中》一文中，可参看。

唐代人的牡丹花情结

刘禹锡说："唯有牡丹真国色，花开时节动京城。"（《赏牡丹》，《刘禹锡集》卷25，中华书局1990年版335页）；白居易说："花开花落二十日，一城之人皆若狂。"（《牡丹芳》，朱金诚笺校《白居易集笺校》，上海古籍出版社1988年版218页）从这两联诗中可以看出唐代人爱牡丹已达到痴迷的程度，尤其是长安和洛阳两都之人，更是如此。所以，我们把牡丹称为唐代的国花也未尝不可。

帝妃爱牡丹

唐代近三百年的历史，政治中心一直是长安与洛阳。而这两地又盛产牡丹花，尤其是洛阳的牡丹，为天下极品。牡丹花本身的高贵、美丽、雍容、清香，也非其他花所可比拟，因此博得帝王后妃、王公大臣及文士们的普遍喜欢。唐玄宗李隆基便是个惜花怜玉的情种。由于他钟爱牡丹花，亦爱美人杨玉环，更爱欣赏美人看牡丹的美景，于是便令大诗人李白即景作诗，才引出那段千古风流的文坛佳话和发人深省的故事。

> 开元中，禁中初重木芍药，即今牡丹也。得四本，红、紫、浅红、通白者。上因移植于兴庆池东沉香亭前。会花方繁开。上乘照夜白，太真妃以步辇从。诏特选梨园弟子中尤者，得乐十六部。李龟年以歌擅一时之名。手捧檀板，押众乐前。将歌之。上曰："赏名花，对妃子，焉用旧乐词为。"遂命龟年持金花笺，宣赐李白，立进清平调辞三章，白欣然承旨。犹苦宿酲未解，因援笔赋之。……龟年遽以辞进。上命梨园弟子，约略调抚丝竹，遂促龟年以歌。太真妃持玻璃七宝盏，酌西凉州蒲桃酒，笑领歌意甚厚。上因调玉笛以倚曲，每曲遍将换，则迟其声以媚之。太真饮罢，敛袖巾重拜上。龟年常语于五王，独忆以歌得自胜者，无出于此，抑亦一时之极致耳。上自是顾李翰林，尤异于他学士。(《太平广记》卷204，中华书局版1549—1550页)

此段文字对这件风流韵事记载得很详细。开元年间，皇宫中才开始重视牡丹花。当时，玄宗得到四株牡丹，每花一色，都是极品。玄宗将其移栽到兴庆宫兴庆池东沉香亭的前边。正当这四株牡丹花盛开的时候，玄宗骑名马照夜白，杨玉环乘坐步辇跟随前去观花。为了雅兴，玄宗下诏命梨园弟子中最优秀的演员阵容前来助兴。

梨园十六部在李龟年的率领下来了。刚要演唱，玄宗来了兴致，认为面对妃子赏名花这样的美景不能再用旧词曲，要创作新词。于是命令李龟年拿着最名贵的金花笺去赐给翰林供奉李白，让他立刻创作清平调词三章。李白欣然领旨，虽然酒醉尚未全醒，但马上提笔书写三首《清平调》歌词。李龟年也不等墨迹干，马上拿着返回去。

玄宗命令那些梨园弟子略微调整一下乐器的音和曲谱，便催促李龟年歌唱。杨玉环端着玻璃七宝盏，里面是西凉的蒲桃酒，微笑着领会歌词的意思，内心非常高兴，感谢李白的盛情美意。唐玄宗也调整好自己笛子的音调进行伴奏，在每两段之间间奏的时候，玄宗故意放慢速度向杨玉环调情讨好，一副风情媚态。杨玉环喝完酒，奏乐结束，她拢好衣袖，向玄宗飘然一拜。其后，李龟年与五王谈天时，认为他最得意的就是那次演唱。李白在一段时间里，受宠的程度也超过其他文人学士。

唐玄宗是在要开始演唱时突然来的雅兴，令李龟年拿着纸让李白即兴作诗，要求的速度特别快，而李白当时酒尚未醒，可能是酒兴助长了他的诗兴，故顷刻之间便作好三首诗。这种情况，大概也就是李白能应付得了。可知玄宗对牡丹花深爱的程度。

中唐时的文宗也喜欢牡丹花。“会春暮内殿赏牡丹花，上颇好诗。因问修己曰：‘今京邑人传牡丹诗，谁为首出？’对曰：‘中书舍人李正封诗，天香夜染衣，国色朝酣酒。’时杨妃侍上，曰：‘妆台前宜饮以一紫金盏酒，则正封之诗见矣。’”（《南部新书》甲卷，《说库》上册）

一次，文宗出行路过慈恩寺时，看到在佛殿东墙壁上有一首《怜白牡丹诗》曰：“长安豪贵惜春残，争赏先开紫牡丹。别有玉杯承露冷，无人起就月中看。”文宗吟咏欣赏很长时间，又令嫔妃宫人吟咏诵念，等黄昏回宫，该诗已传遍六宫。

官员与牡丹花

唐代官员中爱牡丹的也大有人在，有一些达到痴迷的程度。宫廷重视牡丹，开始于开元天宝年间，其后影响到文武官员，再由官员辐射到百姓，于是整个社会便形成一种习尚。至中唐时，这种风习日甚，官员爱牡丹者已相当普遍。刘禹锡曾先后在唐郎中宅和浑侍中宅观赏牡丹花。在唐郎中家观赏时，牡丹尚未开放，故说“但愁花有语，不为老人开”。（《唐郎中宅与诸公同饮酒看牡丹》，《刘禹锡集》卷25，中华书局1990年版334页）所以看到浑侍中家正在盛开的娇羞鲜艳的牡丹花时，特别高兴，写诗道：“径尺千余朵，人间有此花。今朝见颜色，更不向诸家。”（同前）

浑侍中是当时政坛要人浑瑊，他家中的牡丹花在当时确实很有名。但当时的政界要人中，爱牡丹，培养牡丹最有名的要数与李商隐关系最密切的令狐楚。《唐两京城坊考》卷二云：“按《酉阳杂俎》，楚宅在开化坊，牡丹最盛。”（《唐两京城坊考》卷2，中华书局版36页）令狐楚的牡丹专门有帷幄，即一种用幔帐围起来的类似花窖的设备，可见其对牡丹花百般呵护的良苦用心。令狐楚爱花，也爱惜人才，李商隐便是他一手培养起来的文化名人。

李商隐一生对令狐楚充满感激之情，令狐楚死后，李商隐在博学宏词考试中遭遇意外挫折，在返回途中看到被风雨摧残的牡丹花后，伤心地写道："水亭暮雨寒犹在，罗荐春香暖不知，舞蝶殷勤收落蕊，有人惆怅卧遥帷。"（刘学锴，余恕诚《李商隐诗歌集解》，中华书局1988年版270页）想到恩师令狐楚珍惜呵护牡丹花的爱心，怜惜这些牡丹花因无人保护而被风雨摧残，其中也寄寓着自己的身世之感。

长安官员普遍爱牡丹花。《南部新书》丙卷说："岁三月望日，宰相过东省看牡丹，两省官赴宴，亦屈保傅属卿而已。"（《说库》上册）看牡丹花的同时还有宴会，当然这只是三省官员和部分资深的太保太傅等人，范围还不是很大，而且是在皇城内部。如果参照下面这段话，便可对这一风情有更准确的了解了。

> 长安三月十五日，两街看牡丹，奔走车马。慈恩寺元果院先于诸牡丹半月开。太真院牡丹后诸牡丹半月开。故裴兵部怜白牡丹诗，自题于佛殿东颊蜃壁之上。太和中，车驾自夹城出芙蓉园，路幸此寺，见所题诗，吟玩久之。因令嫔妃讽念。及暮归大内，即此诗满六宫矣。其诗曰："长安豪贵惜春残，争赏先开紫牡丹。别有玉杯承露冷，无人起就月中看。"兵部时任给事。((《南部新书》丁卷，《说库》上册）

可知三月十五日这一天，长安全城人都观赏牡丹，繁华的大街上车水马龙，人来人往，熙熙攘攘。牡丹花最有特点，花期最长的要数大雁塔所在的慈恩寺。那里有专门培养牡丹的花草专家，培育的紫牡丹早开花半个月，白牡丹晚开花半个月。因此去那里的人最多。

通过这两则材料，可知中唐以后，三月十五日这一天三省官员及全城士庶百姓都观赏牡丹，是“牡丹日”或“牡丹节”。正是在这样的氛围中，才会有权贵不怕花大本钱来移栽牡丹。“绿原青垅渐成尘，汲井开园日日新。四月带花移芍药，不知忧国是何人。”（吕温《贞元十四年旱甚见权门移芍药花》，陈贻焮主编《增订注释全唐诗》，文化艺术出版社 2001 年 5 月版 2 册 1744 页）牡丹花别名为木芍药，故这里所写的芍药便是牡丹。在感叹权贵不顾国计民生的同时，也可看出其对牡丹花是多么钟爱。

寺庙道观中的牡丹花

前文提到慈恩寺牡丹的精妙，确实，寺庙道观是牡丹栽植培育比较集中的地方，下面的故事也发生在慈恩寺。唐代佛教和道教都很兴盛，寺庙道观环境清幽，适宜培养花卉。而且来这里的香客也很多，故这些地方也很注意栽植培养此花。花好花多当然就招人，故有不少人特意来这里观赏。

《唐语林》卷七“补遗”说：“京师贵牡丹，佛宇道观，多游览者。慈恩浴室院，有花两丛，每开五六百朵。”（《说库》上册）

据一名法号思振的僧人说，在会昌年间，有几名朝官来这里观赏牡丹。当时东廊院有白色牡丹，非常可爱。几人见了，叹息道：“世之所见者，但浅深紫而已，竟未见深红者。”一位老僧人笑着说：“怎能说没有呢？只是诸位贤士没有见过罢了。”众人一听，明白这位老僧人知道什么地方有深红色的牡丹花，便央求他领着去看。老僧人不肯，众人一个劲儿软磨硬泡，“经宿不去”，即过了一夜也不肯离去。老僧人受了感动，便说道：“诸君如此好尚，贫僧怎能藏之，但不知道能否不向他人泄露？”众人都答应了。

老僧人这才亲自打开一间房子，里面有佛像佛幡，板墙上遮着布帘，在帘幕后打开机关，出一小门，进入一小堂院，极其洁净，所有窗户栏杆都是柏木做的。有一丛深红色牡丹，枝叶婆娑，数百朵花刚刚开放。此时朝阳初升，露水半干，花晶莹润泽，仿佛仙境一般。众人叹为观止，一直观赏到过午方去。老僧人叹息道：“我栽培二十年，偶然说出来让人看，不知道还能保存与否？”

其后，有几个年轻人，邀请老僧人去曲江池看花。老僧人见盛情难却，便随之前去。到曲江池不一会儿，他的弟子跑着来报告，说有十几个人进院挖花，禁止不住。那几个年轻人相视而笑。老僧人连忙往回返，年轻人也陪着回来。等赶回寺庙一看，花已被人用大簸箩抬走了。

一个年轻人这才慢条斯理地对老僧人说：“知有名花宅中，咸欲一看。不敢豫请，盖恐难舍。已留金三十两，蜀茶二斤，以为报矣。”

那位老僧人不但是个爱花者，而且还是一名培养新品种的种花专家。他花了二十年的心血培植出一种新的花色品种，可见是个花迷；那几名朝廷官员为看新牡丹花，居然花去了几乎两天一夜的时间，也都是花迷；那些年轻人为了看花，竟不惜要出近似无赖的手腕来，而且拿出三十两金子和二斤蜀茶，舍得花大价钱，更是花迷。然而因这是为了看花，是一种高雅的嗜好，故不算太恶劣。即所谓的“窃书不算贼”，此处也可说“窃花不算贼”吧。从这个故事中可以看出唐代人对牡丹花的痴迷程度。

社会管理与风俗

唐代城市管理状况概观

唐代是中国历史上最兴盛的时期，有一整套完整严密的管理制度。这是一个庞大的社会管理系统，这个系统的中心便是大唐帝国的心脏——长安。下面，我们便从长安城市管理的几个方面来窥视一下唐代在这方面的概况。

隆隆的街鼓之声

长安作为唐代帝国的首都，生活着各个阶层的人。帝王后妃，文武百官，捕快皂隶，文人学士，富商巨贾，小商小贩，僧侣道士，工匠杂役，军兵逻卒等，三教九流，五行八桌，都在这里讨生活，如果没有严格的管理制度，岂不要乱成一锅粥？各行各业的相互关系至为密切，与农村分散的小农经济不同，需要有一个大致相同的生活规律，要求比较一致的作息时间。而偌大个城市，当时没有机械计时器，靠什么来指挥协调呢？这也是很大的一门学问。唐代一个带有传奇色彩的人物——马周便在这个方面做出了贡献。

初唐时，沿用旧制，每天早晚均由金吾卫士传呼来报告军民开门和关门的时间。可以设想，从皇宫里由内向外一层层靠人传呼，当传到各街坊百姓耳朵里时，恐怕得一段时间。再说，如有个刮风下雨的天气也太不方便了。但隋代到初唐都这样做，人们也就习以为常了。

太宗贞观年间，落拓才子马周借唐太宗向大臣征求意见之机，为常何将军写了一个四十多条的建议书。常何是武官，没什么学问，太宗见到这封建议书大惊，知道绝不是常何所为，便问何人所写。这样，太宗便越级召见马周。从此，马周便踏上仕途，一路顺风，一直做到中书令，深受太宗器重。

在马周陈述的四十条建议中，便有“六街设鼓”这一条。从此，那些每天早晚一边骑马跑一边扯着嗓子喊的金吾卫士便被解放了，取而代之的是街鼓的声音。李贺的《官街鼓》一诗形象地写出了这一壮观的社会生活图景：

> 晓声隆隆催转日，暮声隆隆催月出。汉城黄柳映新帘，柏陵飞燕埋香骨。捶碎千年日长白，孝武秦帝听不得。从君翠发芦花色，独共南山守中国。几回天上葬神仙，漏声相将无断绝。（王琦等《三家评注李长吉歌诗》卷4，166页）

据《新唐书·百官志》载：“左右街使，掌分察六街徼巡……日暮，鼓八百声而门闭。乙夜，街使以骑卒嚣呼，武官暗探。五更二点，鼓自内发，诸街鼓承振，坊市门皆启。鼓三千挝，辨色而止。”（《新唐书》卷49上）

可知当时长安的鼓声指挥着人们的生活节奏。拂晓，随着隆隆的鼓声，沉睡一夜的长安仿佛是醒过来的巨人，又开始了一天的活动。随着鼓声，各个街坊的大门都“吱吱扭扭”地被推开，西市东市两个超级大市场的门也被打开。大街上开始出现匆匆赶路者的身影和急着上朝的马车和大轿。日暮，又随着八百声鼓响而关闭城门、市门和坊门。人们就在这循环不断的鼓声中度过一年四季，度过人生。诗人有感于此，将这隆隆作响的鼓声与日月交替永无止息的宇宙运行联系起来，表现出深沉的生命意识。

还应该指出，街鼓之设，不限于长安，其他大城市也都有同样的设施和制度。韩愈在《奉使常山早次太原呈副使吴郎中》诗中说：“朗朗闻街鼓，晨起似朝时。翻翻走驿马，春尽是归期。”（钱仲联《韩昌黎诗系年集释》卷十二，上海古籍出版社1994年版下册1232页）可知太原也设有这种街鼓。在我国许多城镇中，直到新中国成立前还有鼓楼存在，便是这一制度的余习。

鼓声是指挥长安人生活节奏的信号，与其相配套的措施便是严格的禁夜制度。禁夜包括街禁和门禁两个方面。

街禁与门禁

应当提到的是，在鼓声敲响之后，还有一小段时间，大约是一刻到两刻钟的工夫，给应当进出门之人以一定的准备时间。这在唐代许多表现世俗生活的小说中多有反映。如白行简《李娃传》中写荥阳郑生见到李娃时，便一见钟情而流连忘返。“久之，日暮，鼓声四动”，老鸨子便督促郑生道：“鼓已发矣，当速归，无犯禁。”从这一细节可知在鼓声过后很快就要关上坊门开始禁夜，再在街上行走就算犯法，要受到相应的处分。《启颜录》载：“唐有人姓崔，饮酒归，犯夜，被武侯执缚，五更初，犹未解。长安令刘行敏，鼓声动向朝，至街首逢之，始与解缚。”犯夜禁一定在上半夜，这个喝醉酒的人竟被绑了整整一夜。

这里还有一点需要说明，即如果到了禁夜时，人们的行动岂不是完全失去自由，夜生活岂不太无聊、太寂寞、太单调吗？其实，并不是这样，因为禁夜只是禁止在大街上通行，而在各自的小单元中还是随便的。宫城和皇城是两个最大的独立的单元，其中还有各殿这样相对独立的小一点的单元，我们不必说。另外，像东西两市及各坊，也是独立的单元。当时这些地方周围都有围墙，而每坊四面都有坊门，类似现代独立的住宅小区。

根据徐松的《唐两京城坊考》中资料推测，当时每坊的面积大约是东西长二里，南北宽一里多一些。在这样的小区中，活动不受丝毫限制，平康里的各个妓院中可以通宵达旦地欢乐，各妓院之间的嫖客和妓女也可以相互往来，没有任何障碍。只要是住在同一坊中，相互来往便没有犯夜禁的问题。

把好大门是维护安全的第一要义，任何时代都知道这一点。尤其是皇宫之门，更是戒备森严。《唐律疏议》卷七明文规定："宫门皆有籍禁，不应入而入者，得徒二年。"(《唐律疏议》卷7，中华书局版150页）此处所谓的籍禁，即是进入宫门的通行证。分长期和临时的。这是指平时，指白天，如果到了夜晚，通行证也不好使。"诸于宫殿门虽有籍，皆不得夜出入。若夜入者，以阑入论；无籍入者，加二等。即持仗入殿门者，绞。"(《唐律疏议》卷7，中华书局版162页）可见处罚是十分严厉的。

皇帝到了哪里，哪里便要进行最严密的警戒。如果谁违反了制度，即使有王爷撑腰，也要受到责罚。《南部新书》已集记载这样一件事：

> 开元十九年冬，驾东巡至陕，以厅为殿，郭门皆属城门局。薛王车半夜发，及郭，西门不开。掌门者云，钥匙进内家，仆不之信。乃坏锁彻关而入。比明日，有司以闻。上以金吾警夜不谨，将军段崇简授代州督。坏锁奴杖杀之。(《说库》上册）

薛王是唐玄宗的弟弟，以王爷之尊到了城外，却叫不开城门。内家是指皇帝，此处则指皇帝的随行人员，即城门局官员。可知守城官员确实没有办法打开城门。因此薛王的仆人打坏锁头，撤掉大门闩而入。当有关人员将此事报告给皇帝时，那位砸坏锁头的仆人被活活打死，连负责巡逻禁夜的金吾将军也被贬谪。可见对这种情况是绝不姑息的。

平常的街坊管理

如此严密的制度，当然要有具体的人来负责。首先是各坊的头目和各市的“令”，这里的市指西市和东市，不是我们今天意义的城市。再上便是长安县和万年县的县令和县尉，县令以上便是京兆尹及其属官。这还算是地方上的，更重要的是京城禁卫军。其中的金吾卫专门负责京师治安，有专门巡逻的士兵，类似现代的巡警。“京城每夕分街立铺，持更行夜。鼓声绝，则禁人行。晓鼓声动，即听行。”（《唐律疏议》卷8引《监门式》，中华书局版172页）所谓立铺，便是设置专门房屋，类似现代的派出所，这里的逻卒则类似现在的“片警”，各自负责一个区域里的治安。

赵璘《因话录》卷二记载这样一件事：柳公绰被任命为京兆尹，在上任途中，一名神策军的小将不为其让路，趾高气扬，被他命令手下卫兵当街打死。皇帝质问他，他严词以对，因为理由充分，宪宗皇帝没有别的词了，便曰：“卿何不奏？”公曰：“臣只合决，不合奏。”上曰：“既死，合是何人奏？”公曰：“在街中，本街使金吾将军奏。若在坊内，则左右巡使奏。”上乃止。（《小说笔记大观》，第一册92页）可知金吾将军负责大街，而左右巡使负责各坊。

据《通典》卷三载：“大唐令：诸户以百户为里，五里为乡，四家为邻，五家为保。每里置正一人，若山谷阻险，地远人稀之处，听随便量置。掌按比户口，课值农桑，检察非违，催驱赋役。在邑居者为坊，别置正一人，掌坊门管钥，督察奸非，并免其课役。”（《通典》卷3，中华书局1988年版64页）可知每坊有坊正一人，负责管理坊门和督察本坊其他事务。其待遇只是免除赋税徭役而已。可见古代的机构比较简明。

唐代忌讳的得与失

广义的忌讳是无论什么时代、什么民族都存在的，其中有合理的地方，是先进文化的表现，有的则是落后愚昧的，我们应当区别对待。唐代的忌讳也一样，呈现出丰富复杂的情况。

日常生活习俗中的忌讳

唐代忌讳从性质看，可分为两种：一种是生活习惯中的忌讳，一种是文化交往即礼仪中语言文字方面的忌讳。

日常生活中的忌讳是多方面的。在婚姻方面，中国从周代便有同姓不通婚的规定。《礼记》曰："娶妻不娶同姓，以厚其别也。故买妾不知其姓，则卜之。"（转引自《通典》卷60，中华书局版1700页）这种规定，反映了古人禁止同姓人通婚的观念，实际是经过漫长的历史时期的婚姻实践总结出来的。用现代观点来看，即是禁止近亲结婚，对于后代健康和种族繁衍昌盛都大有益处。许慎《五经异义》对此认识更深刻，说“《易》曰：‘同人于宗，吝。’言同姓相娶，吝道也。即犯诛绝之罪。言五属之内禽兽行，乃当绝”。（转引自《通典》卷60，中华书局版1700页）认为在五服之内的同姓通婚，简直就像禽兽一样，应当判死罪。

不但同姓不能通婚，内表亲也不能通婚，魏袁准《正论》说：“中外之亲近于同姓，同姓且犹不可，而况中外之亲乎？古人以为无疑，故不制也。今以古之不言，因谓之可婚，此不知礼者也。”（转引自《通典》卷60，中华书局版1703页）但这只是一种可贵的认识，并未付诸法律实践。内表亲即常说的姑舅亲，这种婚姻不但没有被制止，反而成为农村比较常见的联姻形式，即所谓的姑姑作婆或舅母作婆。现在的婚姻法已明确取消了这种联姻方式。

唐高宗永徽元年（650），又出现一个法律没有明文规定却涉及近亲结婚的实际问题，引起朝廷有关方面的一番争论。郑州人郑宣道聘少府监主簿李玄乂妹妹为妻，此人又是郑宣道的堂姨。李玄乂开始未考虑这层关系，便答应了。后来觉得于礼不合，请求罢婚，郑宣道不同意，官司打到尚书省。

尚书省有关部门因为法律条文没有规定禁止，便判许成婚。御史大夫李乾祐为此上奏疏曰：“且堂姑堂姨，内外之族，虽别而父党母党，骨肉之恩是同。爱敬本自天性。禽兽亦犹知母，岂可令母之堂妹降而为妻？”（转引自《通典》卷60，中华书局版

1704 页）并请求交给群官详议。最后，皇帝下圣旨采纳了左卫大将军纪王慎等建议：“父之姨及堂姨母，父母之姑舅姊妹，堂外甥，并外姻无服，请不许婚。”可见只要有血缘关系，就禁止通婚。这无疑是正确的，对人口素质的提高有不可忽视的意义。

婚姻之外，在现实生活中，还有许多忌讳。相传是李商隐所撰的《义山类纂》中便有许多这方面的内容。如在“不祥”条下列举道：“卧吃食；无事嗟叹；寝如尸；对日月大小便；未食，碗中先插匙箸；卧床上唱歌曲；牵父母作咒誓；妇人发垂下不收；露顶写字；捶胸骂人。”其“失去就”条下说：“卸起帽与人言谈；衩衣出门迎客；不敲门直入人家；主人未请先上厅坐；席局上不慎涕唾；主人未揖食先举箸；众食未了先卸箸；开人家盘盒书启；骂人家奴婢；钻壁窥人家。”（转引自程蔷、董乃斌《唐帝国的精神文明》，中国社会科学出版社 1996 年版 470 页）所谓的不祥，就是不吉利，对自己或别人都有害的意思。

毫无疑问，这些避讳属于保健养生，如不要躺着吃饭，不要总唉声叹气等，因这些习惯对于健康非常有害。“失去就”是失态、不文明的意思，所列各条在现代也还是要注意的问题。可见唐代人是很讲究言谈举止的，是社会文明进步的表现。

此外，还有一些至今尚无法理解的禁忌，如出门办事或婚丧嫁娶等都要选一个黄道吉日，不吉利之日要躲在家中避祸等，其道理现在依然搞不清楚，其中有一部分属于因为科学不发达而产生的迷信活动。

语言文字方面的忌讳

上述所谈是行为方面的忌讳，在古代文献中，出现频率最大、最容易引起误解的则是语言文字方面的忌讳。如什么话能说，什么话不能说，当什么人应当避免说什么话，写什么字。如果不注意触犯了忌讳，轻则惹人生气，重则还会耽误前程，更严重的甚至会被治罪。在语言文字的忌讳方面，又可分为公讳和私讳两个方面。

所谓的公讳，也叫国讳。顾名思义就是有关国家的忌讳，即整个社会成员都要遵守的忌讳。这种忌讳主要来自皇帝家族的名字。如唐朝，高祖叫李渊，高祖的父亲叫李虎，唐太宗叫李世民，这样，“渊”“虎”“世民”便都是要忌讳的字，臣子在上奏章和其他一切文字材料中都不能用这几个字。如果用了，就是大不敬，轻则受处分，重则挨板子或住大牢。

《唐律疏议》卷十曰：“诸上书若奏事，误犯宗庙讳者，杖八十。若奏事口误及余文书误犯者，笞四十。即为名字触犯者，徒三年。若嫌名及二名偏犯者，不坐。”所谓嫌名指同音不同字，如名“禹”者，雨即不犯讳。所谓二名不偏犯，是指名是两个字的，单独使用一个可以，只是两个字不能连用。唐太宗比较开明，因其名为“世民”，因此他特别强调了这一点。即单说“世”或单说“民”都可以，只是不能连说“世民”。

当然，这一规矩由来已久，据说孔子的母亲名叫“徵在”，所以孔子“言徵不言在，言在不言徵”。这是避讳的基本常识，了解了这些知识，对于我们阅读古代诗文等大有帮助。地名犯讳的，也要改名。如隋炀帝杨广被立为太子后，凡是有“广”字的郡县一律改名，广福郡改淅阳，广昌郡改上谷，广长县改修成等。这方面的内容大体如是。

正因为皇帝的名这样重要，如果用一个最普通最常用的字作名，麻烦就太大了。所以皇帝即位后往往改名，尽量用一些生僻的字。

需要随时小心的私讳

所谓的私讳也叫“家讳”，即针对当事者本人的避讳。唐代约定俗成的是上三代之名需要避讳，即父、祖、曾祖，一般常说“避父祖曾，不避高祖”。唐代人的名刺都书写上三代名讳，便有这种作用。这是稍有文化常识的人都知道的，连小学生都要进行这方面的教育。

这样，人名就不仅仅是个符号的问题了，弄不好会影响后代的前途。如李贺的爷爷就是因为给儿子取了个“李晋肃”的名，结果耽误了孙子考进士，虽然韩愈曾尽力为之辩驳，但李贺就是因为这一点被取消了进士考试的资格。颜之推在《颜氏家训》中提出“凡名子者，当为孙地”的观点，认为在给儿子取名时，要考虑孙子的前途、利益及社会交往的便利，在那个特定的历史时期，不能不说是有深谋远虑的经验之谈。

进士考试时，如果题目中有需要避讳的字，则马上要以有病为由退出考场，这一年就算白费。《南部新书》丙卷云：“凡进士入试，遇题目有家讳，即托疾下将息状来，出云：牒某，忽患心痛，请出试院将息。仅牒如的。”（《说库》上册）一年的辛苦，一年的光阴，一年的期盼，让考题里的一个字就打发了。这可以说是最不道德的陈规陋俗。

任命官员时，也要注意新任官职中有无避讳之字，如果有，被任命人要主动提出。“贾曾除中书舍人，以父名忠，固辞之。言者以中书是曹司名，父之名又同音名别，于礼无嫌。曾乃就职。”（《南部新书》甲卷，《说库》上册）这位贾曾还算幸运，有人替他说话，因此没有耽误中书舍人的美官。

《独异志·补遗》记载这样一件事。在长庆、太和中，“王初、王哲，俱中科名，其父仲舒显于时。二子初宦，不为秘书省官，家讳故也。既而私相议曰：‘若遵典礼避私讳，而吾昆弟不得为中书舍人、中书侍郎、列部尚书。’”于是兄弟二人商定只避“仲”字。看来这兄弟俩挺不幸，遇到一个只顾儿子不顾孙子的糊涂爷爷。父亲名叫“仲舒”，很明显是受汉代大儒董仲舒的影响，这两个字谐音为“中书”，也许含有希望儿子能够进入中书省的意蕴，但把孙子进入中书省的道路彻底封死，这便叫“顾儿失孙”吧。

什么事都有一个限度，超过度则令人讨厌。在当时的社会生活中，如果不知避讳，在上层社会便无立足之地。但如果过了头，也招致不满。《唐语林》卷七“补遗”载：

周瞻举进士，谒李卫公。月余未得见。阍者曰："公讳吉，君姓中有之。公每见名纸，即颦蹙瞻。"俟公归，突出肩舆前，讼曰："君讳偏旁，则赵壹之后，数不至三；贾山之家，语不言出；谢石之子，何以立碑；李牧之男，岂合书姓。"卫公遂入。论者谓两失之。(《说库》上册)

李德裕比较开明，但在这个问题上则太过分了。周瞻的责难是有道理的，只不过有些咄咄逼人，故人们认为他们俩都有过失。

还有现在看来很过分的避讳陋习，即唐代参加考试的举子不但要避自己的家讳，也要避主考大人的私讳，就连举子的姓与主考的家讳同音都有麻烦。据《齐东野语》卷四载，崔殷梦知贡举时，吏部尚书归仁晦托他照顾自己的弟弟归仁泽。崔殷梦一再推延，不作明确答复。

归仁晦以为自己是吏部尚书，而且与崔关系很好，便再去请他明确表态，崔殷梦没有办法推托，便"敛色端笏曰：'某见进表，让自官矣！'"归仁晦这才明白是自己的姓触犯了崔的家讳。原来，崔殷梦的父亲叫"崔仁龟"，归、龟同音，故崔殷梦当主考，姓归的举子就不可能及第。谁也不能因为推荐自己的弟弟中举而让人家连官都做不成吧，所以归仁晦便无法再开口了。当然，这是毫无道理的陈规陋习。

唐代人的避讳观念根深蒂固，连小孩子都知道这个常识。《南部新书》丙卷载：

裴谈过苏瑰，小许公方五岁。乃试庾信《枯树赋》，将及终篇，避谈字，因易其韵曰："昔年种柳，依依汉阴。今看摇落，凄怆江浔。树犹如此，人何以任。"(《说库》上册)

庾信的原赋是"昔年种柳，依依汉南。今看摇落，凄怆江潭。树犹如此，人何以堪。"为了避开与客人名字同音的"潭"，五岁的小苏颋居然随口改韵，且能完全押韵到底，不能不令人赞叹。除小苏颋的聪明外，与当时的社会文化背景有关，可见当时避讳是很普遍的。

紧张、庄严、肃穆的朝仪

“没有规矩，不成方圆”，无论什么事，都应有所遵循，否则就令人手足无措。古时最重要的仪式莫过于皇帝的早朝，一切军国大政，都要在这个场合讨论决定。因此，早朝的仪式也就极其隆重、严肃而紧张。实际等于是皇帝亲自主持的最高级会议，由五品以上的文武百官和负责各个方面的官员参加。这么大规格的仪式，怎么排队，怎么进门，怎么说话，怎么行礼，都有严格的规定。有违犯者，轻则罚款，重则丢了乌纱帽，更有甚者要受刑罚。那么，隋唐时代的朝仪是一种什么情况呢？

早朝的基本内容与程序

正常的早朝仪式，即所谓的“常参”大体是什么情况呢？下面，我们便将目光回溯到一千三百多年前长安大明宫的上空，来参观一下普通早朝仪式的大体过程，据《新唐书·仪卫志》上载：

> 朝日，殿上设黼扆、蹑席、熏炉、香案。御史大夫领属官至西庑，从官朱衣传呼，促百官就班，文武列于两观。监察御史二人立于东西朝堂砖道以涖之。平明，传点毕，内门开，监察御史领百官入，夹街，监门校尉执门籍，曰：“唱籍”。既视籍，曰：“在”。入毕而止。次门亦如之。序班于通乾、观象门南，武班居文班之次，入宣政门，文班自东门而入，武班自西门而入。夹阶校尉十人同唱，入毕而止。宰相、两省官对班于香案前，百官班于殿庭左右，巡使二人分涖于钟鼓楼下，先一品班，次二品班，次三品班，次四品班，次五品班。每班尚书省官为首……侍中奏“外办”，皇帝步出西序门，索扇，扇合。皇帝升御座，扇开。左右留扇各三。左右金吾将军一人奏“左右厢内外平安”。通事舍人赞宰相两省官再拜，升殿……朝罢，皇帝步入东序门，然后放仗。

可见早朝仪式是很严肃而又烦琐的。先有内侍做好一切准备工作，摆设好各种用具，点燃香炉。文武百官在内门外便已排好队，两名监察御史站立在两边等待。黎明点名一遍后，内门打开。两名监察御史分别带领文武百官进入。路过夹街时，专门有监门校尉手执门籍，即进宫官员的花名册，“唱籍”即是让官员报名，校尉说“在”，便可进去，依次而行。进第二道门时再重复一遍。此时还没有进入大殿，在通乾、观象门南重新整理队伍。然后，文官在前，武官在后，依次进入宣政门，夹阶校尉再点一遍名。这才来到站班的地方。

宰相、两省官员在香案前相对站好，其他官员分立于两旁，绝对按照品级依次站立，队伍要整齐，虽然没有记载“向右看齐”的字样，但肯定会有类似的程序。每一相同品级的官员，则尚书省在前边。都站好后，侍中奏“外办”，即外面一切已经办好，准备停当，意思是皇帝可以出来了。这时皇帝从西序门出来，但被御扇遮住，登上御座坐好后，扇子分开，左右各留三个扇子在皇帝后面。直到此时，大臣们才能看到皇帝的面目。这时，左右执金吾将军一人报告“左右厢内外平安”。通事舍人佐助宰相率领百官行朝拜大礼，然后升殿议事。早朝结束，皇帝从东序门退出，其他百官便可依次散朝。

早朝仪式是个很复杂的行政管理工作，没有经验或专门训练的人难以组织好，弄不好便秩序混乱，乱哄哄的。“襄王僭位，朱玫秉政。百揆失序，逼李拯为内署。拯常吟曰：‘紫宸朝罢缀鵷鸾，丹凤楼前驻马看。唯有终南山色在，晴明依旧满长安。’拯终为乱兵所杀。”（《南部新书》甲卷，《说库》上册）野心家朱玫乘皇帝被宦官挟持走之际，进长安立襄王为帝，自己独揽大权。但得不到大臣的支持，连早朝的仪式也弄不明白，便逼迫李拯为殿中侍御史，李拯不接受，而是骑着马看热闹，结果被杀。

违反早朝规矩或出现纰漏则要受罚

著名书法家柳公权曾因在这个仪式上出现了一点小的纰漏而被罚了一个季度的俸禄。《南部新书》戊卷载：“大中十一年贺正，卢钧以太子太师率百僚，年八十余矣。声容明畅，举朝俱服。明年，柳公权以少师率班，亦八十矣。自乐悬南趋至龙墀前，气力绵惫，误尊号中一字，乏一季俸，人多耻之。”（《说库》上册）

看来是柳公权的身体不好，道路又远了一点，体力有些不支，因此在口述皇帝一大串名号的时候，说错了一个字，便被罚去三个月的工资，似乎有些过分。其实，笔者认为，不一定完全是疲惫的原因，可能与记忆力衰退也有一定关系。因为那时候皇帝的名号真是太长了，就以柳公权要高声朗诵的宣宗的名号来说，全称是“玄圣至明成武献文睿智章仁神聪懿道大孝皇帝”，共20个字，又挺拗口。八十岁的老人，跑了那么远的路，连疲惫带紧张，记忆出现点差错也在所难免。人们耻笑他，可能是耻笑其不能急流勇退，那么大岁数了还恋栈，遭那个罪干啥，结果被罚了三个月的工资。

大臣上朝，服装要严格按照规定，否则就要受到处罚。先天二年（713）敕令文武百官朝参时“著绔褶珂伞者，其有不著入班者，各夺一月俸。若无故不到者，夺一季禄。其行香拜表不到，亦准此。频犯者，量事贬降”。（《唐会要》卷24，“朔望朝参”）衣帽不整齐，没有准时站排的，就要罚一个月的工资，无故耽误的，或者虽然已进朝堂却未赶上“行香拜表”的，都罚一个季度的工资。行香拜表当指皇帝已出席，登上御座，众大臣参拜大礼已完成。

上朝后，上奏章也有一定的规矩，违反了同样也要受到处罚。后周显德五年（958），御史台奏：“文武百官，每日赴朝参不到，如是常朝不到，于本官料钱上每贯罚二十五文；如是内殿起居、入阁行香、出城众集及非时庆贺、御殿横行参不到，并是倍罚。”（《五代会要》卷6，“杂录”）这段话的主要意思是，平常上朝耽误一次者，罚工资的四十分之一。一贯钱是一千文，而其他重要礼仪耽误者辄加倍处罚，比盛唐时轻，也可看出盛唐百官的待遇相当高，非常富裕。罚一个季度的工资可能也不至于影响正常的生活水平。

百官上朝站班时，规矩非常严格，虽然不能与军队训练相比，却也差不了多少，请看这则材料：

> 初，（唐）临为殿中侍御史。正班大夫韦挺，责以朝列不肃。临曰：“此将为小事，不以介意，请俟后命。”翌日，挺离班与江夏王道宗语。趋进曰：“王乱班！”将弹之。道宗曰：“共公卿大夫语。”临曰：“大夫亦乱班！”挺失色而退。同列莫不悚动。（《大唐新语》卷4，《说库》上册）

唐临任殿中侍御史，其职责便是整理管束上朝秩序的。正班大夫韦挺，也是负责朝班的，责备唐临不严格，上朝时秩序不够严肃。唐临说，这是小事，好办，不必介意。第二天早朝时，韦挺离开自己的位置与江夏王李道宗说话，唐临立即前去制止，并说："王爷扰乱朝班。"将要进行弹劾，李道宗说："我和公卿大夫说话。"唐临说："公卿大夫也扰乱朝班。"韦挺脸也变了色，连忙规规矩矩退回到自己的位置，全体官员一下子肃静下来。

从这个故事中，我们可以悟出一些道理，很可能是唐临也感觉到朝班不太整齐严肃，但因这是在最后进入大殿前的情况，故没有什么妨碍，所以他不在意。或者因为破坏纪律者全是大官，不好意思批评纠正。而当韦挺责备他后，他第二天便拿韦挺和一个王爷开刀，一下子就把秩序整顿好了。从这个故事可知早朝仪式是非常庄严肃穆、紧张而有秩序的。

唐诗中的早朝

从唐诗我们可以看到诗人们参加早朝时的主体感受，也从另一角度反映早朝前后的情景。下面我们就来看一下唐代人上早朝时的情景。盛唐诗人王维《早朝》诗曰：

> 皎洁明星高，苍茫连天曙。槐雾郁不开，城鸦鸣稍去。始闻高阁声，莫辨更衣处。银烛已成行，金门俨驺驭。（陈铁民《王维集校注》卷7，中华书局版577页）

这是描写自己上朝途中的所见所闻及到达朝廷门外时的情景。明星在天，稍见黎明之色，到朝门外时，灯笼成行，官员们所乘坐的马匹也已很整齐地排列在两旁了。从其他诗中也可知道唐代官员上早朝是很早的。如果住宅的位置离大明宫稍远，则更辛苦了。

可以想象，在黎明前朦朦胧胧的时候，在长安城的一些街道上便有人乘轿或骑马赶路，前面有灯笼引导，均向一个方向，即大明宫南门丹凤门走去。许多人从不同街道朝一个地方走，势必有些人逐渐汇拢到一起，最后集中到丹凤门前时，便开始排队，自然就“银烛已成行”了。

这是从家到朝门前的情景，上朝时的景象是这样的：

> 绛帻鸡人报晓筹，尚衣方进翠云裘。九天阊阖开宫殿，万国衣冠拜冕旒。日色才临仙掌动，香烟欲傍衮龙浮。朝罢须裁五色诏，佩声归向凤池头。（王维《和贾至舍人早朝大明宫之作》，陈铁民《王维集校注》卷六，中华书局版 488 页）

这首诗所写的是“安史之乱”平定后的一次早朝，有外国使臣参加，因此才有“万国衣冠拜冕旒”的诗句，写出了早朝的威严和大唐帝国的赫赫国威。通过此诗，我们仿佛看到了大唐盛世时的高华雍容的气象。此诗是唱和之作，原作是中书舍人贾至，唱和者除王维外，还有许多诗人，但保存下诗作的只有杜甫、岑参。连同原作共四首，是背景完全相同情况下的作品。后人多有对此四诗品头论足，评判高低的。这不是本人所要谈论的问题，故不涉及。

有人批评王维等人是在美化政治，因为当时刚刚结束动乱，国势与乱前不可同日而语。其实，这是未对此诗的写作背景深加思索而出现的错觉。当年，“安史之乱”已经结束，在蜀中避难的玄宗也赶回京师当太上皇。肃宗给玄宗加封号，玄宗也给肃宗加封号。这表明父子俩即两个政治势力之间非常团结和谐，而这种团结是重振大唐雄风的前提，因此在大臣官员中必定产生一种中兴有望的感觉。这两股政治势力分裂，玄宗遭到变相软禁，那是后来的事。谁也没有未卜先知之术。故诗中所表现的是诗人们的真实感情，不必非难。

皇帝和大臣们下朝后的娱乐活动

上一节我们描述了早朝时的庄严肃穆和紧张的气氛，在那种场合下，人们呼吸都要有所节制，真像俗语说的“大气不敢出”。这样的生活太累太单调，如果总是这样，岂不太无聊了？那恐怕谁也不愿意做官，甚至连皇帝也无人愿意当。那么，皇帝和大臣们散朝后究竟干些什么呢？当然有许多可干之事，本文只是从娱乐休闲的角度来观察一下这些国家要人活动的身影。

君臣共同参加的文娱活动

在玩的方面，隋炀帝是个行家里手，而且出手大方，舍得花钱。隋大业“六年春，癸亥朔……丁丑，于端门街盛陈百戏。戏场周围五千步，执丝竹者万八千人。声闻数十里。自昏至旦，灯火光烛天地。终月而罢，所费巨万。自是岁以为常”。胡三省注曰："丁丑，正月十五日，今人元宵行乐，盖始盛于此。"（《资治通鉴》卷181，上海古籍版1203页中）古代的"步"是长度单位，大约相当于现代的1.4米。五千步大约7000米，如果以此为圆之周长的话，那么直径大约2300米，将近2.5公里，这是何等大的一个场子。光是奏乐的人就有一万八千人，观众又当是多少呢？真是个不可思议的超大型文艺会演。声音传出几十里，并非夸张之词。

隋炀帝玩的花样特别多，上述之事属于好大喜功型，意在向外人和国人炫耀升平景象。而在大业末年，天下大乱的时候，隋炀帝依然玩个不停，在东都景阳宫让宫女捉大量的萤火虫，装在纱囊中，在游山的时候同时放飞，光照山谷。李商隐《隋宫》诗"于今腐草无萤火"，说萤火虫都让隋炀帝捉光而绝种了，讽刺的就是这种荒唐透顶的游戏。

有时，君臣一起守岁，欢度除夕。还有一些特别的节目，值得一提的是中宗景龙二年除夕君臣同乐的一幕。总导演前台是中宗皇帝，后台是韦皇后，主演是宰相窦怀贞。

窦怀贞字从一，当年不到四十岁，但老奸巨猾，所奉行的哲学是只要功名，不要脸皮；只要官位，不要良心。中宗执政时，韦皇后权势熏天，他胁肩谄笑，投入韦皇后的门下，成为韦皇后寻开心的宠物。只要韦皇后能高兴，让他要什么鬼脸，出什么洋相他都毫不在乎。

那是景龙二年（708）除夕之夜，中宗下诏命中书门下两省的全体官员及学士、诸王和驸马都入阁守岁，即由皇帝和皇后主持，共同欢度除夕。在殿庭中摆设酒筵，设置庭燎，宫廷歌舞乐队演唱助兴，君臣开怀畅饮。

酒酣，上谓御史大夫窦从一曰："闻卿久无伉俪，朕甚忧之。今夕岁除，为卿成礼。"从一但唯唯拜谢。俄而内侍引烛笼步障，金缕罗扇，自西廊而上。扇后有人衣礼衣花钗。令与从一对坐。上命从一诵却扇诗数首。扇却，去花易服而出。徐视之，乃皇后老乳母王氏，本蛮婢也。上与侍臣大笑，诏为"莒国夫人"，嫁为从一妻。（《资治通鉴》卷209，上海古籍版1412页中下）

原来新娘是韦皇后的乳母王氏，是少数民族的老妇，已五十多岁，比窦从一大近二十岁。虽浓妆艳抹，可再厚的化妆品也难以完全遮住真面目，时间一长，再一紧张，出了一些汗，把厚厚的胭脂粉润掉了不少，老脸上的皱纹依稀可见。众位大臣都认识她，怎能不感到可乐，而且皇帝和皇后又带头大笑，故满堂哄然。皇帝如此拿大臣寻开心，自然也得不到大臣的尊重。

皇帝和大臣共同游宴、行围打猎的活动就更多。像隋炀帝那样带领文武进行大规模的旅游则不是什么娱乐，而是一种暴殄天物的奢侈了。我们不再多说。

皇帝主持或提议的体育娱乐活动

有时候，散朝后，皇帝还带领大臣们搞一些娱乐性的体育活动。这方面比较突出的当然还是那位故事最多的风流天子唐明皇了。除了打马球这样激烈的运动外，他也爱射箭，爱玩一些类似打仗的游戏，有时带领大臣玩，有时带领嫔妃宫女及小太监玩。先说带大臣玩。

唐玄宗带领百官到教场来玩射箭，并要求所有的人都要试一下，因而还闹出一些笑话。《南部新书》甲卷载：

> 开元七年，赐百僚射。金部员外郎卢廙、职方郎中李畬，俱非善射。箭不及垛，而互言工拙。畬戏曰："与卢箭，俱三十步左右不晓。"畬曰："畬去垛三十步，卢箭去畬三十步。"（《说库》上册）

"畬戏曰"三字前当夺一"与"，否则这段文字语意不通。皇帝赐给百官射箭的机会，两个水平最差的人居然连箭靶的边都沾不上。于是有人调侃李畬说："您和卢廙的箭都离箭靶三十步左右，也不知道到底离多远。"李畬则自我解嘲说："我的箭离箭靶三十步，卢廙的箭离我的箭三十步。"意谓他比我还差。这则小笑话反映出君臣班后生活的一个小侧面。毫无疑问，这样的活动是有益于身心健康的。

再说带领嫔妃宫女们玩。请看这条材料：

> 明皇与贵妃，每酒酣，使妃子统宫妓百余人，帝统小中贵百余人，排两阵于掖庭中。日为风流阵。以霞帔锦被，张之为旗帜，攻击相斗。败者，罚之巨觥，以戏笑。（《开元天宝

遗事》,《说库》上册）

一个六十岁左右的老皇帝带领一百名小太监组成的童子军，与年轻妃子带领的一百名年轻宫女组成的娘子军打仗玩耍，是挺有意思的。况且旗帜是用妃子宫女的霞帔和锦缎的披巾做成，一定非常鲜艳。彩旗招展，笑语欢声，岂不开心?

唐中宗确实没有他的侄儿水平高，即使是玩，也总是拿别人寻开心。如《资治通鉴》卷二〇九记载：唐中宗景云元年二月“庚戌，上御梨园球场。命文武三品以上抛球及分朋拔河。韦巨源、唐休璟衰老，随絙踣地。久之不能兴。上及皇后、妃、主临观大笑”。（《资治通鉴》卷209，上海古籍版1414页下）拔河倒也是一项有趣的体育活动，但让老臣也跟着去拼力气，以至于跌倒了一时半会儿起不来，而当热闹看，也缺乏点皇帝的风度。

宴会调侃

有时，为了活跃气氛，轻松一下，皇帝也召集一些近臣摆上一桌，边吃喝边调侃逗乐。唐太宗就常用这种方式来调节生活节奏。但有时候，调侃稍微过了头，也有不愉快的事发生。如《大唐新语》卷十三“嘲谑”载：

太宗常宴近臣，令嘲谑以为乐。长孙无忌嘲欧阳询曰：“耸膊成山字，埋肩不出头。谁家麟阁上，画此一猕猴?”询应声答曰：“索头连背暖，漫裆畏肚寒。只由心混混，所以面团团。”太宗敛容曰：“汝岂不畏皇后闻耶？”无忌，后之弟也。询为人瘦小特甚，寝陋而聪悟绝伦。（《笔记小说大观》第1册59页。）

下朝后，太宗设酒筵招待几名亲近大臣，并让大家相互调侃以活跃气氛。长孙无忌开口吟出一诗，嘲笑欧阳询的长相有点像猴。从这首诗看，欧阳询的长相可能确实有那么一点。据说《补江总白猿传》便是影射欧阳询的，说他是那个白猿的后代，可能在相貌上有些相像。从这些资料看，唐代人很爱调侃嘲谑，开玩笑有时过头。

欧阳询是个才子，当然不能如此受人嘲谑而不还击，于是马上吟出一诗，以牙还牙。从诗意体会，长孙无忌脖子短，即俗语说的“缩脖”，而且还是张胖乎乎的大团脸。太宗听罢，脸色严肃地制止了他们。可能是觉得有些不雅，只不过是拿皇后来做话题罢了。

一边饮酒一边聊天，很轻松融洽，容易吐露真情，也容易沟通感情，交流思想，因此皇帝在下朝后找臣子宴饮也成为一种较常见的方式。一次“明皇召诸学士，宴于便殿。因酒酣，顾谓李白曰：‘我朝如天后之朝何如？’白曰：‘天后朝政出多门，国由奸幸。任人之道，如小儿市瓜，不择香味，惟拣肥大者。我朝用人，如淘沙取金，剖石采玉，皆得其精粹。’明皇笑曰：‘学士过有所饰’”。（《开元天宝遗事》，《说库》上册）可以想象，这种情形是不会少的。

唐玄宗身旁还经常带一名说笑话的随从，此人叫黄煯绰。他经常借给玄宗说笑话的时机进行委婉劝谏。一次，“玄宗问煯绰：‘是勿儿得人怜？’对曰：‘自家儿得人怜。’”（《因话录》卷4，《笔记小说大观》，江苏广陵古籍刻印社版第1册）据该书夹注可知，“是勿儿”即何儿的意思。唐玄宗问话的意思是，谁的儿子可爱。黄煯绰马上回答说，自家的儿子可爱。看来这是极平常的对话，但玄宗却低头沉思很久，因为这是在特殊情境下的问答。当时肃宗被李林甫挟制，时刻都有被废的危险，终日惴惴不安。而杨贵妃认安禄山为干儿子，唐玄宗宠爱杨贵妃，爱屋及乌，也非常信任重用安禄山。黄煯绰的回答有提醒唐玄宗还是自己儿子可亲，不要对别人过度信任的意思。

还有一次，玄宗与几位哥哥弟弟一起吃饭，大哥宁王坐在对面。宁王一时不慎，打了个大喷嚏，饭粒竟喷到玄宗的龙颜上。“上曰：‘宁哥何故错喉？’煯绰曰：‘此非错喉，是喷嚏。’”（《因话录》卷4，《笔记小说大观》，江苏广陵古籍刻印社版第1册）利用诙谐的语言解除了尴尬。可知下朝后皇帝和一些大臣或亲属进行一些宴饮或娱乐活动，以此来联系感情，化解一些矛盾，消遣休息以调整一下生活节奏。

隋唐时期退休制度

唐代官员什么年龄退休似乎没有规定，在史料中查不到这方面的文件。在官员的生涯中，也看不出这一点。虽然当时没有“退休”这一名词，官员因年龄大身体不好而主动要求回家的，叫致仕。而致仕大体意思便相当于现代的退休或离休，唐代官员中能有这种资格的人实在不多。

考进士没有年龄限制

致仕以什么年龄为限，没有规定，有极大的主观随意性。能否致仕，取决于两个方面，一个是皇帝，另一个是本人。一方面，如果皇帝烦你了，你的年龄又很大，官龄也长，便会冠冕堂皇地打发你，让你致仕。另一方面，如果本人年龄大，资格够，坚决要求致仕，皇帝挽留不住也会同意，那可是非常荣耀之事。盛唐著名诗人贺知章便曾享受过这种殊荣。

一般情况下，靠读书步入仕途的人要在进士及第后才可能谋到一个朝廷官员的位置。而当时对进士考试的资格没有年龄限制，这可从及第人的年龄上推测出来，昭宗时著名的“五老榜”便可看出这一点。

天复元年（901）四月，被关押两个多月的昭宗得以反正，重新坐上龙墩，心情大好，便开了天恩，下诏命当年主考官将新进士中年龄大而品学兼优的人推荐上来，不拘常例马上授给一个官职。

主考官礼部侍郎杜德祥奏：“拣到新及第进士陈光问年六十九，曹松年五十四，王希羽年七十三，刘象年七十，柯崇年六十四，郑希颜年五十九。”（徐松《登科记考》卷24，中华书局版924页）当时人便称此举为“五老榜”。

“五老榜”确实让人啼笑皆非，但六七十岁才及第的人不是个别的。还有两则材料，也可看出这一点。“孟宁，长庆三年（823），王起榜及第。至中书，为时相所退。其年太和公主和戎。至会昌三年（843），起至坐揆，再至贡。宁以龙钟就试，而成名。是岁，石雄入塞，公主自西蕃还京。”（《南部新书》已卷，《说库》上册）

孟宁又作孟守。王起前后两度知贡举相隔二十年，而这位孟宁先生两次都被录取，前次被宰相黜落，原因不详，其实也不一定有什么正当的理由。就像那位很有个性的吴武陵一样，只是因为宰相不喜欢罢了。而吴武陵却因为宰相不喜欢特意问了一句，才侥幸及第。孟宁则没有他幸运。“龙钟就试”，看样子年龄确实不小，恐怕在六十岁左右。刘虚白的遭遇似乎比他还惨。

刘虚白与太平裴坦相知。坦知举，虚白就试，因投诗曰：“三十年前此夜中，一般灯烛一般风。不知人世能多许，犹著麻衣待至公。”坦感之，与及第。(《唐语林》卷6，载《说库》上册)

三十年前同在一个考场，三十年后一个是主考，一个还是考生，考生的年龄还小得了吗？尽管主考看在老同学的面子上录取了他，但也够凄惨的了。刘虚白是在宣宗大中十四年（860）及第。（见徐松《登科记考》卷22，中华书局版836页）由于刘虚白的生卒年均不可考，因此他中举之年究竟多大年龄无法确定，估计起码在五十岁以上。

唐代官员多大年龄才可以致仕

前文“五老榜”的产生是因为皇帝要从新进士中选年龄大的安排官职，主考一下子就提出六个人的名单。昭宗马上批复，前三个人为秘书省正字，后三人为秘书省校书。挺有意思的是本来是六个人，可人们却说是“五老榜”，可能是认为其中的曹松不到55岁的缘故。六人中，四个超过60岁，最大的竟73岁，刚刚及第，是皇帝的恩赐，才得以在当年即参加工作。这么大年龄尚安排官职，可见其无论在科举还是铨选官吏，都没有年龄限制。致仕也就没有统一的要求了。这从下面两个具体事例中也可得到证明。

《南部新书》戊卷载："大中十一年贺正，卢钧以太子太师率百僚，年八十余矣。声容明畅，举朝俱服。明年，柳公权以少师率班，亦八十矣。自乐悬南趋至龙墀前，气力绵惫，误尊号中一字，罚一季俸，人多耻之。"（《说库》上册）可知卢钧80多岁还率领百官向皇帝拜年。第二年，由80岁的柳公权担当这个角色。都是80岁以上，依旧还在担任现职。

德宗贞元二年，知贡举是萧昕。这年的情况有点特殊，因礼部侍郎薛播在正月乙巳突然死亡，萧昕时任礼部尚书，年高德重，便被起用为知贡举。萧昕是699年生人，在代宗宝应二年（763）、广德二年（764）曾连续两任知贡举（徐松《登科记考》卷10），到贞元三年（787）时，他已89岁，还能主持如此重要的工作。而正是这一临时任命，才成全了两个没有门路的举子牛锡庶和谢登，二人双双登第，牛锡庶还考上状元。萧昕是在贞元五年（789）以太子少师身份致仕的，七年夏卒，享年93岁，他致仕时已91岁。可见如果身体好，自己愿意干，皇帝也不烦时，官可以做到90多岁。

像萧昕这样的官员，致仕后便可享受半禄的待遇。"大唐令：诸职事官年七十、五品以上致仕者，各给半禄。开元五年十月敕，致仕应请物，令所由送至宅。"（《通典》卷35，中华书局1988年版966页）从这条法规看，致仕而能享受半禄者需要有两个条件，缺一不可。这就是：年龄要在70岁以上，官阶要在五品以上。如果达不到这两个条件，即使主动退出官场，恐怕也不能算致仕，当然也就没有什么待遇。

官员致仕后的待遇及生活状况

官员在致仕后，不仅俸禄，在其他方面基本上也享受在职官员待遇的一半。《南部新书》己卷说："邱为致仕还乡，特给禄俸之半。既丁母丧苏州，疑所给，请于观察使韩滉，滉以为授官致仕，本不理务，特令给禄以恩养老。臣不可在丧为异。命仍旧给之。唯春秋二时羊酒之直则不给。虽程式无文，见称折衷。"（《说库》上册）

邱为也是一位寿星，活到96岁。韩滉出任两浙观察使是在德宗建中年间，时邱为当在80岁以上，还丁母忧，其母亲估计当90多岁，这真是一个长寿家族。还有一点也须指出，即邱为是嘉兴人，归属两浙，所以，他致仕的俸禄及一切待遇均由韩滉负责供应。规定中有"令所由送至宅"的话，即由当地主管部门将致仕者的俸禄及其他东西送到家中，因此，邱为才到韩滉处去问。从"唯春秋二时羊酒之直则不给。虽程式无文，见称折衷"这句话可知，正常俸禄外还有一些其他待遇，而韩滉除"春分"和"秋分"两个季节性节日的羊酒钱不给，其他一切都供应，被时人所称赞。而关于这些方面，"程式无文"即没有明文规定。从这件小事中，可见当时致仕后官员待遇之一斑。

唐代诗人中，在致仕方面白居易比较典型，故我们只简单介绍一下他的情况。我们先读一下《达哉乐天行》：

> 达哉达哉白乐天，分司东都十三年。七旬才满冠已挂，半禄未及车先悬。或伴游客春行乐，或随山僧夜坐禅。二年忘却问家事，门庭多草厨少烟。庖童朝告盐米尽，侍婢暮诉衣裳穿。妻孥不悦甥侄闷，而我醉卧方陶然。起来与尔画生计，薄产处置有后先。先卖南坊十亩园，次卖东郭五顷田。然后兼卖所居宅，仿佛获缗两三千。半与尔充衣食费，半与吾供酒肉钱。吾今年已七十一，眼昏须白头风眩。但恐此钱用不尽，即先朝露归夜泉。未归且住亦不恶，饥餐乐饮安稳眠。死生无可无不可，达哉达哉白乐天。（朱金城笺校《白居易集笺校》，上海古籍版第四册 2498 页）

这是说他离职两年后的情况，家中生活受到一定的影响。从此诗“半禄未及车先悬”一句来体会，白居易开始时并没有得到半禄的待遇，不知为什么。这从他《官俸初罢亲故见忧以诗谕之》（朱金城笺校《白居易集笺校》，上海古籍版第四册 2480 页）一诗也可看得出来。白居易在会昌元年因病请长假，其后便罢官。但不知什么原因，这段时间没有俸禄。后来在会昌三年，才正式办手续，以刑部尚书致仕。致仕后便可以得到半俸，生活当然便没有问题了。

其后，他便在琴、酒、诗中消遣时光，真正过上无忧无虑，优哉游哉的生活。《北窗三友》虽然写于致仕前，但可以表现他致仕后的生活样态。“今日北窗下，自问何所为？欣然得三友，三友者为谁？琴罢则举酒，酒罢则吟诗。三友递相引，循环无已时。一弹惬中心，一咏畅四支。犹恐中有间，以醉弥缝之。”（朱金城笺校《白居易集笺校》，上海古籍版第四册 2020 页）这种生活确实很高雅轻松，令人羡慕。

八十岁的老宰相

武则天后期，在武氏家族和李唐宗室争夺帝位的关键时刻，是一名 80 岁才当上宰相的老臣张柬之起了决定性的作用，对唐王朝的健康发展做出了杰出贡献。

张柬之（625—706）字孟将，襄州襄阳（今属湖北）人。他及第之年史料无载，而中贤良方正科是在永昌元年（689），已 65 岁。据《太平广记》引《定命录》曰：

> 张柬之任青城县丞，已六十三矣。有善相者云，后当位极人臣。众莫之信。后应制策被落。则天怪中第人少，令于所落人中更拣。有司奏：“一人策好，缘书写不中程律，故退。”则天览之，以为奇才。召入问策中事，特异之，即上第。（转引自《登科记考》卷 3，中华书局版 92 页）

任县丞时可能便是其及第之年。张柬之的命运不错，遇到武则天这样一位开明公正的君主，把他从落第者的人堆里捡了回来，才造就他以后仕途上的光明前景。这条资料还告诉我们唐代的科举制举考试首先注重的是考卷格式，张柬之就是因为卷面不符合格式要求而在第一次被黜落的。当然，这种所谓的“程律”也可能是字数或其他方面的要求，恐怕不是书写格式。如果连格式也搞不懂，张柬之恐怕连进士也考不上。武则天的文学水平不错，当复试者中书舍人刘允济将张柬之文章好而不合格式的情况汇报后，她亲自阅读，并批其为第一名。看来，张柬之与武则天有一定的缘分。

张柬之中进士晚，中贤良方正也晚，当宰相更晚。长安四年，“冬十月甲戌，以秋官侍郎张柬之同平章事，时年且八十矣。”（《资治通鉴》卷207，上海古籍缩印本1400页上）正是这次任命，为其在两个月后发动宫廷政变奠定了基础。

长安四年是公元704年，十月张柬之才当上宰相。中宗神龙元年（705）正月，武则天卧病在床，张昌宗和张易之蠢蠢欲动，形势很危急。在这千钧一发之际，张柬之稳健坚定，决策英明，辅佐中宗抢班夺权，恢复李唐王朝的天下。可见老臣在关键时候的历史作用。杜甫说“古来存老马，不必取长途”，恐怕就是这个意思。

盛唐著名诗人贺知章是在天宝三载（744）正月因病坚决要求归隐，请度为道士。玄宗批准，亲自作诗欢送，并要求百官到长安城东门外的长乐坡设宴饯别，吟诗相送。唐玄宗在《送贺知章归四明序》中说：“天宝三年，太子宾客贺知章鉴止足之分，抗归老之疏，解组辞荣，志期入道。朕以其年在迟暮，因循挂冠之事，俾遂赤松之游。正月五日，将归会稽，遂饯东路，乃命六卿庶尹大夫供帐青门，宠行迈也。……乃赋诗赠行。”据《会稽掇英总集》卷二载，李适之、李林甫、褒信郡王璆、席豫、宋鼎、郭虚己、韦坚等30人作的是应制诗，因玄宗原作是五言，故这些诗当然也是五言。另外，还有姚鹄、王铎、何千里、严都、严向五人各作七律一首。（傅璇琮主编《唐五代编年文学史》，辽海出版社1998年版778页）贺知章于公元659年生，这一年是86岁。如此高龄的老人在致仕时受到如此隆重的欢送，皇帝亲自写诗，三十多位大臣和名流吟诗送别，荣耀至极。

盛唐以后两大毒瘤之一
——宦官干政

宦官乱政，在中国历史上，莫过于汉、唐、明三代。唐代的宦官之祸，肇源于玄宗，发展于肃宗、代宗、德宗，自德宗后而成为心腹之患，成为癌症般之绝症，一直到唐代之覆灭。

宦官势力的崛起

玄宗晚年荒淫殆政，宠信高力士，使之参谋政事，宦官势力开始抬头。但玄宗还能够控制高力士。玄宗让其参谋政事，是自愿的，主动的，并不是被迫的。肃宗怯懦无能，宦官李辅国扈从灵武有功，还京后便把大权全部交给他执掌，官至司空、中书令。从此宦官势力大盛，可以左右皇帝，颐指大臣，皇帝则处在被动地位。

代宗因自身受李辅国势力之威胁，故用计谋

杀了他，但又重用程元振，权势更大于李辅国。其后又重用鱼朝恩，宦官势力日益强大。岑仲勉先生论及此事时说："去一辅国，复养一元振；去一元振，复养一朝恩。宦官之害，遂根深蒂固，牢不可拔。"（岑仲勉《隋唐史》上册 331 页）

德宗即位之初，尚想有所作为。对宦官有所抑制，宦官势力稍有收敛。但因其性猜忌，重用阴险尖刻之卢杞为相，猜忌大将，转而信任宦官。曾被朱泚赶出长安，蒙尘在外。回京后，则把禁军即左右神策军交给心腹宦官掌握，成为制度。宦官掌握京师及皇宫禁卫军的兵权，就等于掌握了朝廷的大权。城狐社鼠，难以控制。《旧唐书》卷一八四《宦官传》序云：

> 德宗避泾师之难，幸南山，内官窦文场、霍仙鸣拥从。贼平之后，不欲武臣典重兵，其左右神策、天威等军，欲委宦者主之。乃置护军中尉两员，中护军两员，分掌禁兵。以文场、仙鸣为两中尉。自是，神策亲军之权，全归于宦者矣！

德宗死后，顺宗在位时，王叔文曾经想要夺取宦官之兵权，可惜功败垂成。其后致力于谋除宦官者只有二人，一个是文宗，一个是昭宗时的宰相崔胤，但都没有成功。当朱全忠彻底诛除宦官后，李唐王朝也就跟着进入了坟墓。司马光在叙述此事后，有一段总结性的语言，很有启发性。他说：

> 东汉之衰，宦官最名骄横。然皆假人主之权，依凭城社

以浊乱天下。未有能劫胁天子如制婴儿，废置在手，东西出其意，使天子畏之，如承虎狼而挟蛇虺，如唐世者也。所以然者，非它，汉不握兵，唐握兵故也。太宗鉴前世之弊，深抑宦官，无得过四品。明皇始隳旧章，是崇是长。晚节令高力士省决章奏，及至进退将相，时与之议。自太子王公，皆畏事之。宦官自此炽矣。及中原板荡，肃宗收兵灵武，李辅国以东宫旧隶，参预军谋。宠过而骄，不能复制，遂至爱子慈父，皆不能庇，以忧悸终。代宗践祚，仍遵覆辙。程元振、鱼朝恩相继用事，窃弄刑赏，壅蔽聪明。视天子如委裘，陵宰相如奴虏。(《资治通鉴》卷263)

他认为，唐代宦官势力之所以到后期完全失控，最关键的因素是唐代宦官掌握禁兵，实在是精辟之见。顺宗朝王叔文想要抑制宦官势力，企图夺取宦官手中的兵权而未果。宪宗把主要精力用在对付藩镇割据方面，反而更宠信宦官，使宦官势力更加嚣张，最后宪宗本人也被宦官害死。

从此，宦官又完全控制了皇帝废立的权力。范文澜先生在《中国通史》第三册中说：“一个皇帝被宦官杀死，朝官不敢追问，宫中朝上相安无事，说明宦官势力大到可以进退皇帝。从此，掌握唐朝政权的人，不是皇帝而是宦官。”（范文澜《中国通史》第3册206页）并以此作为中晚唐的分界线。

文宗和昭宗

德宗朝，宦官开始掌管京师禁卫军兵权，即左右神策军中尉，使本来已经难以控制的宦官势力更加膨胀，如虎添翼，再也无法驾驭。其后皇帝中，对宦官斗争最坚决的要数文宗和昭宗二人，而他们受到的迫害也就最深刻。

文宗为摆脱宦官控制，可谓煞费苦心，先秘密命令宰相宋申锡伺机诛除宦官。宋申锡被宦官诬陷而死，但没有说出是奉皇帝密旨，保护了文宗。这一回合的失败，使宦官势力更加强大。其后一年多，文宗再次要诛杀专横跋扈的宦官，起用李训和郑注这两个卑鄙小人。他们策划以左杖石榴树上有夜降甘露为名，诓骗宦官头子仇士良等人前去观看，然后关上门全部杀掉。结果被仇士良等发现，抢先把文宗抢回后宫。接下来的情况是：

> 士良等知上豫其谋，怨愤，出不逊语。上惭惧不复言。士良等命左右神策军副使刘泰伦、魏仲卿等，各帅禁兵五百人，露刃出阁门讨贼。王涯等将会食，吏白有兵自内出，逢人辄杀。涯等狼狈步走，两省及金吾吏卒千余人，填门争出。门寻阖，其不得出者六百余人，皆死。士良等分兵闭宫门，索诸司，捕贼党。诸司吏卒及民酤贩在中者皆死。死者又千余人，横尸流血，狼藉涂地。诸司印及图籍帷幕器皿俱尽。又遣骑各千余，出城追亡者，又遣兵大索城中。（《资治

通鉴》卷 245，上海古籍缩印本 1686 页中）

宦官敢于辱骂皇帝，皇帝却不敢吱声，倒反天罡到如此地步，真令人吞声。接着仇士良便派出近三千名军兵血洗皇城，血洗六部及各司，有近两千官吏百姓死于非命。这便是中国历史上有名的“甘露之变”。宰相王涯、贾悚、舒元舆等均被冤杀，官员枉死者尤多，乃至朝廷各部门不能正常办公，官员所剩不到一半。

从此，宦官的权力达到登峰造极的程度。以后的皇帝几乎都是由这个群体拥立的。反过来说，如果没有宦官的支持，谁也别想坐到龙墩上。谁敢得罪宦官，则必死无疑。《南部新书》已卷载：“僖宗朝，左拾遗孟昭图在蜀上疏极谏，为田令孜所矫诏沉蜀江。裴相彻有诗吊之曰：‘一章何罪死何名，投水唯君与屈平。从此蜀江烟月夜，杜鹃应作两般声。’”（《说库》上册）

文宗之后，与宦官做斗争最坚决的是昭宗。他几次想削夺宦官的权力都没有成功，反而是宦官把正当年的昭宗囚禁了一个多月，让他在少阳院里当上了太上皇。当时，昭宗不过 35 岁而已。这便是历史上著名的皇帝被锁少阳院的故事。当把昭宗推进少阳院要关闭大铁门时，“季述以银挝划地数上曰：‘某时某地，汝不从我……’如此数十不止。乃手锁其门，熔铁固之。遣左军副使李师虔将兵围之，上动静辄白季述……凡宫人左右方士僧道为上所宠信者，皆榜杀之。每夜杀人，昼以十车载尸出，一车或止一两尸，欲以立威。”（《资治通鉴》卷 262，上海古籍缩印本 1818 页上中）

皇帝被自己的奴才囚禁起来，其罪过就是多次没有听奴才的话，真是荒谬绝伦，而凡是皇帝亲近的人都被杀掉，可见宦官势力猖獗到什么程度。可以说，铲除身边的心腹之患——宦官势力是昭宗终生奋斗的一个目标，但并没有实现。

宦官罪恶活动的几个个案

下面，我们再从几个具体事件来看一看宦官们的嚣张气焰和贪婪饕餮的丑行。中唐以后，宦官根本不怕朝官，但对手握兵权的节度使则不敢过分，这是抑制宦官势力的一种力量。从以下两件事便可看出这一点。

> 王承业为太原节度使，军政不修。诏御史崔众交兵于河东。众侮易承业，或裹甲持枪，突入承业厅事，玩谑之。李光弼闻之，素不平。至是，众交兵于光弼。光弼以其无礼，不即交兵，令收系之。中使至，除众御史中丞，怀其敕，问众所在。光弼曰："有罪系之矣。"中丞以敕示光弼。光弼曰："今只斩侍御史，若宣制命，即斩御史中丞。若拜宰相，即斩宰相。"中使惧，遂寝而还。翌日，斩众于碑堂之下。
> （《南部新书》丁卷，《说库》上册）

李光弼是中唐名将，对宦官干涉军权早有不满，对崔众随意侮辱节度使的做法恨得咬牙切齿，所以当他接管其军队时，马上把崔众囚禁起来。宦官们的利益相通，正在此时，从皇帝身边来的宦官到了，怀里揣着任命崔众为御史中丞的圣旨，听说其被囚禁，便让李光弼看圣旨，李光弼回答得特别干脆："你如果不宣布圣旨，我只斩侍御史，如果宣布圣旨，我就斩御史中丞，如果任命其为宰相，我就斩宰相。"言外之意，这个人我是斩定了，任命什么也斩。宦官见状，也不敢吭声，悄悄溜了回去。

李光弼是一员大将，大权在握，以治兵严厉著称，他之所以有这种魄力，是因为他有这个权力，有强大的军事力量作为后盾。敢于坚决镇压气焰嚣张的宦官需要勇气，比李光弼稍晚的柳公绰也有这方面的事迹：

> 柳元公初拜京兆尹，将赴府上，有神策军小将，乘马不避。公于街中杖杀之。及因对敭，宪宗正色诘公专杀之状。公曰："京兆尹，天下取则之地。臣初受陛下奖擢，军中偏裨，跃马冲过，此乃轻陛下典法，不独侮臣。臣杖无礼之人，不打神策军将。"上曰："卿何不奏？"公曰："臣只合决，不合奏。"上曰："既死，合是何人奏？"公曰："在街中，本街使金吾将军奏。若在坊内，则左右巡使奏。"上乃止。(《因话录》卷 2,《笔记小说大观》江苏广陵古籍刻印社版第 1 册)

他上任时，一名神策军小将竟然不肯回避，于是便按照律法将其打死。宪宗很严肃地问他时，他不卑不亢，坚持自己的意见。因为有道理，皇帝也拿他没办法。其他官员则不敢如此坚决地打击宦官势力了。《南部新书》戊卷记载这样一件事：

开元二十五年，西幸驻跸寿安连曜宫。宫侧有精舍，庭内刹柱高五丈，有立于承露盘者。上望见之，初谓奸盗，觇视宫掖。使中官就竿下诘之。人曰：吾欲舍身，本是知汤前官，被知汤中使邀钱物，已输十缣，索仍不已。每进汤水，则投土其中。事若阙供，责怒必死。宁死于舍身，尔具以闻。诏高力士，召知汤中使，卖绢于竿下谢之。仍命彻尚舍卫尉幕，委绩于竿下。其人礼十方毕。以身投地，坠于幕外，举体深红色，尚微动，须臾绝。诏集文武从官，于朝廷杖杀中使，敕府县厚葬殒者。(《说库》上册)

开元年间，宦官势力还没有很强大，但一个负责皇帝热水供应的宦官就敢向在行宫中供应皇帝热水的官员敲诈勒索，已经给十四好绢还不答应，这才造成这桩惨案。迫使这个热水供应官员爬到行宫旁边五丈高的一个大承露盘上，玄宗以为是个盗贼在偷看行宫中的情况，便派人去问。那人说出原委及要自杀的缘由。一个小小的负责皇帝热水的宦官就敢这么干，虽然最后被打死，但也可推测宦官的恶行无所不在。

隋唐时代放假休宁制度

隋唐时代的朝廷官员也和现在一样，有许多假期。就性质来说，可分为每旬一天的常假、节日的法定假日、因婚丧嫁娶而请的事假等，现在便根据这几个方面进行分别叙述。

一年有多少假期

隋唐时代的官员一年到头到底有多少天假期，在各个时期有所不同，我们以《唐六典》卷二所记的开元假宁令为参照，便可基本了解这一情况：

元正、冬至，各给假七日；寒食通清明四日；八月十五日、夏至及腊八各三日；正月七日、十五日、晦日、春秋二社、二月八日、三月三日、四月八日、五月五日、三伏日、七月七日、七月十五日、九月九日、十月一日、立春、春分、立夏、立冬，每旬，并给休假一日。

根据这条材料可以知道，每十天休息一天的旬假不算，光是法定假日就41天，比现代的假期多出几倍。再加上例行的旬假36天，官员每年休假的时间起码在70天以上。我们在实行双休日以前，每年的星期天加上法定假日也不到60天，可见唐代官员工作并不太繁忙。

除这些例行的法定假日外，还有一些不固定的休假，如“开元十七年，丞相张说奏：以八月端午降诞日为千秋节，又改为天长节。肃宗因之诞日，为地平天成节。代宗虽不为节，犹受四方进献”。（《唐语林》卷8“补遗”，《说库》上册）从唐玄宗开始的“千秋节”，即皇帝生日也都要放假。新君登基、册封皇后等一些大典亦如此。

有的节假日官员们要上朝，而且这种时候的上朝仪式往往是很隆重的。如每年元日的朝廷大典即如此。柳公权因为领班祝贺时说错一个字被罚三个月的俸禄，便是在元日上朝时的事。（参见《紧张、庄严、肃穆的朝仪》）四月一日的赐樱桃宴，够品级的官员都要到场。只是在这样的日子不办公而已。

其他假日

上述节假日带有普遍性，即不论什么职务、什么地方的官员都享受的待遇。还有一些假日，是针对不同对象的，范围宽窄不同。

1. 田假和换季假

《太平御览》卷六三四引唐代假宁令称："诸内外官，五月给田假，九月给受衣假，为两番，各十五日。田假若风土异宜，种收不等，通随给之。"这则资料未注明时间，但与《唐会要》卷八二所载开元二十五年正月规定相同，可知是开元天宝年间实施的制度。"田假"还可以根据各地季节情况不同而自行决定时间，但15天的期限是一致的。可知这是给官员在春夏之交安排农事的假期。类似现代在一些农村实行的农忙假。从这一假期的性质和作用来看，似乎应当只给地方和农村的一些小官员，但李峤《田假限疾不获还庄，载想田园，兼思亲友，率成短韵，用写长怀赠杜幽素》诗中有"迹驰东苑路，望阻北岩扉"（《全唐诗》卷61）之句，则好像是在两京所作。

与田假相对应的是授衣假。"授衣"二字出自《诗经·豳风》"九月授衣"一语，基本上也是在九月内放此假，既可照顾秋收，也可以进行季节性更换衣服，现在称为"换季"。此假显然以后者为主。韦应物《授衣还田里》诗道："公门悬甲令，澣濯遂其私。晨起怀怆恨，野田寒露时。气收天地广，风凄草木衰。"（陶敏、王友胜校注《韦应物集校注》卷6，上海古籍出版社1998年版387页）此诗是韦应物在比部员外郎任上作，可知朝官也享受这一待遇。从首句看，放假前，也出通告，贴在衙门大门口专门的位置上。

在校学生也同样享受田假和授衣假的待遇。因为这些人比官员更需要这种假期回家参加农忙。"诸学生通二经、俊士通三经以及第而愿留者，四门学生补太学，太学生补国子学。每岁五月有田假，九月有授衣假。二百里外给程。”（《新唐书·选举志上》，上海古籍缩印本4254页）前面说品学兼优的学生可以保送到上一等学校，后面是这几所学校的在校生每年春秋两季假期的规定。所谓的“二百里外给程”即是程假，就是二百里以外的学生还另外给一定期限的赶路时间。按照远近不同，规定一定的日期。

2. 装束假和程假

所谓的装束假和程假是专门给新授命官员或调动工作官员的。装束假是指准备行装的时间，程假是指给官员一定的赶路时间。装束假主要是给新任外地官员和由朝官外放去当地方官的，某种意义上体现一定的照顾和心理安慰的性质。因此对于由中央官员放外任者格外从优，使他们有充分的时间进行各方面准备，以及和亲朋饯别。而且程假给的也十分宽裕，这两个假期又是衔接在一起的，时间就更宽松了。他们一路上有足够的时间游山玩水，修复一下受了伤害的灵魂。

据敦煌伯2504号《天宝公式表残卷》载“装束式”说：“今年新授官，过谢后计程不到任所者，宜解所职，仍永为恒式。”其假宁令也规定：“诸外官授讫，给假装束”（转引自李斌城等著《隋唐五代社会生活史》，中国社会科学出版社1998年版597页），按照里程不同，给假30日到80日不等。从装束假的一些规定来看，也体现出唐代重内轻外的普遍心理。从这条规定，可以推知一些放外任的官员故意拖延时间，留在京师不走，所以才有如此严厉的制裁措施，不按时到达则免去所任命的职务。

不过，总的来看，朝廷对外放官员的假期还是很优裕的。如白居易在元和十年（815）八月自太子左赞善大夫外贬为江州司马。他离开长安取道蓝田，“朝经韩公坂，夕次蓝桥水。浔阳仅四千，始行七十里。”（《初出蓝田路作》朱金城笺校《白居易集笺校》，上海古籍版第2册546页）到襄阳后访朋问友，作《再到襄阳访问旧居》一诗，冬初才到达贬所江州（朱金城笺校《白居易集笺校》所附《白居易年谱简编》，上海古籍版第6册4016页），时间大约三个月，显然并没有超过规定期限。

刘禹锡在长庆四年夏从夔州转任和州刺史，一路上到处观光游览，访问朋友，历时两个多月才到达任所，在本不该经过的宣州，因应友人之约，不但绕道前去，而且逗留十天之久。这是刘禹锡自己说的。他在《历阳书事七十韵并引》的《引》中说：

> 长庆四年八月，余自夔州转历阳。浮岷江，观洞庭，历夏口，涉浔阳而东。友人崔敦诗罢丞相，镇宛陵，缄书来抵曰：“必我觌而之藩，不十日饮，不置子。”故余自池州道宛陵，如其素。敦诗出祖于敬亭祠下，由姑孰西渡江，乃吾圉也。（卞孝萱校订《刘禹锡集》，中华书局1990年版577页）

刘禹锡一路上游览了许多名山大川，因朋友盛情邀请，还特意绕道到宣州，逗留十日。从本诗中“接境人情洽，方冬馔具精”两句诗来看他离开宣州境时，已是冬季，可知这次调动工作前后用去两个多月的时间。崔敦诗的话意思是说：我一定亲眼看着你走进新调到的地方，不在我这里喝上十天酒，我不放你走。

这位朋友真够热情的，然而需要一个前提，这就是刘禹锡要有充足的时间，如果因超过日期到达任所而丢了乌纱帽，那不等于害了朋友吗？二人都在官场中多年，知道有这个条件，因此才会如此的。崔敦诗便是崔群，与韩愈、李绛都是同榜进士，当宰相很长时间，是名人，也是大君子。

事假及其他

人都会遇到婚丧嫁娶之事，对于各种情况，如加冠、祭祖、结婚、守丧等都属于事假，但又都是必须给的假，各种事假的假期长短不同，同是守丧，根据本人与死者的关系，假期长短和离职不离职也不一样。这些假中，丧事的规定最多。如果死亡的是直系亲人，是父母或祖父母，当事人必须马上主动辞职，回家守丧尽孝，这是不容争议的。著名的“永贞革新”领导人王叔文就是在新旧两种政治势力进行斗争的最关键时刻，因母亲死亡必须回家守丧而使变法大业付诸东流的。

关于守丧，唐代有明文规定，在《通典》卷一〇八“居官遭丧”条规定道：“凡斩衰三年、齐衰三年者，并解官。齐衰杖周及为人后者为其父母、若庶子为其母者，解官，申其心丧，皆为生己。若嫡继慈养改嫁或归宗三年以上者，并不解官，假同齐衰周也。”（《通典》卷108，中华书局1988年版2812页）这就是国家礼法，是所有官员必须遵守的。正因为有这样的法规，才会出现许多令人啼笑皆非的历史故事。下面，我们从众多类似故事中选出两个来，供读者诸君更好地理解这一制度在唐代的具体执行情况。

王叔文是在德宗死顺宗即位，他掌握实权后才进行大刀阔斧的政治改革的。他认识到这场斗争的艰巨性和复杂性，派自己一党的中坚分子韩泰为行军司马，任命军界老资格右金吾大将军范希朝为“左右神策京西诸城镇行营节度使”，接收由宦官掌管的禁卫军的兵权。

在这个关键时刻，王叔文“其母病甚……（六月）丁巳，叔文以母丧去位”。（《资治通鉴》卷236，上海古籍版1624页上）王叔文离位前，已经预计到变法必将失败，连续低吟杜甫《蜀相》中的诗句“出师未捷身先死，长使英雄泪满襟”，悲凉地离开朝廷回家，为死得最不是时候的母亲守丧。随着他的离开，顺宗被迫提前退位，太子登基，变法失败。

晚唐时，天下岌岌可危，昭宗被一群宦官劫持到凤翔李茂贞处，李茂贞属下有一个无行文人叫韦贻范，见李茂贞手中掌握着天子，知其最有实权，便用美人计博得李茂贞的欢心当上宰相。小人当政，必贪得无厌，便收取贿赂，私下卖出许多官爵。“韦贻范之为相也，多受人赂，许以官。既而，以母丧罢去，日为债家所噪。”（《资治通鉴》卷263，上海古籍版1816页上）韦贻范的母亲死得真不是时候，儿子收了那么多钱，许出那么多官，还没有兑现时，怎能死呢！太不应该了。结果是使那么多债主整天在家门口吵闹不休，真是亘古少见的奇闻。

唐代占卜算卦业

随着城市经济的发展和繁荣，城市居民的人口迅速增长，与之相应的市民阶层不断膨胀。这些人之所以来到大都市，都是为了提高生活质量，要活得更有滋味。而大城市的高消费，也为各行各业的人就业提供了机会。相对而言，大城市的钱就是比其他地方好挣。而集中居住在大城市中的贵族阶层，也需要多方面的服务来调节生活，提高生活质量和品位。这样，各行各业便都兴隆起来。

城市和农村的差别古已有之。农村人主要靠对自然资源的开发利用来谋生，“靠山吃山，靠水吃水”。而城市里的普通市民阶层则主要靠智力或技能谋生，靠为统治者或他人提供服务来糊口。用现在的话说，这些人基本属于第三产业者。从大的方面来区分，也可概括为脑力劳动者和体力劳动者两类。下面，我们先介绍一下算卦先生。

占卜算卦概观

人类对于自然宇宙和自身的认识都是极为有限的。未知的东西太多，现实生活中有许多自己无法把握的东西，人们在命运面前往往显得无能为力，因此，哪个时代都有相信占卜算卦，希望预先知道未来命运的人。唐代以占卜算卦为生的人虽然总数不会太多，但却是一个很惹人注意的行业。

提到唐代的算卦人，可以说无人不知李淳风和袁天罡，关于这两人的传奇太多，而且人们比较熟悉，此处不论。与他们二人同被写进《方技传》的还有一位算卦专家桑道茂。桑道茂生活在中唐，出身寒微，连籍贯世系都搞不清楚。但他算卦非常灵验，连皇帝都很信任他。德宗建中初，他说，不出三年，国家有大难，奉天有王气，应当先加修城垣。

德宗很信任他，便命人修缮城墙，储备粮食。时当盛夏，很多人不理解。后来，朱泚之乱，德宗果然幸奉天。此类事还有一些，桑道茂可能是个很有预见的人。他“善太一遁甲五行灾异之说，言事无不中”（《新唐书·方技传》，上海古籍缩印本4747页上）。一个算卦人被写进正史，可知在当时一定名满天下。

桑道茂的卦铺就在长安，在哪条大街不得而知，但他的占卜生意非常红火是肯定的。正因为这一点，一般的算卦先生恐怕谁都不愿意离他太近，因为在太阳旁边的星星再亮也发不出光来。但有一个并不会算卦的老太太，却偏在他的对门摆起卦摊，立起招牌，也占卜算卦。

> 桑道茂之门，有一妪无所知，大开卜肆。自桑而卜回者，必曰："妪于桑门卖卜，必有异也。"筮毕必来覆之。桑言休，则妪言咎；桑言咎，则妪言休。厥后中否，妪桑各半。（《唐语林》卷6，载《说库》上册）

桑道茂名气太大，人们慕名而来，络绎不绝，见一个老太太敢在桑道茂的对门摆卦摊，这不明明是关公门前耍大刀，鲁班院里弄斧头嘛，肯定身手不凡。于是到桑道茂那里算完再到老太太这里来验证，而老太太偏偏与桑道茂作对，二人算卦的结果总是相反，而最后验证的结果却是各对一半。

这真是个有趣的事。这个老太太是个很了不起的人物，她善于利用名人效应来为自己做广告，又预测到事情正反结果的概率，于是便发了一笔小财。事情的结果无非就是成功与失败两种，非此即彼，故其概率也就一半。

占卜算卦的价格

占卜算卦者的费用比较昂贵，一般稍有名气的算卦先生，每一卦大约三镮。每镮是一百钱，则每卦便是三百文钱。官府雇用私人的牛车，一天才给35文钱，而算卦先生的一卦便等于一辆牛车干八天多，可见价格确实不菲。怎知每卦的价格大约三百文呢？有几则材料为证。

贞元年间，有位姓孟的举子，因失去姓名而称为孟君。多年应举，文章虽好但点子背，就是考不中，家里被弄得挺穷。有心不考，但无事可干，便投奔岳父殷氏家。岳父门上的人都瞧不起他，对其经常侮辱慢待。一股急火攻心，他大病在床。自以为将不久于人世，便对岳父说："我贫穷薄命，疾病已不可救药，怕弄脏你老人家华丽的房宅。我愿意听凭命运的安排，请求到其他地方去等死。"

他岳父也不挽留，给他三百文钱便由他自己离去，也无人送一步。孟君"出门不知所适，街西有善卜者，每以清旦决卦，昼后则闭肆下帘。孟君乃谒之，具陈羁蹇，将填沟壑，尽以所得三镮为卜资。卜人遂留宿，及时为决一卦"。（《太平广记》卷151，中华书局版1085页）结果卦象特别好。孟君不但不能死，而且十日后当有重要职务，每月俸禄可得七十千钱。后来果如其言。

还有一点，此处须顺便交代一下，即在谈到俸禄时，为何不直接说"七万"，而要说"七十千"，这里涉及一个当时钱币形制与单位的问题。隋唐时期，铜钱是最主要的货币，每一千钱为一缗，也叫一贯。书面语中多称缗，口头语言中多称贯。著名白话小说《十五贯戏言成巧祸》中的"贯"便是这种钱币单位。七十千，就是七十贯（缗），故这样说。本文中出现的"镮"是一百文钱，十镮便是一贯。

《逸史·李藩》中叙述李藩与崔氏内兄访胡芦生求卦，"各携钱三百"。可知有名占卜者每卦大约三百钱。但也不尽然，有位湖南人叫王栖岩，寓居扬州，以算卦为生。"每清旦布蓍，为人决事，取资足一日为生，则闭斋治园。大历中，尝有老父持百钱求筮。卦成。”（《太平广记》卷217，中华书局版1659页）可知一百钱也可算卦。如果算得准或遇到大款，则没有准价了。在邺中有位五明道士，为王庭凑算卦特别灵验，后来王庭凑专门在衙门里“为营馆舍，号五明先生院”。“因以数百金为寿，道士固辞不受，公亦固与之。载归其室。”（《太平广记》卷217，中华书局版1662页）不但专门盖个高档次的独楼，而且赠送数百金，竟用车送到房间去。这恐怕是最高的酬金了。

只要有名，即使算得不灵，但会忽悠，遇到愚蠢而大头的贵族公子，也可以得到相当高的价码。据温庭筠《乾子·郑群玉》载：“唐东市铁行，有范生，卜举人连中成败，每卦一缣。”“缣”是双丝织品，属于细绢，也可以说是高级丝织品。一缣就是一匹缣，为四丈，价格相当昂贵。我估计，一个普通力工，恐怕一个月的苦力也挣不来这么多钱。因为雇用一辆牛车一天的劳务费才四尺绢，绢可能没有缣贵重，即使相等，一辆牛车干十天活才可得到一匹绢。一个力工的雇用价格怎么也赶不上一辆牛车吧。

这个价格本来已经很高了，有时还可大大超过。有个财大气粗但文章水平极其低劣的举子郑群玉跑到范生那里去算卦，“赍缗三千，并江南所出”为资费，不但有三千缗钱，而且还有江南的特产，出手真大方。范生“喜于异礼”，便非常用心地给他算了一卦，卦成，告诉郑群玉说：“秀才万全矣！”郑群玉非常高兴。但在考试中，郑群玉的水平实在太差，连题目都没审明白，竟交了白卷。其结果也就可想而知了，毕竟有再大的后门也不敢录取白卷先生。

占卜算卦者的活动地点

算卦者主要的活动地点还是长安和洛阳。如桑道茂便是在京师长安的占卜者，他的准确地点不清楚，估计当在闹市区。而一位在开元中名满京师的善卜者“李老”则在西市开卦铺。因为长安是经济政治的中心，中央机关便坐落在这里，每年一次的科举考试基本是在这里进行，官员的升迁贬谪也由这里的三省六部决定。尤其是与仕途相关的人，祸福荣辱往往有很大的偶然性。因此求卜问卦的人自然很多，广大的市场需求刺激了这里占卜算卦业的发达，所以这里也成为全国卜筮业的中心。如果那时有什么“卜筮学术研究会”的话，总部和秘书处一定都设在这里。

东都洛阳是卜筮业的另一个中心。著名卜筮专家胡芦生便在洛阳营业。李回算卦去的洛桥，可能就是洛水上的天津桥或别的桥，当然也在洛阳。

其次是一些大中城市。一些县城邑镇或乡村也有这种营生。还有走街串巷卖卜算卦的。“唐贞观中，定州鼓城县人魏全家富。母忽失明，问卜者王子贞。”（《太平广记》卷216，中华书局版1654页）王子贞不是当地的卖卜人就是走街串巷者，否则，这位乡民便无法向他求卜。“颍阴日者”是颍阴的占卜人，前文提到的王栖岩在广陵开铺算卦，“五明道士”是邺中的算卦先生，黄贺则“涉河游赵，家于常山，以卜筮为业”（《太平广记》卷217，中华书局版

1662 页），“邓州卜者”很明显是在邓州占卜的先生。“沈七”是越州人，并在越州卖卜。名卜“车三”在华阴算卦。可见在许多地方都有算卦先生活动的身影和他们算卦的幌子。

几个有趣的占卜算卦逸闻

武宗朝有位宰相叫李回，是当时的名人，与李商隐有交往，但在中举前很蹉跎。他原名叫李躔，因为累举不第，心中懊恼，以为是自己的名不好。“躔”与“缠”同音，是不是把自己的手脚缠住了，所以才动弹不了，止足不前？但改名是大事，而且改成什么也拿不定主意，便到洛桥去算卦。

洛桥有两个算卦先生，一个是龟卜，一个是筮卜。李躔先访筮卜先生，说想改名赴举，怎么样。先生回答说：“改名甚善，不改，终不成事也。”又去访龟卜者邹生。邹生曰：“君子此行，慎勿易名。名将远布矣。然则成遂之后，二十年终当改名，今则已应玄象，异时方测余言。”李躔将要走时，邹生又告诫道：“郎君必策荣名，后当重任。接诱后来，勿以白衣为隙，他年必为深衅矣。”（《太平广记》卷 217，中华书局版 1660 页）

后来，李躔在长庆元年（821）及第。二十年后，开成五年（840），武宗即位，武宗名叫李瀍，与李躔同音，因此，李躔必须改名，于是便改名为李回。至此，李回才佩服邹生占卜之灵。说道：“筮短龟长，邹生之言中矣。”但他忽略了临行时邹生告诫的话。

李回先后在尚书省工部和户部任侍郎。一次，参加三省官员会议，门下省的给事中魏謩对李回说："昔求府解，侍郎为试官，送一百二人，独小生不蒙一解。今日还忝金章，厕诸公之列也。"在座的人都很吃惊魏謩突然说到这事。有人示意李回应当表示点歉意，而李回却来了犟脾气，道："你现在脱下紫袍，还是魏秀才，我当试官，依旧不送你。公何必以旧事相责备？"不欢而散。

后来李回当了宰相，而魏謩也入相。二人始终有嫌隙，李回晚年累次被贬谪，与得罪魏謩有关。至此，李回才知道邹生告诫他的话很深刻。假如当初他对魏謩说几句道歉的话，不那么让人下不来台，恐怕结果会好一些。

车三的卦也挺灵验。进士李蒙中博学宏词科，进京等着注官，即分配工作。走到华阴时，县令让车三见李蒙，但骗他说是李益。车三看完，说看不出能得官。他人告诉实情，说是李蒙，新中博学宏词，到京师注官，看可得何官？车三问李蒙想得何官。李蒙说想到华阴县来。车三答曰："得此官在。但见公无此禄，奈何？"(《太平广记》卷216，中华书局版1655页）其意是说，可以得到这个官职，但领不到工资。众人当然不信。

等到了京师，李蒙果然得到华阴县尉之职。同行众人非常兴奋，便到曲江池举行舟上宴会，并请李蒙作序。黄昏序成，史翽先站起来从李蒙手中取过序看，裴士南等十多人都挤过来争着要看，船偏而翻。李蒙、裴士南等皆溺水而死。李蒙果然没有得到俸禄而终。

李蒙之事，《朝野佥载》和《独异志》上都有记载，情节与此有出入。这是开元五年春天之事。据这两则材料说，李蒙是贵公主的女婿。当时，司天监向玄宗密报，说天象显示有重灾，当有名士三十人同日冤死。今年新进士正好此数。玄宗私下嘱咐那位公主，如果有大规模宴会，你要把丈夫留在家中，不可让他前去。

公主宅住在昭国里，离曲江池很近。这天曲江池涨水，新进士乘坐华丽的大船，举行大型酒筵，歌舞声喧天。李蒙听到，便跳墙而去。众人极其欢乐，突然起了暴风，船翻人亡。三十新进士无一幸免。（参见徐松《登科记考》卷5，中华书局版188页）这三则材料虽有出入，但李蒙死于曲江池翻船是一致的。

越州沈七的卦也很神，据《定命录》载：

> 有沈七者，越州人，善卜。李丹员外谓之曰："闻消息，李侍郎知政事，某又得给事中。如何？"沈七云："李侍郎即被追，不得社日肉吃。后此无禄。公亦未改，不得给事中。"其时去社日才十四日。果有敕追李侍郎，去社两日而上道。至汴卒。李亦不得给事中。（转引自《太平广记》卷217，中华书局版1658页）
>
> 又天宝十四年，王诸应举。欲入京，于越州沈七处卜。沈云："……未得利见大人。恐公此行，不至京而返。"果至东京，属安禄山反，奔走却归江东。（转引自《太平广记》卷217，中华书局版1658页）

类似这样的记载还可找出很多，不具载。此处有一个问题需要提出来，即对这些事怎么看。难道真的是命运前定？难道这些人算得真这么准，有未卜先知之术？我看，对于这些问题应当如此分析。一是算卦先生和去求卦的人绝不止见之于记载的这些人，实际上这两方面的数字都不止是见之于文字记载的上百倍或上千倍，而毫无应验的便被人们遗忘了。二是凡事都有成功与失败这两种可能性，就是碰大运去猜测也有一定猜对的概率，因此结果与卦象相合也不足为怪。这就是与桑道茂唱对台戏的老太太成功的缘由。再就是一些占卜与算卦先生确实有相当的专业知识，他们对于《易经》类的书籍钻研得很透，并有丰富的历史知识和人生阅历，凭经验对求卦者的身份、职业等也能观察个八九不离十，再用一些弹性很大、模棱两可甚至可以两头堵的话来解卦，故无论什么结果，他们都可以自圆其说。另外，也不排除一些人在精通某种学问后，再加上极其丰富的人生经验，确实有很强的预测本领。

唐代送葬风俗

人总是要死的，死后的灵魂到什么地方去了，一直是人们思索的问题。因为有灵魂不灭的观念，故对死者身后即到彼岸世界后的生活也要给予照顾和安排。于是，各种仪式、各种祭品、各种祈祷形式都出现了。因这方面的细节和说道太多太烦琐，故只选有认识意义的情况做一简单的介绍。

京师里的送葬公司

首都长安不仅是政治经济文化的中心，而且在许多方面都处在中心位置，就连办丧事的水平也出类拔萃。在众多专门经营这种业务的个体户中，有两个最大，处在同行业的垄断地位。这种行业当时叫“凶肆”，实际就是丧事办理中心。两个凶肆一个在东，一个在西，故称东肆和西肆。

京师长安的许多行业都有东西之分，而洛阳

则大多是南北之分。这种布局不仅仅是为了方便用户，还有一个更重要的原因，即与行政区划有关系。以长安为例，整个市区以正中心的朱雀门大街为中轴，分为两个县，东面是万年县，西面是长安县。我们看唐代一些名人的籍贯常有“京兆府万年县”或“京兆府长安县”的字样，其实都是长安市内的人。

基于这样的原因，出于对行政管理、两个县的经济发展等诸多方面的考虑，许多行业便都处于对等竞争的状态。因此，东西同一种行业的竞争，便不单纯是本行业的事，东肆和西肆也出现了尖锐的竞争态势。白居易弟弟白行简所写的《李娃传》为我们了解这种情况提供了最生动的实例。

《李娃传》中的男主角荥阳郑生是个贵公子，进京参加科举考试，因迷恋李娃而把两年的费用消耗净尽，在李娃的配合下，被鸨母设妙计将其抛弃在街头。郑生过惯了富贵生活，没有谋生的能力，又感到憋闷愤怒，身染重病。旅店老板怕死在店中，便把他抬到凶肆里。因他住的旅店离东肆近，故被遗弃在东肆。

凶肆中人都是苦出身，颇有同情心，便照顾他。他的病渐渐好转，能拄棍子走路，就在肆中干一些力所能及的活，混口饭吃。在打杂的一段时间里，因常跟着参加出殡等活动，郑生学会了唱挽歌。他本来就很有学问，天生的好嗓子，随便一哼就是一首上乘的挽歌。

东肆老板发现这是一个人才，便派挽歌高手对他进行专门培养和训练。干这个行当的文化水平普遍不高，郑生在这方面有绝对的优势，再加上苦难生活的磨炼，使他的人生感慨特深，一唱挽歌便想起自己现在的处境，悲从中来，凄婉动人，效果出奇地好。老板大喜，把他关在门中自己演练，等郑生的挽歌唱到炉火纯青的时候，便发生下面的一幕：

初，二肆之凶器者，互争胜负。其东肆车舆皆奇丽，殆不敌，唯哀挽劣焉。其东肆长知生绝妙，乃醵钱二万索顾焉。其党耆旧，共较其所能者，阴教生新声，而相赞和。累旬，人莫知之。其二肆长相谓曰："我欲各阅所佣之器于天门街，以较优劣。不胜者罚直五万，以备酒馔之用，可乎？"二肆许诺。乃邀立符契，署以保证，然后阅之。士女大和会，聚至数万。于是里胥告于贼曹，贼曹闻于京尹。四方之士，尽赴趋焉，巷无居人。

自旦阅之，及亭午，历举辇舆威仪之具，西肆皆不胜，师有惭色。乃置层榻于南隅，有长髯者，拥铎而进。翊卫数人。于是奋髯扬眉，扼腕顿颡而登，乃歌《白马》之词，恃其夙胜，顾眄左右，旁若无人，齐声赞扬之。自以为独步一时，不可得而屈也。有顷，东肆长于北隅上设连榻，有乌巾少年，左右五六人，秉翣（shà）而至，即生也。整衣服，俯仰甚徐，申喉发调，容若不胜。乃歌《薤露》之章，举声清越，响振林木，曲度未终，闻者歔嘘掩泣。西肆长为众所诮，益惭耻。密置所输之直于前，乃潜遁焉。四坐愕眙，莫之测也。

这哪里是丧葬仪式表演，简直是一场热闹非凡的文艺比赛。

为了更明晰，我们将这段文字的大意再简括复述一遍。

当初，东西两个凶肆经常进行业务水平比赛，互有胜负。东肆在灵车、明器、仪仗等硬件建设方面都占优势，只是哀词挽歌不行，也就是软件方面处于劣势。后来，东肆长即（总负责人）发现郑生，便凑了二万钱雇用他，派老艺人暗中教他新的挽歌，并有人陪练唱和，作为秘密武器。几十天过去，外人也不知道。于是东肆长便与西肆长约定进行一次行业业务的全面大赛，而且要分出高低输赢，输家出钱五万，地点则在天门街。洛阳城的定鼎街叫天门街，而长安城未见此名，可能就是朱雀门大街。这是长安最繁华的一条街道，处在市区的正中心位置，连接皇城与正南城门明德门，皇帝向南出行必经此街，是一条御路。

两肆的老板立下文书，签字画押，并找了保人。里胥即街道主任一级小官报告给上司贼曹，贼曹是相当于县公安局长的官员，很明显东西两肆分别属于两县，贼曹当然也是两人。贼曹再报告给京兆尹。可见这次大赛还是经过三级政府同意批准的。

到这一天，四面八方的人都赶来看热闹，人山人海。从早晨天亮就开始逐项比赛，一直到中午，灵车、灵轿、灵幡、各种灵仗全部赛完，西肆都不如东肆，西肆主管业务的“师”很惭愧，便在自己场子的南角放置了一个两层的床子，类似现代的临时舞台。有一位两鬓飘着长胡须的人，在铃声的引导下，几个人簇拥着登场亮相，趾高气扬地登上舞台，唱起他最拿手的挽歌《白马》来，因为此人屡次胜利，未遇过对手，故用斜眼左顾右盼，旁若无人。一曲终了，观众齐声喝彩。

这本来就是西肆的长项，东肆的弱项，当时的情景可想而知。稍过片刻，东肆在北角上放置了一个多层的更高的床子，也是个多层的临时舞台。一个扎青色头巾的年轻人，左右有五六个人，用大扇子对称护着他进场，整顿衣服，从容稳重，引吭高歌，声震云天，听众都忍不住叹气落泪。西肆长惭愧至极，偷偷把所输的钱放在东肆前便悄悄逃跑了。

从这则故事中我们仿佛看到了唐代长安送葬仪式的可观赏性。

过度奢靡的送葬之风

社会发展到一定阶段，在经济发展的同时，往往也出现严重的两极分化现象，特别富有的阶层便开始挥霍奢侈起来，在各个方面都有表现，当然也包括丧葬在内。《唐语林》卷八“补遗”载：

> 明皇朝，海内殷赡。送葬者或当冲设祭，张施帏幕，有假花、假果、粉人、粉帐之属。然大不过方丈，室高不逾数尺，识者犹或非之。丧乱以来，此风大扇，祭盘帐幕，高至九十尺。用床三四百张。雕镌饰画，穷极技巧。馔其牲牢，复居其处。大历中，太原节度辛云京葬日，诸道节度使使人修祭。范阳祭盘最为高大，刻木为尉迟鄂公与突厥斗将之戏，机关动作，不异于生。祭讫，灵车欲过，使者请曰：对数未尽。又停车，设项羽与汉高会鸿门之象，良久乃毕。缞

经者皆手擘布幕，辍哭观戏。（《说库》上册）

从唐明皇时开始兴起厚葬之风，然而还有一定的限度，但安史之乱后，在一些节度使身上，办丧事就不仅仅是给死者送行，而成为死者身份的一种炫耀。其实这是奢侈，是暴殄天物，但从中倒可看出当时的能工巧匠们高超的手工艺水平。从太原节度使辛云京的葬礼可见一斑。在送葬的一路上，有许多祭奠的人，各道节度使都派人前来，其中最突出的是范阳节度使献的祭盘。上面有大将尉迟恭和突厥将领战斗的木偶模型，有机关，还能活动，这肯定是机械装置。两个木偶人打斗一会儿，动作结束，灵车将要过去。报告说未完，又有一组鸿门宴的人物动作。因为新鲜，所以那些家属都忘了哭，拉开帷帐看热闹。

类似的情况史不绝书，如昭义节度使薛公死，归葬绛州，在20多里延长线上祭奠，每半里一停灵车，大的祭盘费用在千贯以上，小的也不下几百贯。灵车一过，全成废物，有的干脆烧掉。滑州节度使的母亲去世，邻境的节度使截掉船上的桅杆作幕障的柱子。一些大富户也是厚葬成风，直到唐朝灭亡。

厚葬之风，除皇室外，最厉害的就是节度使阶层。这恐怕与这个阶层的人员素质有关。大乱之后，天下失控，一些节度使出身于中下层军官，没有什么文化，突然掌握大权而暴富，便不知天高地厚，什么荒唐的事情都干得出来。而他们又是一个地方的土皇帝，谁也管不了，他们的行为也影响了整个社会，使厚葬之风愈演愈烈，直到唐朝灭亡。

隋唐元宵节风俗

节日习俗的形成有极其悠久的历史，唐代节日中最热闹的要数上元节。唐人将正月十五称为上元，七月十五称为中元，十月十五称为下元，合称“三元”。三元中，上元也就是我们现在的元宵节最受重视，也最热闹。

元宵节闹花灯习俗的起源

元宵节闹花灯的习俗起源于何时已搞不清楚，但在隋朝前已见于文字记载。据《资治通鉴》卷一七五陈至德元年（583）记载：

（柳彧）以近世风俗，每正月十五夜，燃灯游戏，奏请禁之。曰：“窃见京邑，爰及外州，每以正月望夜，充街塞陌，聚戏朋游，鸣鼓聒天，燎炬照地，竭资破产，竞此一时。尽室并孥，无问贵贱，男女混杂，缁素不分。秽行因此而成，盗贼由斯而起。因循弊风，曾无先觉，无益于化，实损于民。请颁天下，并即禁断。”（《资治通鉴》卷175，上海古籍缩印本1164—1165页）

这是笔者所见关于元宵节闹花灯最早的文字，从中可以分析出许多有价值的信息来。从“近世风俗”几字看，闹花灯风俗的产生距此时不会太远，当在十年二十年左右，绝不会是一二年的事，如果那样，不会引起朝廷大臣的高度注意。从“窃见京邑，爰及外州”这八个字可知这种风俗波及面很宽，不但京师中如此，外地的州郡也如此。

以下文字则提供这样的信息：每年正月十五夜晚，人们便都到大街上尽情狂欢，鼓声震天，火光照地。人们不惜钱财，比赛灯的规模和精巧。家中所有的人，也不分主仆，不论贵贱，不管男女，一切等级、性别、贵贱的界限全部打破，人们的一切隔阂全部消失，剩下的只是欢歌笑语。但这也有负面影响，就是会发生一些伤风败俗之事，也会发生一些偷盗的事件。

这样，正月十五闹花灯风俗的兴起时间似乎大体可以确定，即在北周年间，大约在公元550年至580年。那么，这种风俗又是怎么产生的呢？万物之起，必有所始，闹花灯习俗的产生也一样，必定有个缘由。

从这一习俗产生的时间、地域及风俗内容来推测，可能与佛教的流传有关。《涅槃经》上说：如来阇维讫，收舍利罂置金床上，天人散花奏乐，绕城步步燃灯十二里。《西域记》说：摩喝陁国，正月十五日，僧徒俗众云集，观佛舍利放光雨花。（参见徐坚《初学记》卷4，中华书局版66页）“阇维”是梵语，即焚烧火化的意思。《涅槃经》是说，如来死时火化后，将其火化后得到的舍利子装在精美的罐中，安放在金床上。然后，仙人（魁按：当指佛门弟子）一边散花一边奏乐，并绕城以每一步的距离点燃一盏灯。

古代的“步”是长度单位，唐代的步大约相当于现代的1.4米。燃灯的距离为12里，等于6000米，那么大约需要点4285盏灯，规模确实不小。释迦牟尼死在拘尸那城附近，这里的城大概便指该城，而12里很可能是该城周围的长度。在那个时代，这样的城就算是很大了。

很明显这是为释迦牟尼涅槃举行的悼念仪式，但还没有明确记载是正月十五。而《西域记》所说的僧俗共同观看舍利放光的习俗可明确说是“正月十五”了。笔者看，可能是这两个习俗的合流逐渐形成正月十五闹花灯这一民俗的。

从地点看，这一习俗开始流行于北方，即洛阳及周边州郡。这与北魏、北周时崇尚佛教，而著名禅宗大师达摩、慧可先后在嵩山少林寺传法可能有关。当时禅宗开始兴起，深受百姓欢迎。从习俗内容看，打破一切界限，不也正体现禅宗人人平等，人人都有佛性的观点吗？从以上几点来分析，闹花灯这一习俗的起源与佛教流传当有关系。

这种取消一切束缚，打破一切界限的习俗，时至今日还有余风。笔者的孩童时期是在铁岭乡下度过的，有一句俗语和风情至今记忆犹新，即“正月十五没大小”，平时绝对不许调侃逗笑话的人之间只有在这三天可以随便说笑，没有任何禁忌。百姓中，所谓的大伯子和兄弟媳妇是绝对不可以随便说笑的，更不可逗笑话，但在这三天里却允许，人们谁也不会说什么。若在平时，会被别人指着脊梁骨嘲笑。

由此可见，闹花灯的习俗起源于佛教及佛事活动，时间大约在北魏北周时期。但当这一习俗形成之后，其宗教色彩便渐渐淡化，而成为百姓们的狂欢节了。一年刚刚开始，严寒的冬季即将结束，新春的脚步声似乎已经听到，人们在欢庆完春节后，再来一个狂欢的高潮，将集聚在心头的一切欢乐、郁闷、忧伤、愁苦都尽情地释放出来，所以这一习俗便成为我们中华民族的狂欢节了。

隋炀帝时的元宵节

从上面所引的文字来看，元宵节的夜晚在隋朝以前就已经相当热闹了。柳彧上奏章的目的是想要取消这一习俗，客观上却为我们了解当时的风情提供了最翔实的材料。他建议取消这一习俗的意见虽然得到批准，但在现实中并没有成功。这一习俗不但没有消失，反而还变本加厉起来。

到隋炀帝大业年间，元宵节的狂欢活动有所升级，由夜晚的狂欢发展到白昼，白天也上演歌舞戏剧及各种杂技，非常热闹。据《通典》卷一四六载：

隋炀帝大业二年以后，“每岁正月，万国来朝，留至十五日，于端门外，建国门内，绵亘八里，列为戏场，百官起棚夹路，从昏达曙，以纵观之，至晦而罢。伎人皆衣锦绣缯彩。其歌者多为妇人服，鸣环佩，饰以花髦者，殆三万人……于天津街盛陈百戏，自海内凡有伎艺，无不总萃……弹弦擫管以上，万八千人。大列炬火，光烛天地，百戏之盛，振古无比，自是每年以为常焉。”（《通典》卷146，中华书局1988年版3728页）

由此可知，到隋朝时，在观花灯的同时又增加了各种戏剧杂耍表演。既然是百戏，戏曲品种当然非常丰富，可谓五花八门，无所不有。有几万人参加，可见狂欢的规模之盛。

从隋炀帝自己写的诗也可看出隋朝时元宵节盛况的一斑，他在《正月十五日于通衢建灯夜升南楼》诗中说：“法轮天上转，梵声天上来。灯树千光照，花焰七枝开。月影凝流水，春风含夜梅。幡动黄金地，钟发琉璃台。”（逯钦立辑校《先秦汉魏晋南北朝诗》，中华书局版下册2671页）

通衢就是大街，朝廷在大街上设置各种彩灯，整个京城热闹非常，连皇帝都亲自登上南面的城楼观看，热烈的场面可想而知。从“法轮”和“梵声”等词语来看，此时元宵节闹花灯与佛教活动的关系还是非常密切的。

唐代元宵节的再度繁盛

到了唐代，随着国力的强盛和百姓生活的富庶，元宵节的繁盛热闹也达到登峰造极的程度。狂欢有增无减，而且向朝廷和地方政府有组织发展。我们来看两个特写镜头吧。

据《朝野佥载》卷三说：

> 睿宗先天二年正月十五、十六夜，于京师安福门外作灯轮高二十丈，衣以锦绮，饰以金玉，燃五万盏灯，簇之如花树。宫女千数，衣罗绮，曳锦绣，耀珠翠，施香粉。一花冠，一巾披皆万钱，装束一妓女皆至三百贯。妙简长安、万年少女妇千余人，衣服、花钗、媚子亦称是，于灯轮下踏歌三日夜，欢乐之极，未始有之。（《说库》上册）

安福门在宫城和皇城东城墙中间，在长安偏东的繁华地区。朝廷在那里安装一个高二十丈的灯轮，看起来是个高大的环形彩灯建筑物。二十丈有二十几层楼高，如此庞大的建筑再装点上五颜六色的彩灯，真是壮观漂亮极了。在这个主体建筑物上，再装扮上锦绣，点缀上珠宝金玉，安装并点燃五万盏灯，那还不会把整个长安照耀得如同白昼吗?

在这个庞大的灯山下面，便是欢乐歌舞的人群。全是打扮得花枝招展的俏丽佳人。这些美人来自两个方面。一千多宫女是由皇宫中的女性挑选出来的。她们都穿着绫罗绸缎做成的漂亮衣服，拖着长长的彩裙，满头珠光宝翠，闪闪发光，身上洒满香粉，香味弥漫。一个花冠，一个披肩都极其昂贵，价值万钱。装束每一个歌舞都要花费三百贯。一贯就是一千钱，三百贯就是三十万，这是多么庞大的数字，可见这欢乐要付出极其昂贵的代价。另一部分是从长安县和万年县经过精心挑选出来的妙龄少女或俏丽少妇，也是一千多人。她们的服饰与那些宫女一样。这些人在那个高大壮观的花灯下踏歌跳舞狂欢，连续三天三夜。

长安和万年是京师市区内的两个县，相当于我们现在大都市中的“区”，与郊区的县不同。看来这次元宵节大狂欢是由朝廷和京兆府联合出资举行的。

安福门是中心，其他地方也有歌舞表演等节目。在这三天里，一切禁令都取消了。在平时，京师中实行严格的“宵禁”制。在《唐律疏议》中有明确规定：“五更三筹，顺天门击鼓，听人行。昼漏尽，顺天门击鼓四百槌讫，闭门。后更击六百槌，坊门皆闭，禁人行。违者，笞二十。”（《唐律疏议》，中华书局版 489—490 页）在闭门鼓后到开门鼓前的这段时间里，人们不准出门，不准在大街上出现。

这里的门指公共场所的门，即宫门、坊门。坊类似现在的街道或小区，但比街道和小区要大，是纵横街路分割成的方形区域，而且还是都市中的基层地方组织。这样，平时严格宵禁，只有这三天可以尽情狂欢，所有的城门坊门全都敞开，政府又出钱组织人们进行盛大的庆祝联欢，而且皇亲国戚及文武百官也都加入狂欢队伍中，有时甚至皇帝和皇后也来与民同乐，怎能不热闹非常呢？但这样确实也出现过问题，唐中宗的时候，放出几千宫女观灯，结果一些宫女借机逃跑了，去寻求崭新自由的生活去了。

再让我们看一看唐诗中表现元宵节的精品吧，我们可以进一步感受到那种热烈而火爆的气氛。初唐的苏味道《正月十五日》诗曰："火树银花合，星桥铁锁开。暗尘随马去，明月逐人来。游骑皆穠李，行歌尽落梅。金吾不禁夜，玉漏莫相催。"（陈贻焮主编《增订注释全唐诗》，文化艺术出版社 2001 年版第 1 册 543 页）可知游览的人还有一定数量是骑马的。状元出身的崔液连续写了六首《夜游诗》（诗题又称《上元夜》），可看作是一组元宵节风俗图。其一曰："玉漏银壶且莫催，铁关金锁彻明开。谁家见月能闲坐，何处闻灯不看来？"写取消禁夜的情形。其二曰："神灯佛火百轮张，刻像图形七宝装。影里如闻金口说，空中似散玉毫光。"看来狂欢的中心部位的花灯是用佛教色彩装饰的，极其豪华。其三曰："金勒银鞍控紫骝，玉轮朱幰驾青牛。骖驔始散东城曲，倏忽还来南陌头。"（陈贻焮主编《增订注释全唐诗》，文化艺术出版社 2001 年版第 1 册 383 页）不但有马车，而且还有牛车，东城的狂欢高潮刚刚结束，于是便往南去，南陌的狂欢又达到了高潮，在那里又遇到了那个人。其六曰："星移汉转月将微，露洒烟飘灯渐稀。犹惜路傍歌舞处，踌躕相顾不能归。"确实多方位写出了元宵节的热闹情景。

女性生活

唐代女性的婚姻生活

婚姻是古今中外所有人都关心和面临的问题，所谓的“爱情是永恒的主题”。那么，唐人的婚姻状况如何？唐代妇女的地位如何？唐人结婚有哪些规矩？这都是我们应当了解的。下面，我们便从几个方面来回答这些问题。首先，我们站得高一点，对隋唐时期婚姻状况的概貌进行一个总体的浏览。

唐代女性结婚年龄

首先看一下唐人结婚的年龄。先看婚姻法的有关规定，大唐贞观元年二月诏：“其庶人男女无室家者，并仰州县官人以礼聘娶，皆任其同类相求，不得抑取。男年二十，女年十五以上，及妻丧达制之后，孀居服纪已除，并须申以婚媾，令其好合。若守志贞洁，并任其情，无劳抑以婚娶。”

规定很明确，即男子 20 岁，女子 15 岁，便可以结婚，而且政府要为他们创造条件。这是指初婚年龄。“妻丧达制之后，孀居服纪已除”两句分别指已婚男女对方死亡在丧期已满后便可自由再婚。这一点，唐代男女是平等的。

当然，关于男女婚龄的问题，人们的看法不一，结婚年龄的法律也有过变化，如开元二十二年（734），唐玄宗又下诏曰：“男年十五，女年十三以上，听婚嫁。”（《唐会要》卷83，“婚嫁”）这是隋唐时期婚姻法规定的最低婚龄。

法律是死的，人是活的。唐代人实际的结婚年龄并不像法律规定的那么划一，这是可以想象的。有人对《唐代墓志汇编》所载3200余人中有关女子结婚年龄的记载作了一个统计，结果如下：“唐代女子出嫁的年龄是：一、年龄最小的11岁，最大的27岁，相差16岁。二、13岁以下，20岁以上的，均为少数。三、14岁至19岁出嫁者居多。四、在14岁至19岁者中，又以14岁与15岁者居多。五、在14岁与15岁中，15岁者居首位。”（李斌城等著《隋唐五代社会生活史》，中国社会科学出版社1998年版249页）

为更加明了，笔者根据该书所提供的资料，再做一个数字的统计，情况如下：调查总数为304人，其中12岁以下结婚者为5人，20岁以上结婚者为36人，13岁至19岁结婚者为263人，14岁结婚者为35人，15岁结婚者为132人。

需要说明的是，以上数字是根据墓志记载统计的，只能是上层社会女子的出嫁年龄，因为普通百姓是没有能力修墓并树碑立传的。但统治阶级的思想意识及生活习俗往往影响整个社会，这也是不用讳言的，故这些数字基本上反映了唐代女子出嫁年龄的实际情况。

选择配偶的方式

婚姻是决定男女一生幸福与否的大问题，婚姻的自主权情况是反映社会文明程度的一个重要标志。唐代男女在选择配偶方面有相当的自主权，要比宋代以后强多了，因此可以说唐代还是一个文明化很高的社会。

当然，唐代社会无论从意识形态还是从民俗民风方面都强调“父母之命，媒妁之言”在婚姻方面的重要性。在法律方面有明文规定：“为婚之法，必有行媒。”(《唐律疏议》卷13，“户婚中”)“嫁娶有媒”。(《唐律疏议》卷4，“名例”)遵从父母之命，一定要有一个媒人，是隋唐时期婚姻的主流，这是毋庸置疑的。这样的情况和例证太多，因太平常，也不是我们关注的重点。但有一个问题需要探讨，即隋唐时期在婚姻方面，当事人到底有没有一定的自主权，如果有，能有多大。

无论什么社会形态，总有个别现象。而婚姻的自主权问题主要取决于父母的因素，如果遇到开明的父母，就会把选择配偶的权利交给儿女自己。这种情况其实也不会太少，而民间尤多，这是可以想象的。上层社会也不乏其人。中国历史上超一流的特大奸臣李林甫在这方面倒是值得称道的。《开元天宝遗事》载：

> 李林甫有女六人，各有姿色，雨露之家，求之不允。林甫厅事壁间，开一横窗，饰以杂宝，缦以绛纱，常日使六女戏于窗下。每有贵族子弟入谒，林甫即使女于窗中自选，可意者事之。(《说库》上册)

让女儿在对方不知道的情况下自己选择对象，这个方法不错，可见李林甫很开明。与此相类似，李翱也很尊重女儿的选择。《太平广记》卷一八一记载这样一件事：李翱在江淮做官，有一名叫卢储的举子到他家行卷，李翱以礼相待。送客之时，他将举子的文卷放在书案上。他的大女儿刚刚15岁，闲暇无事，到客厅见到文卷，翻阅几篇，深为赞叹，对仆人说："此人必为状元。"李翱听说这件事，很诧异，细读诗文，很佩服女儿的眼力，便把女儿许配给卢储。

卢储在次年科举中果然独占鳌头，在吏部选官之后，便去迎娶娇妻。真是"洞房花烛夜，金榜题名时"，两种最大的人生幸福都让他一人得到了。难怪他极其兴奋，所作《催妆诗》曰："昔年将去玉京游，第一仙人许状头。今日幸为秦晋会，早教鸾凤下妆楼。"(陈贻焮主编《增订注释全唐诗》，文化艺术出版社2001年版第4册1722页)

李翱见女儿喜欢卢储的诗文，觉察到女儿已爱恋其人，便玉成这对美满夫妻，算是一位开明的父亲。

与此情况相似而结果却完全相反，罗隐就没有卢储的运气好。据《鉴诫录》卷八载：

隐常献卷于郑相公畋。郑女妙于篇什，每读隐诗，至“张华谩出如丹语，不及刘侯一纸书”，未尝不于父前三复，似慕其才。相国或一日，因隐到宅，遂留。从容命女下帘窥之。女见隐为人迂差，永不复吟隐诗矣。(《说库》上册)

看来罗隐的形象可能属实有些困难，否则，这个美貌而有才华出身也高贵的女子就一定娶到手了。如果能娶到这个女子，罗隐恐怕也就不会一辈子那么倒霉。如果不一辈子倒霉，或许就写不出《谗书》这样惊世骇俗的传世之作了。这其中的得与失，真说不清楚。俗语说“不要以貌取人”，那是指政治才能方面，如果是选择配偶，貌还是非常重要的。

从这则故事中我们可以体会出郑畋是个开明而又细心的合格父亲。见女儿喜欢罗隐的诗，没有匆匆忙忙把女儿许配出去，而是找个机会让女儿亲自来看一下，以免后悔，于是才有了那个结果。

初唐名人郭元振选择配偶则具有传奇色彩，并与“牵红线”这一词语有关，我以为“月下老人牵红绳”的带有神话色彩的典故可能也是受了这个故事的启发。《开元天宝遗事》载：

郭元振少时，美风姿，有才艺，宰相张嘉贞欲纳为婿。元振曰：“知公门下，有女五人，未知孰陋。事不可仓猝，更待忖之。”张曰：“吾女各有姿色，即不知谁是匹偶。以子风骨奇秀，非常人也。吾欲五女各持一丝幔前，使子取便牵之，得者为婿。”元振欣然从命，遂牵一丝红线，得第三女，

大有姿色，后果然随夫贵达。（《说库》上册）

五个女儿都美丽娴雅，但要选的女婿只有一个，所以张宰相选择一个听命于天的办法，让五个女儿站在幔帐后面，每人手里拉一根红线，把五根红线的另一头拉出来，并打乱顺序，再让郭元振去拉其中的一根，红线连着的两人便成为夫妻。

一夫多妻制与一夫一妻的要求

三千多年的中国封建社会一直是一夫多妻制，隋唐时期也不例外。其实，“一夫多妻”的说法不太严密科学，应当是一夫一妻多妾制。在法律上或在风俗上都严格遵从一夫一妻的制度，妻子之外只能是妾和婢。妾和婢没有数量限制。《唐律疏议》卷一三“户婚中”规定特别明确：“一夫一妇，不刊之制”“诸有妻更娶妻者徒一年”“以妻为妾，以婢为妻者，徒二年；以妾及客女为妻，以婢为妾者，徒一年半，各还正之”。可知一夫只允许娶一妻，多娶一个要判一年徒刑，也算犯法，但大概不能叫“重婚罪”，而应当叫“重妻罪”。妻、妾、婢的名分是非常严格的，不能混淆，混淆了也要定罪。

我们都熟悉的《红楼梦》中的贾宝玉和贾环的爹爹是相同的，所差的就是妈妈不同，宝玉是贾政妻子王夫人所生，属于嫡出，而贾环的妈妈赵姨娘是妾，贾环的妈妈比宝玉的妈妈矮了三分，所以他就比宝玉矮了很多。古代叫“嫡庶”之分，这是婚姻制度最不合理的地方。孩子呱呱一落地，身份就已相差万里了。

皇帝的妻妾数量就更不受限制了，不过名分与百姓的不同。皇帝的正妻叫“皇后”，只一个名额。而嫔妃、昭仪、才人、美人等名目就更多了。隋炀帝的嫔妃有名目有等级的就多达120人。其他没有名目统称宫人的起码有几千人。一个男人，占有这么多女子，女子的命运也就可想而知了。王公大臣，皇亲国戚们虽然没有皇帝的女人多，但很少只有一个妻子的，很多都是妻妾成群。几十上百的都常见之于笔端。唐人称妻子为“内子”，妾为“外妇”“姬”“外宅妇”“侧室”等。

妻和妾既然共同拥有一个男人，竞争就不可避免。从理论上说，妻的地位高，妾无可比拟。事实上不是那么一回事，因娶妻考虑更多的是门第，功利的因素所占比重很大，而纳妾则完全出于爱情。这样，在实际生活中，受宠爱的往往是妾而不是妻。还有一个原因，就是妾往往比妻年轻美丽，更容易征服男人的感情。一旦有妾进门，妻子马上就会失宠，因此拼命维护自己的地位，坚决反对丈夫纳妾的女性就出现了。当时称之“妒妇”，现在看来，她们是在维护自己的合法权益。那时也没有“妇女儿童保护法”，全凭个人奋斗，也难为这些女人了。

著名昏君隋炀帝的妈妈独孤皇后就是有名的妒妇。她对隋文帝杨坚监视得很紧，不准他临幸别的嫔妃。尉迟迥的孙女姿色美丽，杨坚在仁寿宫看见，非常喜欢，于是便召幸了她。独孤皇后侦察到这件事，就趁杨坚上朝时派人暗杀了那个美人。杨坚知道后，大怒，独自一人骑马从御花苑出去，信马由缰，跑进山谷二十多里地。有人报告大臣，高颎、杨素等追上，扣马苦谏，劝他回朝。杨坚叹息道："吾贵为天子，而不得自由。"

这位独孤皇后似乎对妾有刻骨仇恨，不但自己不准杨坚临幸别的女人，而且"见诸王及朝士有妾孕者，必劝上斥之"。（《隋书·后妃传》卷36）听说妾怀孕，就要斥责驱逐出门，还要借助皇帝的权力，在维护自己合法权益方面似乎很到位，但从反面一想，她这样做不又是在侵犯其他无辜女性的权益甚至是生命吗？那个死而无处申冤的尉迟迥的孙女，那些无辜被抛弃的怀孕的妾，她们的权益又有谁来保护？说到底，这都是封建专制制度的罪恶。保护自己而不伤害其他女性者要数著名贤相房玄龄夫人。据载：

> 梁公夫人至妒，太宗将赐公美人，屡辞不受。帝乃令皇后召夫人，告以媵妾之流今有常制，且司空年暮，帝欲有所优诏之意。夫人执心不回。帝乃令谓之曰："若宁不妒而生，宁妒而死？"曰："妾宁妒而死。"乃遣卮酒与之，曰："若然，可饮此鸩。"一举便尽，无所留难。帝曰："我尚畏见，何况于玄龄！"（《隋唐嘉话》卷中，浙江古籍出版社1986年影印版）

梁公就是房玄龄，皇帝赐给他美人却屡次不接受，后来知道是夫人不同意，便让皇后去做其夫人的工作。女人对女人好说话，但房玄龄夫人还是不同意，而且态度非常坚决。太宗便赐一杯酒，让她在死和妒之间选择。她竟宁可死也不同意丈夫再娶妾，居然毫不犹豫喝下去。连死都不怕，皇帝也没办法。房玄龄夫人的做法是堵住源头，就是不让娶，所以还没有损害别的女性。任瓌的妻子则稍有区别。《朝野佥载》卷三载：

> 初，兵部尚书任瓌敕赐宫女二人，皆国色。妻妒，烂二女头发秃尽。太宗闻之，令上宫赍金壶瓶酒赐之，云："饮之立死，瓌，三品，合置姬媵。尔后不妒，不须饮。若妒，即饮之。"柳氏拜敕讫，曰："妾与瓌结发为夫妻，俱出微贱，更相辅翼，遂至荣官。瓌今多内嬖，诚不如死。"饮尽而卧，然实非鸩也，至夜半睡醒。帝谓瓌曰："其性如此，朕亦当畏之。"因诏二女令别宅安置。(《说库》上册)

因为嫉妒而把皇帝赐给老公的两个美人都弄掉头发，手段够狠毒的。这样的事例史不绝书，不是个别的。段成式在《酉阳杂俎》前集卷八上说："大历以前，士大夫妻多妒悍者。"婢妾稍不如意就在她们脸上刺点、刺圆等。下面我们再简介几个。

濮阳范略宠幸一婢，他妻子任氏用刀割去那位婢女的鼻子耳朵。(《朝野佥载》卷2,《说库》上册) 驸马裴巽有一外宠，宜城公主大怒，将其"刵耳劓鼻，且断巽发"(《新唐书·诸帝公主传》卷83)，不但把情敌的鼻子耳朵割掉，而且把自己老公的头发也剪断，到底是公主，真够霸道的。广州化蒙县县丞胡亮宠爱一妾，他的妻子趁他不在时，"乃烧钉烙其双目，妾遂自缢死"，(《朝野佥载》卷2,《说库》上册) 残忍至极。更令人发指的是五代时闽王王延翰妻崔氏，《新五代史·闽世家》卷六八载：

> 延翰为人长大美晰如玉，其妻崔氏陋而淫，延翰不能制。……又多选良家子为妾。崔氏性妒，良家子之美者，辄幽之别室。系以大械，刻木为人手，以击其颊。又以铁锥刺之，一岁中死者八十四人。

一年中便折磨死 84 名无辜的美人，该是多么残忍！这都是制度造成的罪恶。封建专制制度的余毒不完全肃清，人自身的权利就很难保证。上面，我们就隋唐时代婚姻的总体状况做了一些介绍，下面我们再去参加一下唐代人的婚礼，看一看他们的婚礼是怎么回事。

热烈而文明的唐代婚礼

在对唐人婚姻的状况进行大体扫描后，让我们共同去参加唐人的婚礼，感受一下当时婚礼的热烈气氛吧。

关于婚礼的内容和程序，封演的《封氏见闻录》卷五“花烛”条云：“近代婚嫁，有障车、下婿、却扇及观花烛之事，又有卜地、安帐、开拜堂之礼。上自皇室，下至士庶，莫不尽然。”（《说库》上册）封演生活在唐德宗时代，此处的“近代”当指前此一段时间，大约可到盛唐前后。他是拣主要内容说的，并不是全部。

结婚前奏曲

古今一理，都是先订婚后结婚。在结婚前还要有许多礼节，在这些礼节都完成后，新郎才能去迎娶新娘。迎娶新娘是六道程序的最后一道，叫“亲迎”。那么，前面还要有哪些说道呢?

据《士昏礼》载，从订婚到结婚的六道程序是：下达纳采、问名、纳吉、纳徵、请期、亲迎。所谓的“下达纳采”按照郑玄注就是：“将欲与彼合昏姻，必先使媒氏通其言。女氏许之，然后使人纳其采择之礼。用雁为贽者，取其顺阴阳往来。”(《十三经注疏》上册，中华书局版961页）其意是说，先请媒人到女方家通信说亲，如果女方有意，男方就送一只雁表示求婚。

“下达”一词反映了男尊女卑的观念，男子为阳为上，女子为阴为下，所以男向女求婚通言就称下达。雁的选择反映了古人的阴阳观念。古人认为万物皆分阴阳，阴阳合才能生万物。天为阳，地为阴，男为阳，女为阴。雁是候鸟，随寒暑变化而南来北往，故用雁象征顺合自然之义。这个过程很复杂，女方家的陈设，主宾相见的位置，登堂所走的阶次，都有一定的规矩，因其烦琐又没有什么意义，故略而不论。

“问名”是女方表示可以考虑婚事后，男方向女方正式求婚。这时，男方要向女方再送一只雁，并向女方询问姓名与生辰八字。即所谓的“庚帖”，如女方将庚帖交给男方，就表示同意。这时，命运之神便起决定作用了。男女双方的生辰八字如果相合，就是大吉之婚；不合，就不能往下进行，这门婚事就吹了。所谓的“八字”即出生之年、月、日、时的干支，共八个字，世俗所云“人生命运八个字造就”即指此。

如果合婚的结果吉利，男方则要去向女方报喜，“婚姻之事于是定也”。报喜其实就是纳吉。纳吉俗称过小礼，一般是送一只雁，有时也送一些礼物，如首饰、衣服等。这里要说明一点，就是在几个环节中都有送雁这一要求，哪来那么多雁呢？这确实是个难题，不过人们有办法，没有雁可以用家禽代替，一般都用鸡，也有用鹅的。

第四道程序叫纳徵，这次所送的礼物比较贵重，仪式也比较隆重，一般稍微富庶一点的人家，此次送的礼品要有玄纁束帛、俪皮。俪皮是两张鹿皮，束帛是一束丝织品，五匹，每匹都要从两端卷起，又称两端。贾公彦说："凡于娶礼，必用其类五两十端也。言必两者，欲得其配合之名，十象五行十日相成也。士大夫以玄纁、束帛，天子加以穀圭，诸侯加以大璋。"（《十三经注疏》上册，中华书局版962页）可见订婚礼物的多寡、形制，与男方的社会地位有关。这个程序很重要，俗称"过大礼"。

第五道程序叫"请期"。由男方占卜或用个什么方式，求得吉日良辰，然后征求女方意见，确定结婚日期。这在民间叫"送日头""提日子"。这一切都完成后，等到日期，隆重而烦琐的婚礼就要举行了。

热烈而烦琐的婚礼

到了举行婚礼这一天，新郎官骑马带着迎亲的队伍，来到新娘家的庭院，在房门口高声朗诵催妆诗，意谓催促新娘子快些化妆，尽快出来上花轿随新郎去结婚。段成式在《酉阳杂俎》续集卷四"贬误"条记载说："夫家百余人扶车，俱呼曰：'新妇子出来。’其声不绝，登车乃止，今之催妆是也。”这是新郎带来的人起哄以烘托气氛。新郎还要朗诵催妆诗，然后新娘才能在人的搀扶下出来登车。

催妆诗可以是新郎自己作，也可以求人代作。《南部新书》戊卷载：福建有位举子叫陈峤，无依无靠，独自闯京师投考进士，却连年落榜。但他不甘心，便一直考下去，直到暮年始登第。待回乡时，已过耳顺之年，即六十多岁。又要参加铨选，再拖十多年，等到弄个官职，则快到八十了。家乡人可怜他，在人们的撮合下，一位儒家女嫁给他为妻。

到结婚这一天，文士们来了很多，都竞作催妆诗，其中有微含讽刺意味的。陈峤自己作了一首催妆诗，后面两句是：“彭祖尚闻年八百，陈郎犹是小孩儿。”用自我宽慰来解嘲。意思是说彭祖活了八百岁，与他相比，我陈峤不还是一个小孩吗？我结婚不算晚。这真是一个含着无数悲酸的故事。（《说库》上册）

前文提到的卢储所作的《催妆诗》是：“昔年将去玉京游，第一仙人许状头。今日幸为秦晋会，早教鸾凤下妆楼。”（《全唐诗》卷 369）晚唐著名诗人贾岛有一首《友人婚杨氏催妆》诗云：“不知今夕是何夕，催促阳台近镜台。谁道芙蓉水中种？青铜镜里一枝开。”（《全唐诗》卷 574）赞美新娘杨氏如水中芙蓉，“阳台”一词又将新娘暗喻为巫山神女，而新郎也就成了那个风流的楚襄王了。徐安期的《催妆》诗则另出新意：“传闻灯下调红粉，明镜台前好作春。不须面上浑妆却，留着双眉待画人。”（《全唐诗》卷 769）意谓新娘子化妆不必全画好，留下双眉等新郎画，暗用汉代

“张敞画眉”的典故。催妆诗后，新娘出来上车。新娘登车后，新郎要骑马围着新娘的车走三圈。

迎亲的队伍行进中，当快要到达新郎家的时候，迎亲一方便有许多人拥挤在道路中间，遮挡住新娘的车或轿，新娘方则要赏些酒食，还有人要求新娘一方作“障车文”，然后才放行。晚唐著名诗人司空图曾有障车文传世。

障车文作完，新娘的车被放行，进到新郎的庭院，便要进行下一个程序，叫“下婿”，也就是要杀一杀新郎的威风。具体做法是新娘一方的亲属宾客中所有的女性都到场，各用木杖打新郎为戏。虽然只是一种仪式，有时闹得过分也使新郎官很狼狈。

折腾完新郎后，又是新娘的节目了。这一节目叫“转席”，可能最开始铺的东西是席子之属，故有此名，目的是新娘下车或下轿后脚不能沾地面，所以新郎家要准备几条毡褥，类似现代的地毯。具体做法是从新娘下车处铺起，因毡褥有限，所以在新娘走过后，马上有人将后面的毡褥挪到前面，依次挪动，直到进入婚礼举行之所。因所铺之物有色彩，而又递相传转，故这一习俗有传宗接代、前程似锦的象征意义。白居易《和春深二十首》中有诗句曰：“青衣传毡褥，锦绣一条斜”，（朱金城笺校《白居易集笺校》，上海古籍版第三册1831页）所写的就是暮春时节结婚时的“转席”习俗，还可以知道传递毡褥的人穿的是青色衣服。

走过转席的新娘在进门时，要从摆在门口的马鞍上跨过去，或在上面坐一下，取平平安安的寓意，以求婚后生活能平安。

进门后就开始拜堂成亲了。结婚典礼上还有许多规矩。如

“却扇”，即新娘用扇子遮住芳容，要听新郎诵“却扇诗”后，才将扇子挪开。李商隐有《代董秀才却扇》诗云：“莫将画扇出帷来，遮掩春山滞上才。若道团圆是明月，此中须放桂花开。”（刘学锴，余恕诚《李商隐诗歌集解》，中华书局1988年版第五册1830页）李商隐把新娘比喻为美丽芬芳的桂花，诗写得很出色。也有把新娘比作牡丹的，如晚唐人黄滔的《去扇》诗云：“城上风生蜡炬寒，锦帷开处露翔鸾。已知秦女升仙态，休把园轻隔牡丹。”（《全唐诗》卷706）

结婚的次日早晨，还有拜舅姑的规矩。舅姑即是今日的公婆。拜见时，新娘手中要端一个竹篮，里边装着枣和栗子，取“早立子”的谐音，以祝福早得贵子，为夫家接续香烟。

婚礼在黄昏举行

还要说明的是，唐代婚礼是在傍晚举行，与现代不同。结婚的“婚”本字即“昏”，取黄昏之意。贾公彦《仪礼疏》卷第四中云：“郑目录云：士娶妻之礼，以昏为制，因而名焉。必以昏者，阳往而阴来。日入三商为昏。”（《十三经注疏》上册，中华书局版961页）后面又说：“郑云日入三商者，商谓商量，是漏刻之名，故三光灵曜，亦日入三刻外昏，不尽为明。案马氏云：日未出，日没后皆云二刻半，前后共五刻。今云三商者，据整数而言。其实二刻半也。”

这段话在说明“结婚”之“昏”字的来历时，还说明了所谓“昏”的准确时点，即在日头完全隐没后的两刻半钟。两刻半大约相当于今天的37分钟。白居易在《和春深二十首》中写道：“何处春深好，春深娶妇家。两行笼里烛，一树扇间花。宾拜登华席，亲迎障幰车。催妆诗未了，星斗渐倾斜。”（朱金城笺校《白居易集笺校》，上海古籍版第三册1831页）催妆诗还未完，星星已经出来了。

当时，婚礼一定要在黄昏时举行，否则就被认为是违反礼法。唐太宗贞观年间，阳城公主下嫁杜荷。唐太宗命卜者占卜吉日良辰，卜者认为“昼昏则吉”，即白天黄昏均吉利。马周谏曰：“朝谒以朝，思相戒也；讲习以昼，思相成也；燕饮以昃，思相欢也；婚合以夜，思相亲也。故上下有成，内外有亲，动息有时，吉凶有仪。今先乱其始，不可为也。夫卜所以决疑，若黩礼慢先，圣人所不用。”（《新唐书·诸帝公主传》卷83）将结婚时间提高到如此的高度。唐太宗采纳了其意见，阳城公主的婚礼依旧是在黄昏举行的。

婚后第三天，新娘子要亲自下厨房，为公婆做一顿饭，而且必须有羹汤，因羹汤比较难做，最能表现烹调技术。这顿羹汤的味道如何，是给公婆的第一印象，故新嫁娘往往很重视。“三日入厨下，洗手作羹汤。未谙姑食性，先遣小姑尝。”（王建《新嫁娘词》，见陈贻焮主编《增订注释全唐诗》，文化艺术出版社2001年5月版第2册1040页）诗所写的便是这种风俗。

唐代后宫女性生活

封建专制制度下的后宫，是最大的摧残人性的监狱，其中关押着数以万计的体面的奴隶，其中有男的，也有女的。在那高高的大墙中，在一道道看守严密的大门里，除了皇帝一个成年男人外，其他的不是不同年龄段的女性，就是那些被阉割过的失去性功能的男不男女不女的太监。

一个男人拥有几千个甚至上万个女人供他选择、玩耍、泄欲，这个男人有了最大的自由，但却剥夺了那么多女性的自由。在这样的比例下，后宫中的争风吃醋、明争暗斗又如何避免呢？“三个女人一台戏”，上千个女人争一个男人，戏不就更多了吗？下面，我们便站在历史的高空中，到那封闭的后宫去游览一番，看一看那里的女人们的生活状态和精神面貌。

后宫究竟有多少人

后宫到底有多少人，没有最精确的数字统计，但起码在万人以上，最多时可能超过十万。据《隋书·食货志序》卷二四载：隋炀帝时，“随行宫掖，常十万人。”《隋书》是熟悉隋代情况的魏徵所修，此数字当有根据。况且，从实际情况来分析，这些数字也是可信的。隋炀帝不仅在长安后宫有几万宫女，几处行宫中的宫女也参照京师数字进行储备，如太原行宫、东都洛阳行宫、江都（今江苏扬州）行宫等规模都很大，宫女数量都很多。

唐高祖武德九年（626）曾下诏书曰：“末代奢淫，搜算无度。悯兹幽闭，久离亲族。一时减省，各从娶聘。”（《通典》卷34，中华书局1988年版947页）此处的末代当然是指隋朝末代，即指隋炀帝而言。此次从宫中放出三千余人。

刚过两年，到唐太宗贞观二年（628），大臣李百药上《请放宫人封事》说：“窃闻大安宫及掖庭内，无用宫人，动有数万。衣食之费，故自烦多，幽闭之怨，足伤和气。”（《全唐文》卷142）在刚刚放出三千余人后的两年，仅大安宫及掖庭的“无用宫人”，便有数万，还有那么多有用的，其他行宫又不在内。因此，魏徵说隋朝末年的宫女有十万以上是可信的。

后来到景龙四年（710），中宗皇帝偕皇后微服观灯，并允许一部分宫人出宫同行。在那个热闹的夜晚，一些宫女如同久困笼中的小鸟，好不容易得到一次自由的机会，便“与外人阴通，逃逸不还”。（《旧唐书·后妃传上》卷51）一个晚上便逃跑上千人，也反衬出宫女之多。

另外，从宫中女官数量之多也可以推测出这一点。宫中光是女官便有几百人，具体情况请看下文。

后宫女子的来源

如此众多的女子，是通过什么途径进宫的呢？概括来说，主要有四种途径，即礼聘、进献、采选和罪没，最后两种为主要来源。

很明显，来源便能基本确定该女子在后宫的地位和命运，但也不尽然，事在人为，凭自己本身的努力而改变命运的也不乏其人。礼聘进宫的最荣耀，地位最高，皇后和一些妃子便属于这种。

进献是一些地方官所发现的特殊尤物，为表忠心而献给皇帝以邀宠，这属于特例，所占比例很小。这部分女子因是单个进宫，容易引起寻求新鲜和刺激的皇帝的好奇心，故容易受宠，地位也较高。

采选是皇帝下圣旨，在全国各地进行普遍挑选，由各个地方经过层层选拔上来的，通过此途入宫的是大多数。由于这样入宫的女性是成批量的，物多不为贵，人众易被轻，这样势必难以引起皇帝的注意。这样入宫的女性很难得到皇帝宠幸，尽管有倾城倾国之貌也无济于事，最典型的例子就是王昭君，她便是汉元帝时被选秀女入宫的，才貌在后宫所有女子中出类拔萃，但由于汉元帝那种按图招幸的荒唐做法，而王昭君又不肯花钱贿赂画工，五年不得见皇帝的面，后来才自愿嫁给匈奴首领呼韩邪单于，留下发人深省的历史话题。

笔者看，王昭君还算是幸运的，像杜牧之所云："有不得见者，三十六年"的宫人绝不是个别的。有多少女子进入皇宫后，只听皇帝的车声隆隆，可从来没有在她们的门前停过，有的甚至连皇帝的正脸都没看清便渡过痛苦的一生。这样选来的女子在后宫中的地位处在中间，宫女的主体便是这批人。但她们也有发达的机会，著名的女强人武则天便是通过这种途径进入后宫的，不也一样发达起来，实现了她的人生价值吗？

由"罪没"而进入后宫的女子地位最低，这是理所当然的。这种女子入宫后，基本上是后宫的女奴，也就是通常所说的宫婢。这样入宫的人也有逐渐爬上来的，比较典型的例子是上官婉儿，她是高宗朝著名大臣上官仪的孙女。上官仪被杀后，她随母亲郑氏配入内庭。由于有才华，颇受武则天信任。中宗时，被封为"昭容"，后来曾参与一些军国大政。

在历史上产生很大作用但并不为人所熟知的武惠妃实际上也等于是罪没一类，但由于她是在特殊情况下被特殊人物特赦的，故以后也曾参与政治斗争，并起了相当大的作用，这在后文再详说。可见出身对于人来说很重要，但并不能决定人生的最终命运。在基本了解后宫女人的来源后，再看一看她们究竟分多少等级。

等级森严的后宫

上万人的后宫，需要有秩序，需要相当严密的组织和管理，当然也就需要有各级官吏，这便是女官。后宫中的女官究竟有多少？都是什么级别？

据《隋书·后妃传》载：

> 帝又参详典故，自制嘉名，著之于令。贵妃、淑妃、德妃，是为三夫人，品正第一；顺仪、顺容、顺华、修仪、修容、修华、充仪、充容、充华，是为九嫔，品正第二；婕妤一十二员，品正第三；美人才人十五员，品正第四；是为世妇。宝林二十四员，品正第五；御女二十四员，品正第六；采女三十七员，品正第七，是为女御。总一百二十员。（《隋书·后妃传》卷36，上海古籍缩印本3381页上）

这里所说的只是专门等着皇帝招幸，陪皇帝睡觉的嫔妃，还不算那位在后宫至高无上的皇后，便已120人，这是何等庞大的编制。这里的“帝”指隋炀帝，他是个荒淫之主，可其他皇帝在这方面也比他强不了多少。我们再看一看唐代的规定：

> 大唐内官有惠妃、丽妃、华妃三人（正一品），淑仪、德仪、贤仪、顺仪、婉仪、芳仪六人（正二品），美人四人（正三品），才人七人（正四品）。（《通典》卷34，中华书局1988年版

947 页）

很有趣的是，皇帝大小老婆的地位和等级都要用官的“品级”来区别，可见官本位的恶习真是太悠久、太深刻了。这只是一般规定，皇帝还可以根据自己的爱好随意增加，如唐玄宗特别喜欢杨玉环，便册封为贵妃。在玄宗之前，并没有这个名号，皇帝的话就是圣旨，写在纸上叫“诏书”，直接用嘴说而不写的就叫“口谕”。所以，他想怎样就怎样，并没有谁，也没有什么办法能够改变其错误的哪怕是荒唐的决定，这便是中国封建政治的悲哀。

这两段文字所说的还都是皇帝的嫔妃，即专门陪皇帝睡觉的女子。只是后宫女官中的很小的一部分。此外，还有相当庞大的女官队伍，即负责管理后宫各种事务的官员。仿照尚书省六部的设置，后宫设置六局二十四司、二十四典、二十四掌之类。六局是“尚宫”“尚仪”“尚服”“尚食”“尚寝”“尚功”，各有分工。除这些名目繁多的“尚”之外，还有许多“女史”，大体相当于现在的一般职员，但也算是官的编制。每局之女官都有几十人，可见后宫的女官总数当达到几百人。每个女官都按照品级享受相应的生活待遇，俸禄相当高。后宫每年要花费多少银两，实在难以计算。看来机构臃肿不是现代才出现的，而是古已有之的社会病。

这两处均未提到皇后，可见古人已不将其视为官，而相当于君的地位，因为皇后的各种待遇几乎都和皇帝一样，是后宫的

"君"，即所谓"夫主外，妻主内"的民间规矩在皇室中的体现。只不过这个内和外的内容都太丰富了。到此，我们可以对后宫中所有女性所处的地位有一个大体的了解，即皇后是后宫中的最高统治者，嫔妃中的三夫人相当于皇后的副手，协助皇后分管部分工作，其他嫔妃的地位也比较高，都属于统治者之流，最广大的宫女则是中间等级的，相当于平民阶层，而数额巨大的宫婢则是生活在最底层的奴隶。

本来，后宫便可看作是一座体面的文明的大监狱，所有人都失去了自由，而在这个大监狱中的所有体面的"人犯"中，宫婢又是最底层的，故可看作是双重的奴隶，她们的辛酸和眼泪也可想而知。下面我们便谈一谈后宫争宠和宫女追求爱情这两个方面。

红叶题诗与战袍夹诗

——宫人特殊的求爱方式

女子一旦入宫，便失去了自由，仿佛被装进金丝笼的鸟，爱情生活基本上没戏。一些聪明的宫女采用一些特殊的方式大胆地追求爱情，有的居然还成功了。但这是极少数的特例，我们还是先看一看绝大多数宫女的命运吧。

剥夺女性爱情的罪恶渊薮

女儿如果被选进宫中，就等于给皇帝做贡献了，父母别指望其给自己养老送终。但也有特例。《南部新书》丁卷载：

咸通六年，放宫人沈氏养亲。沈氏入宫五十八年。有父居泸水，年一百一十，母年九十五。因为筑室而居，颁金帛稚磑。敕本县放科役，终沈氏之

世。(《说库》上册)

这位姓沈的老宫女已经入宫58年，就算她是十五岁进宫，也70多岁了。而她的父母居然还能借她的光安度晚年，真算是有福之人。她本人在那么大的年龄还能得到自由，也算“皇恩浩荡”啊！

女子一旦被选进宫，便绝对失去了爱情的自由。《唐语林》卷六载：

王承升有妹，国色，德宗纳之。不恋宫室。德宗曰：“穷相女子”！乃出之。敕其母兄，不得嫁进士朝官，任配军将亲情。后适元士会，以流落终。(《说库》上册)

这位姓王的姑娘不贪恋富贵，不愿意留在宫中，被皇帝放出，尽管对她的婚姻有硬性规定，但也算是幸运的，下面这个女子则更可悲了：

宣宗时，越守进女乐有绝色。上初悦之，数日赐予盈积。忽晨兴不乐，曰：“明皇只一杨妃，天下至今未平。我岂敢忘。”召诣前曰：“应留汝不得。”左右奏：“可以放还。”上曰：“放还我必思之，可赐鸩一杯。”(《唐语林》卷7“补遗”，《说库》上册)

宣宗喜欢那女子可又怕像玄宗那样误国误民，居然把她给毒死了，真是令人发指的暴行。由此也可看出封建专制制度下女子尤其是下层女子命运的悲惨。

白居易在《上阳白发人》中说：

上阳人，红颜暗老白发新。绿衣监使守宫门，一闭上阳多少春。玄宗末岁初选入，入时十六今六十。同时采择百余人，零落年深残此身。忆昔吞悲别亲族，扶入车中不教哭。皆云入内便承恩，脸似芙蓉胸似玉。未容君王得见面，已被杨妃遥侧目。妒令潜配上阳宫，一生遂向空房宿。宿空房，秋夜长，夜长无寐天不明。耿耿残灯背壁影，萧萧暗雨打窗声。

诗前小序说：“天宝五载以后，杨贵妃专宠，后宫人无复进幸矣。六宫中有美色者，辄置别所，上阳是其一也。贞元中尚存焉。”（朱金诚笺校《白居易集笺校》，上海古籍出版社 1988 年版 156 页）交代出此诗的写作背景。这里是诗的前半部分，已刻画出大墙里面形同囚犯的宫女的悲惨生活。她们在二八芳龄的花季被无情地选进宫里，还没有看到皇帝的模样便被杨贵妃送到上阳宫，过上永远见不到男人的寂寞、枯燥、无聊、烦闷的日子。

人是感情的动物，离开了感情，离开了两性之爱，生活便失去了很多色彩。因此，后宫中幽闭如此大量的妙龄女子是最不道德，最缺少人性的。其中的绝大部分人随着这个活棺材一起进入坟墓，但也有一些聪明胆大的宫女，采取一些特殊的手段向大墙外面的本不认识的男人求爱，而且还真有侥幸的成功者。下面便以几个个案来考察一下这方面的情况，也分享一点成功者的喜悦。

御沟中漂来的红叶

通过白居易诗前小序，我们知道坐落在洛阳城西面的行宫——上阳宫是杨贵妃安置那些美貌漂亮的年轻宫女的集中营。其他史料也证明了这一点。请看下面两则材料：

晚唐孟棨《本事诗》载：

> 顾况在洛，乘间与三诗友游于苑中。坐流水上，得大梧叶题诗上曰："一入深宫里，年年不见春。聊题一片叶，寄与有情人。"况明日于上游，亦题叶上，放于波中，诗曰："花落深宫莺亦悲，上阳宫女断肠时。帝城不禁东流水，叶上题诗欲寄谁？"后十余日，有人于苑中寻春，又于叶上得诗以示况。诗曰："一叶题诗出禁城，谁人酬和独含情？自嗟不及波中叶，荡漾乘春取次行。"

《云溪友议》卷十所载与此略有出入，云：

> 杨妃虢国宠盛，宫娥皆颇衰悴。不备掖庭。常书落叶，随御沟水而流。云："旧宠悲秋扇，新恩寄早春。聊题一片叶，将去接流人。"顾况著作，闻而和之。既达宸聪。遣出禁内者不少，或有五使之号焉。和诗曰："愁见莺啼柳絮飞，上阳宫女断肠时。君恩不禁东流水，叶上题诗寄与谁？"

这两则材料所写的肯定是一回事，可参照来看。故事发生的地点是在洛阳，下则明确了时间是杨贵妃姊妹受宠之时，主要人物是顾况。为了更具体起见，我们根据古代地图和文字提供的资料，到一千多年前的上阳宫去游览一遭。

上阳宫在洛阳禁苑的东边，南面是洛水，西面是谷水。谷水从西北流向东南，顺着它的流向，将其中一部分水引入上阳宫，斜着穿过。这条人工水渠就叫“御沟”，正是这条御沟的存在，为红叶题诗提供了先决条件，成为这个故事的主要道具。因其穿宫而过，所以有上游与下游，才会有漂出与漂入。

《本事诗》侧重诗之酬唱，写得更具体一些。顾况与三位诗友到御苑去游览春光，无意中发现御沟水面上漂着的红叶，便弄到手，见上面题着一首诗。于是第二天他也题了一首诗在红叶上，来到御沟上游，将红叶放置水面，但里面是否有人得到红叶，顾况本人并不知道。其后十来天，一位诗友再到御苑寻春，又得到一题诗的红叶，表达了对自由的渴望与向往。但这则故事没有结果。

《云溪友议》中，顾况得到红叶及其和诗的事，连皇帝都知道了，而且放出了不少宫女。可见红叶题诗为一部分宫女争得了自由。但题诗者本人是否得到自由不得而知。下面的故事却直接说明了题诗者本人最后的结局。

> 卢渥舍人应举之岁，偶临御沟，见一红叶，命仆搴来。叶上乃有一绝句，置于巾箱，或呈于同志。及宣宗既省宫人。初下诏，许从百官司吏，独不许贡举人。渥后亦一任范

阳，获其退宫人。睹红叶而吁嗟久之，曰：当时偶题随流，不谓郎君收藏巾箧。验其书迹，无不讶焉。诗曰："流水何太急，深宫尽日闲。殷勤谢红叶，好去到人间。"（《云溪友议》卷10，《说库》上册）

卢渥进京应举时，偶然到御沟边上，看到水面上漂着一片红叶，他命仆人拿到手中，见上面有一首绝句诗，便放在书箱里保存起来，有时还拿出来让朋友观看。宣宗即位，放一批宫人，允许她们嫁给官员。后来卢渥在范阳任职，得到一个宫人，看见那首题诗的红叶，深受感动，原来这首诗正是她所写。接着她亲自重写一遍，字迹完全吻合。常言说："无巧不成书"，这种巧合真是难得，这大概就是所谓的缘分。但这还只是事后的巧合，如果那位宫人落到别人手里，这种喜剧也就大煞风景了。也有凭借一片小小红叶，追求到幸福的宫人，比这里的主人公要幸福多了。

唐朝末年，一位儒生叫于祐，进京赶考时在长安御沟边得到一片红叶，题诗两句于其上曰："曾闻叶上题红怨，叶上题诗寄阿谁。"再绕弯到御沟上游，将红叶放在水面漂入宫中，以求知音和缘分，但并没抱什么希望。靠这么一片红叶就想找到美丽的妻子，岂不是太不着边际了吗？

几年后，累考不中的于祐到河中府（今山西永济）投奔名流韩泳。在行卷时所写的信中，韩泳发现其笔体与本家妹妹让他看的红叶上题诗的笔体惊人地一致，便询问于祐。于祐讲述了几年前在御沟旁将一联诗题写红叶并漂回宫中的经过。韩泳拿出一片题诗红叶出示给于祐看，于祐大吃一惊，见那片红叶正是自己当年题诗的那片，忙问缘由。

原来于祐题诗的红叶被一位姓韩的宫人得到，韩宫人见了，和诗一首曰：“独步天沟岸，临流得叶时。此情谁会得，肠断一联诗。”并将于祐题诗的红叶和自己的和诗重叠在一起，珍藏在衣箱中。

后来僖宗放宫女三千多人出宫，韩宫人有幸也在其中。出宫后，她无处可去，便来河中投奔有钱有势的本族兄长韩泳。刚到不久，累考不中的于祐也来到这里。

韩泳从中为媒，二人喜结良缘。在婚礼筵席上，韩宫人即席吟诗一首曰：“一联佳句题流水，十载幽思满素怀。今日却成鸾凤友，方知红叶是良媒。”这也是千年难遇的奇缘。看来，月下老人的红线有时拴得也挺奇特。

以上三例都是红叶题诗，这需要两方面的条件：一是要有御沟的流水，二是要有大的红叶。据资料记载，题诗的红叶并不是枫叶，而是梧桐树叶。梧桐叶片大而结实，容易随水漂流。另外，御沟都是人工河，水流的速度非常缓慢，也为人们轻易得到红叶提供了极大的方便。

无论怎样说，宫女们能够利用红叶题诗来追求似乎没有可能的爱情，本身也说明了她们的勇敢和聪明才智，反衬出宫院制度对女性幸福的扼杀是多么残酷无情。可以想象，御沟中一定还曾漂过许多题诗的红叶，但那些红叶也和题诗的宫女一样没有被人发现，无人理睬，默默无闻地流向虚无，流向绝望，流向无所有之乡。

战袍中的情诗

能用红叶题诗传达情意的宫女还必须具备一个条件，即本人必须在宫中有相对的自由，有机会到御沟边上去。且红叶传情也受空间的限制，所传之情只能到达后宫的周边地区，而且是否能有人看到也是未知数。有一些更聪明的宫女则想出了别的高招。请看下面的材料：

> 开元中，颁赐边军纩衣，制于宫中。有兵士于短袍中得诗曰："沙场征戍客，寒苦若为眠。战袍经手作，知落阿谁边？蓄意多添线，含情更著绵。今生已过也，重结后生缘。"兵士以诗白于帅，帅进之。玄宗命以诗遍示后宫，曰："有作者勿隐！吾不罪汝。"有一宫人自言万死。玄宗深悯之，遂以嫁得诗人。仍谓之曰："吾与汝结今生缘。"边人皆感泣。（孟棨《本事诗》情感第一）

"纩"是丝绵的意思，所谓的"纩衣"就是棉衣。这则材料告诉我们，唐代边防军的军服有的来自宫中，这毫无疑问是宫婢的杰作。前文说到，宫婢中的一部分来源于罪犯的家属，而许多罪犯是官员，这样的女子多数有很高的文化修养，因此才能写出那么深情的诗作。

开元年间，对外战争很频繁。一个士兵竟在分配的军大衣中发现了一首来自宫中的诗，表达愿结来生缘分的心情，可见这位宫女并没有对自己的这个做法抱什么希望，只是死马当活马医，医不好也不搭什么。那位士兵挺勇敢，把事情报告给自己的上级，最后到达边帅之手。边帅也算挺负责任，居然将其奏报给皇帝。

唐明皇是个风流天子，不但没有怪罪，反而将这首诗歌向广大宫女展示，作者更勇敢，勇敢地站出来，承认是自己写的。按正常道理来说，这是违反纪律的，但唐明皇居然对其深表同情，把那个宫女许配给了那个士兵。那位士兵真是千年难遇的幸运儿，从天下掉下一个漂亮媳妇来。常言说："做梦娶媳妇，尽想好事。"这个士兵连梦都没做，却喜滋滋地白捡了一个媳妇。难怪其他边防战士也都分享其幸福，要"皆感泣"了。

像这位宫人这样幸运的人毕竟是极少数的，而绝大多数宫人则在寂寞无聊中苦挨时光，她们被无情地剥夺了爱的权利。她们只能"宿空房，秋夜长，夜长无寐天不明；耿耿残灯背壁影，萧萧暗雨打窗声。春日迟，日迟独坐天难暮；宫莺百啭愁厌闻，梁燕双栖老休妒。莺归燕去长悄然，春往秋来不记年。唯向深宫望明月，东西四五百回圆"。（白居易《上阳白发人》，朱金诚笺校《白居易集笺校》，上海古籍出版社 1988 年版 156 页）

实在受不了这种非人的煎熬，有的宫人便以死来向这个非人道的罪恶制度进行抗议，据无名氏《迷楼记》载，隋炀帝时的宫人侯氏曾作《自伤诗》曰：

初入承平日，深深报未央。长门七八载，无复见君王。春寒侵入骨，独坐愁空房。飒履步庭下，幽怀空感伤。平日深爱惜，自待聊非常。色美反成弃，命薄何可量。君恩实疏远，妾意徒彷徨。家岂无骨肉，偏亲老北堂。此方无羽翼，何计出高墙。（转引自李斌城等著《隋唐五代社会生活史》，中国社会生活出版社 1998 年版 193 页）

写完诗后，便自缢身亡。以年轻美丽生命的陨落来向这种戕害人性的罪恶制度进行血泪的控诉。

图书在版编目（CIP）数据

隋唐社会日常生活 / 毕宝魁著. -- 北京：中国工人出版社，2021.8
ISBN 978-7-5008-7529-1

Ⅰ.①隋… Ⅱ.①毕… Ⅲ.①社会生活—历史—中国—隋唐时代
Ⅳ.①D691.93

中国版本图书馆CIP数据核字（2021）第161857号

隋唐社会日常生活

出 版 人　王娇萍
责任编辑　傅　娉
责任印制　黄　丽
出版发行　中国工人出版社
地　　址　北京市东城区鼓楼外大街45号　邮编：100120
网　　址　http://www.wp-china.com
电　　话　（010）62005043（总编室）
　　　　　（010）62005039（印制管理中心）
　　　　　（010）62379038（社科文艺分社）
发行热线　（010）82029051　62383056
经　　销　各地书店
印　　刷　天津嘉恒印务有限公司
开　　本　880毫米×1230毫米　1/32
印　　张　11.25　　插　页　16
字　　数　260千字
版　　次　2021年10月第1版　2023年10月第2次印刷
定　　价　78.00元